IMPOSTOS

TEORIA GERAL

AMÉRICO BRÁS CARLOS
Professor do Instituto Superior de Ciências do Trabalho e da Empresa
Instituto Universitário de Lisboa (ISCTE-IUL)

IMPOSTOS

TEORIA GERAL

3.ª EDIÇÃO, ACTUALIZADA

ALMEDINA

IMPOSTOS
TEORIA GERAL

AUTOR
AMÉRICO BRÁS CARLOS

EDITOR
EDIÇÕES ALMEDINA, SA
Av. Fernão de Magalhães, n.º 584, 5.º Andar
3000-174 Coimbra
Tel.: 239 851 904
Fax: 239 851 901
www.almedina.net
editora@almedina.net

PRÉ-IMPRESSÃO | IMPRESSÃO | ACABAMENTO
G.C. – GRÁFICA DE COIMBRA, LDA.
Palheira – Assafarge
3001-453 Coimbra
producao@graficadecoimbra.pt

Setembro, 2010

DEPÓSITO LEGAL
315729/10

Biblioteca Nacional de Portugal – Catalogação na Publicação

CARLOS, Américo Brás

Impostos teoria geral. – 3ª ed. actualiz.
(Legislação anotada)
ISBN 978-972-40-4316-6

CDU 336
351

À minha esposa e à minha filha

Aos que me ensinaram

Aos meus alunos

PREFÁCIO

Deixou-me profunda impressão a leitura da obra "Impostos – Teoria Geral", da autoria de Américo Brás Carlos, professor do ISCTE.

É que há muito não saía a público entre nós um tão equilibrado trabalho de síntese sobre a fiscalidade em geral e a fiscalidade portuguesa em especial, em que se analisasse tanto a faceta jurídica como a económica da tributação e em que se fizesse uma dosagem perfeita entre as exigências técnicas da construção científica e as necessidades práticas da exposição didática. De entre os atributos da obra realço a modernidade da informação, a precisão matemática dos conceitos e a simplicidade elegante do estilo.

Pela sua qualidade e pelo seu pragmatismo a obra extravasa as fronteiras da universidade, pois é de apoio indispensável para todos os que trabalham com a matéria tributária: magistrados, advogados, administradores, auditores e sobretudo os cidadãos em geral.

Alberto Xavier

NOTA À 3.ª EDIÇÃO

Já há alguns meses que a 2.ª edição deste livro está esgotada. Decidi esperar pela publicação do conjunto de legislação relativo ao Programa de Estabilidade e Crescimento (PEC).

Dá-se, agora, à estampa a 3.ª edição que, no essencial, resulta da actualização legal, jurisprudendial e doutrinal, da edição precedente.

Lisboa, Julho de 2010

Américo Fernando Brás Carlos

NOTA À 2.ª EDIÇÃO

A razão determinante desta 2.ª edição foi, naturalmente, a boa adesão dos leitores à obra.

Para trás ficaram a 1.ª edição, esgotada ao fim de poucos meses, bem como a sua reimpressão, também ela já esgotada há vários meses.

Não sendo aceitável uma nova reimpressão, em virtude das alterações legislativas, entretanto verificadas, assumi o compromisso de preparar esta 2.ª edição. Que concretizei de modo menos célere do que seria necessário para que o livro não tivesse desaparecido completamente das livrarias. Apesar de tudo, do mal o menos: ele aí está, ainda a tempo para o início do próximo ano lectivo.

Quanto ao seu conteúdo, aproveitou-se a reedição para, em alguns capítulos, juntar à simples actualização mais alguma informação ou reflexão, suscitadas por mudanças legislativas ou pela simples vontade de melhorar o tratamento do respectivo tema.

E termino com um agradecimento que, pela natureza das coisas, tardou mais do que devia. Expresso a minha gratidão ao Dr. Rogério Manuel Fernandes Ferreira, amigo antigo, que, a propósito da apresentação da 1.ª edição do livro, que amavelmente aceitou fazer, leu o texto e a ele fez várias anotações. Destas, efectuadas com a competência e o profissionalismo nele habituais, e da reflexão a que me obrigaram, não pôde a 1.ª edição já beneficiar. Mas não se perderam: estão nesta 2.ª edição.

Lisboa, Agosto de 2008

AMÉRICO FERNANDO BRÁS CARLOS

NOTA À 1.ª EDIÇÃO

Este volume que agora se publica tem uma dupla origem: a docência do módulo *"Teoria Geral dos Impostos"* que venho leccionando desde 1997 nos cursos de pós-graduação em *Gestão Fiscal* e de especialização em *Fiscalidade* do Overgest/ISCTE; e a preparação da primeira parte do programa da cadeira de *Fiscalidade I*, leccionada desde 1991 nas licenciaturas de Gestão, Finanças, Marketing, Informática de Gestão, Economia e Gestão e Engenharia Industrial, do ISCTE.

Desde o início, essencialmente a pensar nos meus alunos, tive grandes projectos para este livro. Desejei que fosse breve, escorreito e que não ladeasse as questões. E que fizesse justiça àqueles com quem aprendi (as citações são expressões de justiça e reconhecimento e não de erudição) mas que expressasse ideias próprias e fosse crítico, quando fosse caso disso. Agora (depois de mais de ano e meio de trabalho, à mistura com muitas outras tarefas) terminado que está, releio-o e parece-me pronto para iniciar o seu caminho, onde encontrará palavras amigas e críticas, concordâncias, indiferenças e discordâncias, incentivos e, quem sabe, algumas invejas. O habitual, como em tudo na vida!

Ao invés de experiências anteriores, este é um livro feito isoladamente. Mas deve muito a muita gente. Desde logo, aos que me ensinaram os valores da honestidade e da perseverança. E também aos que me transmitiram saberes técnicos, onde se incluem todos os citados, mas onde é justo prestar particular tributo à obra do Professor Teixeira Ribeiro e à obra do Professor Alberto Xavier, pela importância fundadora que tiveram na minha formação.

Devo, ainda, referir, em especial, que o livro pôde beneficiar do saber e da competência de duas pessoas a quem muito agradeço. Assim, agradeço à Dr.ª Irene Abreu as valiosas observações que fez a grande parte do livro e ao Dr. José da Silva Lopes pelos seus importantes comentários à anterior versão do primeiro capítulo.

Lisboa, Março de 2006

AMÉRICO FERNANDO BRÁS CARLOS

ÍNDICE

PREFÁCIO 7

NOTA À 3.ª EDIÇÃO 9

NOTA À 2.ª EDIÇÃO 11

NOTA À 1.ª EDIÇÃO 13

ÍNDICE 15

PRINCIPAIS ABREVIATURAS UTILIZADAS 21

CAPÍTULO I

OS IMPOSTOS E A ACTIVIDADE FINANCEIRA DAS ENTIDADES PÚBLICAS

1. A actividade financeira do Estado e de outras entidades públicas 25
2. Finalidade fiscal ou financeira dos impostos 27
3. Finalidades extrafiscais 30
4. Idem: A) Redistribuição da riqueza 30
5. Idem: B) Estabilização macro-económica 33
6. Idem: C) Influência na afectação de recursos 38
7. A protecção alfandegária 40

CAPÍTULO II
O IMPOSTO E OUTRAS RECEITAS PÚBLICAS

8. Tributo e imposto 41
9. Conceito de Imposto 41
10. Idem: A) Prestação patrimonial 43
11. Idem: B) Prestação definitiva. Distinção em face do empréstimo público 43
12. Idem: C) Prestação unilateral. Distinção em face do preço, da taxa e dos empréstimos públicos. Contribuições para a Segurança Social 44
13. Idem: D) Prestação estabelecida por Lei. Distinção face ao preço 48
14. Idem: E) Prestação recebida pelo exercício de funções públicas 49
15. Idem: F) Prestação destinada à satisfação de fins públicos 49
16. Idem: G) Prestação não sancionatória. A natureza não confiscatória 50
17. Contribuições Especiais 50
18. Algumas classificações de impostos 52
19. Impostos estaduais e impostos não-estaduais 52
20. Impostos directos e indirectos 20
21. Impostos sobre o rendimento, sobre o património e sobre a despesa 56
22. Impostos reais e impostos pessoais 59
23. Impostos de prestação fixa e impostos de prestação variável 60
24. Impostos de prestação variável: impostos proporcionais, progressivos e regressivos 61
25. Impostos periódicos e impostos de obrigação única 64
26. Impostos principais e impostos acessórios 64

CAPÍTULO III
A RELAÇÃO JURÍDICA TRIBUTÁRIA

27. Elementos da relação jurídica tributária 67
28. Sujeito activo 68
29. Sujeito passivo 71
30. Substitutos tributários 72
31. Responsáveis tributários 73
32. Sucessores tributários 77

33. Os legatários sucedem nas dívidas fiscais? ... 79
34. Momentos da obrigação de imposto ... 80
35. Constituição da obrigação de imposto ... 81
36. A não incidência ou não sujeição. As normas de delimitação negativa expressa da incidência ... 81
37. A isenção ... 86
38. Liquidação da obrigação de imposto ... 87
39. Extinção da obrigação de imposto ... 88
40. Normas que não regulam momentos da obrigação de imposto ... 95
41. Garantia da obrigação tributária ... 97
42. Obrigações acessórias ... 98

Capítulo IV
FONTES DE DIREITO FISCAL

43. Conceito de fontes de direito ... 101
44. Princípios constitucionais gerais da tributação ... 102
45. Princípio da legalidade tributária ... 102
46. Idem: A) Preeminência da lei ... 104
47. Idem: B) Reserva de lei parlamentar ... 104
48. Reserva de lei parlamentar ou reserva de lei formal? ... 106
49. Âmbito da reserva de lei parlamentar ... 107
50. O princípio da legalidade e a extinção de impostos. Inconstitucionalidade do n.º 2 do artigo 5.º do D.L. n.º 398/98, que aprovou a LGT ... 117
51. Lei de autorização legislativa em matéria fiscal ... 120
52. O princípio da legalidade e o artigo 8.º da LGT ... 124
53. Princípio da legalidade tributária: C) A tipicidade ... 126
54. Jurisprudência do TC em matéria de tipicidade ... 132
55. A tipicidade e o artigo 112.º do CIMI ... 134
56. Relação entre a tipicidade e os princípios da segurança e da igualdade tributárias ... 135
57. A tipicidade e a proibição da analogia (remissão) ... 136
58. Princípio da igualdade tributária ... 137
59. Igualdade horizontal e igualdade vertical ... 139
60. Princípio da capacidade contributiva e princípio do benefício ... 140

61. Princípio da segurança tributária ou da protecção da confiança.............. 141
62. Princípio da segurança tributária ou da protecção da confiança: A) Proibição de retroactividade 142
63. A irrelevância do artigo 12.º da LGT.. 148
64. Princípio da segurança tributária ou da protecção da confiança: B) O princípio da proporcionalidade 150
65. O princípio da eficácia tributária 151
66. O princípio da eficácia em cada área de tributação – *Remissão*.............. 155
67. O princípio da eficácia e os limites quantitativos da tributação 155
68. Os limites à tributação e a "curva de Laffer" 159
69. O princípio da eficiência fiscal 162
70. A simplicidade, elemento da eficiência fiscal.. 165
71. Normas constitucionais específicas de cada área de tributação............... 167
72. A Constituição e a tributação do rendimento das pessoas singulares....... 167
73. Unidade e progressividade do IRS.. 169
74. São inconstitucionais as taxas liberatórias e as taxas especiais do IRS? 176
75. A pessoalidade do IRS 178
76. A Constituição e a (próxima?) escolha: sistema de imposto único ou sistema dual? 181
77. A Constituição e a tributação do rendimento das empresas (IRC/IRS) ... 183
78. O rendimento real e o rendimento real presumido 186
79. O apuramento do lucro tributável com base na contabilidade................. 188
80. Métodos indirectos de determinação da matéria tributável 189
81. A Constituição e os regimes simplificados de determinação da matéria tributável.. 192
82. A Constituição e o pagamento especial por conta 193
83. A Constituição e a tributação do património 196
84. A Constituição e a tributação do consumo 198
85. A inconstitucionalidade.. 199
86. Tipos de inconstitucionalidade... 200
87. Tipos de fiscalização da constitucionalidade.. 201
88. Efeitos da declaração de inconstitucionalidade 204
89. Fontes de normas fiscais infraconstitucionais... 205
90. O Direito da União Europeia 206
91. Convenções internacionais... 210
92. Lei, decreto-lei e decreto legislativo regional.. 211

93. Regulamentos administrativos 212
94. Idem: Decretos regulamentares 213
95. Idem: Portarias 213
96. Idem: Despachos normativos 214
97. Jurisprudência com força obrigatória geral 214
98. Orientações da administração fiscal: Tipos e função 215
99. Âmbito das orientações administrativas 217
100. Os efeitos externos das orientações administrativas 218

CAPÍTULO V
INTERPRETAÇÃO E APLICAÇÃO DA LEI FISCAL

101. Interpretação da lei fiscal 221
102. Existe interpretação restritiva e interpretação extensiva? 222
103. Interpretação dos termos de outros ramos de direito e prevalência da substância económica 224
104. Leis interpretativas fiscais 225
105. Integração da lei fiscal 226
106. Aplicação da lei fiscal no tempo 228
107. Aplicação no tempo da lei sancionatória fiscal mais favorável 229
108. Aplicação da lei fiscal no espaço 231
109. Territorialidade em sentido real e territorialidade em sentido pessoal. Crise do princípio da territorialidade? 232
110. Territorialidade em sentido material e territorialidade em sentido formal 234
111. A dupla tributação internacional 235
112. Medidas unilaterais para eliminar a dupla tributação internacional 236
113. Medidas bilaterais: convenções para eliminar a dupla tributação internacional. Normas de reconhecimento e de limitação da competência para tributar 239
114. Métodos utilizados nas convenções para eliminar a dupla tributação internacional 254
115. A dupla tributação económica internacional 261

Capítulo VI
EFEITOS MICROECONÓMICOS DOS IMPOSTOS

116. Efeitos microeconómicos dos impostos 263
117. Idem: A) A repercussão 264
118. Idem: B) A amortização 265
119. Idem: C) A remoção 265
120. Idem: D) A difusão 266
121. Idem: E) A influência dos impostos na estrutura do capital das empresas. 266

Capítulo VII
INDICADORES DE CARGA FISCAL

122. Alguns indicadores de carga fiscal 269
123. Idem: A) Nível de fiscalidade 269
124. Idem: B) Estrutura Fiscal 273
125. Idem: C) Taxa de Tributação Implícita 275
126. Eficácia fiscal 275

Capítulo VIII
ORGANIZAÇÃO DA ADMINISTRAÇÃO TRIBUTÁRIA

127. Enquadramento geral 277
128. DGCI 278
129. DGAIEC 279
130. DGITA 280

BIBLIOGRAFIA CITADA 283

ÍNDICE ALFABÉTICO REMISSIVO 291

PRINCIPAIS ABREVIATURAS UTILIZADAS

Ac. – Acórdão
AGT – Administração Geral Tributária
AR – Assembleia da República
CCivil – Código Civil
CIAT – Centro Interamericano de Administradores Tributários
CIMI – Código do Imposto Municipal sobre Imóveis
CIMT – Código do Imposto Municipal sobre as Transmissões Onerosas de Imóveis
CIRC – Código do Imposto sobre o Rendimento das Pessoas Colectivas
CIRS – Código do Imposto sobre o Rendimento das Pessoas Singulares
CIS – Código do Imposto do Selo
CISV – Código do Imposto sobre Veículos
CIVA – Código do Imposto sobre o Valor Acrescentado
CM – OCDE – Convenção Modelo de Tributação do Rendimento e do Património da Organização para a Cooperação e Desenvolvimento Económico
CNC – Comissão de Normalização Contabilística
CPLP – Comunidade dos Países de Língua Portuguesa
CPPT – Código do Procedimento e do Processo Tributário
CRP – Constituição da República Portuguesa
CTF – Ciência e Técnica Fiscal
D.L. – Decreto-Lei
DGAIEC – Direcção Geral das Alfândegas e dos Impostos Especiais de Consumo

DGCI – Direcção Geral dos Impostos
DGITA – Direcção Geral de Informática e de Apoio aos Serviços Tributários e Aduaneiros
DGO – Direcção – Geral do Orçamento
DR – Diário da República
DReg. – Decreto Regulamentar
EBF – Estatuto dos Benefícios Fiscais
EIRL – Estabelecimento Individual de Responsabilidade Limitada
IA – Imposto Automóvel
IABA – Imposto sobre o Álcool e as Bebidas Alcoólicas
IEC – Impostos Especiais sobre o Consumo
IEF – Instituto de Estudios Fiscales
IMI – Imposto Municipal sobre Imóveis
IMT – Imposto Municipal sobre as Transmissões Onerosas de Imóveis
IMV – Impostos Municipal de Veículos
IRC – Imposto sobre o Rendimento das Pessoas Colectivas
IRS – Imposto sobre o Rendimento das Pessoas Singulares
IS – Imposto do Selo
ISP – Imposto sobre os Produtos Petrolíferos
ISV – Imposto sobre Veículos
IT – Imposto sobre o Tabaco
IUC – Imposto Único de Circulação
IVA – Imposto sobre o Valor Acrescentado
LFL – Lei das Finanças Locais
LGT – Lei Geral Tributária
OCDE – Organização para a Cooperação e Desenvolvimento Económico
OE – Orçamento de Estado
ONU – Organização das Nações Unidas
p.p. – pontos percentuais
PIBpm – Produto Interno Bruto a preços de mercado
POC – Plano Oficial de Contabilidade
RCPIT – Regulamento Complementar do Procedimento da Inspecção Tributária
RGIT – Regime Geral das Infracções Tributárias

SNC – Sistema de Normalização Contabilística
STA – Supremo Tribunal Administrativo
STJ – Supremo Tribunal de Justiça
TC – Tribunal Constitucional
UE – União Europeia

CAPÍTULO I

OS IMPOSTOS E A ACTIVIDADE FINANCEIRA DAS ENTIDADES PÚBLICAS

1. A actividade financeira do Estado e de outras entidades públicas

O Estado, bem como outras entidades que prosseguem fins públicos, como as regiões autónomas e as autarquias locais[1], visam satisfazer as *necessidades colectivas*[2] da comunidade a que respeitam.

Note-se que, neste sentido, as *necessidades colectivas* a satisfazer, resultam da *escolha política* daquelas entidades públicas, em cada momento, pelo que o conceito é de natureza política, de âmbito mutável e não necessariamente coincidente com o somatório das necessidades sentidas pelos indivíduos.

---

[1] Por facilidade, daqui em diante faremos menção apenas à actividade financeira do Estado, sem prejuízo do que dissermos se poder aplicar também a outras entidades públicas.

[2] Ficam de fora as *necessidades individuais*, de cuja satisfação se encarregam os próprios, em regra adquirindo no âmbito de relações privadas os bens ou serviços de que necessitam. É o que se passa, em geral, com as necessidades de alimentação, de vestuário, de lazer, etc.

A actividade financeira do Estado, com vista à *satisfação das necessidades colectivas* desdobra-se na:

a) *Obtenção dos meios* necessários para a satisfação daquelas necessidades;
b) *Coordenação entre os meios e as necessidades* a satisfazer;
c) *Satisfação das necessidades* em concreto.

Os meios financeiros necessários à actividade financeira do Estado são as *receitas públicas*. Tais receitas são, contudo, obtidas de modo distinto conforme estejamos em presença de *necessidades de satisfação activa* ou de *necessidades de satisfação passiva.*

As *necessidades de satisfação activa* só podem ser preenchidas através de uma actividade da pessoa interessada, a isso dirigida. Já nas *necessidades de satisfação passiva* não se exige uma actividade concreta dos beneficiários para que aquelas se considerem satisfeitas. Neste último caso, logo que o bem público[3] exista está satisfeita a *necessidade colectiva*, como bem se vê no caso paradigmático do sistema de faróis para sinalização da orla costeira. A actividade de satisfação da necessidade de orientação e segurança cumpre-se independentemente de qualquer actividade dos particulares ou do número dos efectivos utilizadores.

São exemplo de *necessidades de satisfação activa* a necessidade de obtenção de licenças (para caçar, conduzir, abrir um estabelecimento comercial...), ou de obtenção de madeiras das matas do Estado. São exemplos de *necessidades de satisfação passiva* as necessidades de segurança interna e de defesa e representação externas, bem como a necessidade de um sistema de assistência médica, de controlo sanitário, de educação ou de justiça.

No financiamento da actividade de satisfação das *necessidades de satisfação activa*, o Estado pode fazer pagar aos destinatários uma taxa de montante prévia e autoritariamente fixado, como acontece na concessão de licenças, ou um preço, como acontece na venda ou locação do seu património.

---

[3] Sobre o conceito de bem público, ver JOSEPH STIGLITZ, *Economics of the Public Sector*, 2.ª edição, Norton, p. 119.

Já no âmbito das *necessidades colectivas de satisfação passiva*, porque a satisfação destas necessidades não exige uma actividade do consumidor a isso dirigida, não tem o Estado (ou outro produtor de bens públicos) como pagar-se dos bens ou dos serviços colocados à disposição. Terá, então, de financiar-se, essencialmente, através dos impostos e dos empréstimos públicos.

Para além dos *impostos* e dos *empréstimos públicos* e das *taxas* e *preços*, acima referidos, falaremos, ainda, de outras receitas públicas, como as *multas e coimas*, as *contribuições especiais* e as *doações*[4].

O objecto de estudo da nossa cadeira é a mais importante das receitas públicas correntes: *Os impostos*.

2. Finalidade fiscal ou financeira dos impostos

A finalidade primeiramente enunciada para os impostos é a obtenção de meios destinados à *"...satisfação das necessidades financeiras do Estado e outras entidades públicas"*, como dispõe o artigo 103°, n.° 1, da Constituição da República Portuguesa (CRP). Nisso consiste a sua *finalidade fiscal ou financeira*.

À semelhança do que se vê nos quadros de receitas correntes do Orçamento de Estado (OE) para o ano de 2010 (aprovado pela Lei n.° 3-B/2010, de 28 de Abril), a importância dos impostos no conjunto das receitas do Estado é, normalmente, muito grande. Neste ano, os impostos a cobrar, no valor de 31.026 milhões de euros, representam 90% das receitas correntes do Estado, cujo valor total previsto é de 34.340 milhões de euros.

---

4 *Infra* n.os 8 a 17.

ORÇAMENTO DE ESTADO PARA 2010

(Milhões de Euros)

Impostos	2010
IRS	9.046
IRC	4.200
Outros impostos directos	67
Total dos impostos directos	**13.113**
Imposto sobre produtos petrolíferos e energéticos (ISP)	2.470
IVA	11.272
Imposto sobre veículos (ISV)	711
Imposto de consumo sobre o tabaco	1.180
Imposto sobre o álcool e bebidas alcoólicas (IABA)	185
Imposto do selo	1.693
Imposto do jogo	23
Imposto único de circulação (IUC)	140
Outros impostos indirectos	40
Total dos impostos indirectos	**17.713**
TOTAL DOS IMPOSTOS	**31.026**

Fonte: *OE para 2010*

O OE, contudo, não nos dá, ainda, a dimensão total da cobrança de impostos no País. Desde logo, porque contém uma *previsão* de cobrança de impostos (e de utilização das receitas públicas) autorizada pela Assembleia da República, que, naturalmente, o Governo pode não atingir ou pode superar. Além disso, o Orçamento não integra a totalidade dos impostos a cobrar pelo Estado. Aos impostos constantes do OE, há que acrescer os impostos que, por serem créditos das regiões autónomas ou dos municípios[5], não constam daquela Lei.

Por isso, se apresenta o mapa da receita fiscal cobrada, líquida de anulações e reembolsos, em 2008 e 20099, incluindo os impostos municipais.

RECEITA FISCAL LÍQUIDA COBRADA

(Milhões de Euros)

Impostos	2008	2009
IRS	9.334	8.951
IRC	5.952	4.540
Imp. s/ produtos petrolíferos e energéticos	2.532	2.434
IVA	13.428	10.883
Imposto sobre veículos	917	693
Imposto sobre o tabaco	1.296	1.140
Imposto s/ álcool e bebidas alcoólicas	190	180
Imposto do selo	1.770	1.653
SISA/IMT	840	656
CA/IMI	1.136	1.098
Derramas	225	313
Imposto único de circulação (IUC)	365	423
Outros impostos	76	50
TOTAL	**38.091**	**33.014**

Fonte: *Conta Geral do Estado-DGO.*

[5] Designadamente, o Imposto Municipal sobre as Transmissões Onerosas de Imóveis (IMT), o Imposto Municipal sobre Imóveis (IMI) e as Derramas.

3. Finalidades extrafiscais

Além da grande importância no financiamento das despesas públicas, os impostos são também muito importantes na prossecução de outras finalidades, a que a doutrina chama de finalidades extrafiscais[6]. Referimos as seguintes:

a) Redistribuição da riqueza
b) Estabilização macro-económica
c) Influência na afectação de recursos

4. Finalidades extrafiscais: A) Redistribuição da riqueza

Os impostos são, desde logo, por imperativo constitucional (art. 103.º, n.º 1 da CRP) um instrumento de "*repartição justa dos rendimentos e da riqueza*"[7]. As "*correcções das desigualdades na distribuição da riqueza e do rendimento, nomeadamente através da política fiscal*" são, aliás, nos termos do artigo 81.º, alínea b) da CRP, uma "*incumbência prioritária do Estado*".

Tudo visto, a tributação deve operar uma *distribuição de segundo grau*, correctora da distribuição de rendimentos e de riqueza que ocorreu no momento da sua obtenção. Assim, os particulares (indivíduos ou pessoas colectivas) com maior capacidade económica deverão contribuir mais do que os de menor capacidade para o financia-

[6] Não atenderemos ao que em sede de fins e objectivos da tributação se dispõe nos artigos 5.º e 7.º da LGT, porque tais fins e objectivos estão definidos na Constituição, sendo irrelevante o que sobre o assunto disponha a LGT. Como recordaremos mais adiante, a LGT não é, verdadeiramente, um diploma de natureza estruturante do sistema fiscal português. As suas normas foram aprovadas por Decreto-Lei não reforçado, sendo, por isso, livremente revogáveis pelas normas dos códigos, estatutos e regimes que compõem o sistema fiscal.

[7] Note-se que o artigo 5.º da LGT consagra esta finalidade para todos os *tributos* – figura que compreende também as taxas – parecendo que o legislador ordinário preconiza, designadamente, a existência de diferenças no pagamento do mesmo serviço público entre utentes com diferentes níveis de riqueza.

mento dos bens públicos ao dispor de todos e para a concessão de subsídios aos de baixo ou nenhum rendimento.

MUSGRAVE e MUSGRAVE apenas incluem os impostos de taxas progressivas nos instrumentos fiscais para a *redistribuição*[8]. Porém, a redistribuição existe também nos impostos proporcionais e, em certos casos, até nos impostos regressivos, como exemplifica TEIXEIRA RIBEIRO[9]. Por isso, só não haverá redistribuição na tributação por impostos de montante fixo. Os chamados *lump-sum taxes*.

É evidente que a utilização de impostos progressivos como forma aprofundada de redistribuição da riqueza respeita a este ponto da matéria e deve ser aqui referida. Contudo, a progressividade enquanto instrumento particular de igualdade tributária – a igualdade vertical – será tratada a propósito dos *princípios constitucionais de direito fiscal*, porque a progressividade não deve ser vista apenas como um instrumento geral de prossecução da igualdade, mas mais como uma opção especial, intencional e expressamente assumida pelo legislador constitucional, com as consequências que disso decorrem.

Por agora, tratamos da *função – redistribuição*.

No que respeita aos efeitos redistributivos, vejamos o que se passa com impostos sobre o rendimento com taxa única (imposto proporcional) e com taxa progressiva como o IRS, respectivamente:

No imposto proporcional

Contribuinte	*Matéria colectável*	*Taxa*	*Imposto*	*Rendimento disponível*
A	€5.000	25%	€1.250	€3.750
B	€50.000	25%	€12.500	€37.500

[8] RICHARD MUSGRAVE e PEGGY MUSGRAVE, *Public Finance in Theory and Pratice*, 5.ª edição, McGraw – Hill, p. 11, largamente secundados pela doutrina.

[9] Em *Lições de Finanças Públicas*, 5.ª edição, Coimbra Editora, p. 401.

Após a tributação, a diferença de €45.000 entre as matérias colectáveis dos contribuintes A e B transformou-se numa diferença de €33.750 entre os respectivos rendimentos disponíveis. Não obstante, o diferencial de 10 vezes manteve-se. Tal ocorre assim porque o imposto é de taxa fixa.

No imposto progressivo (IRS)

Família	*Rendimento Colectável*[10]	*Taxa*[11]	*Colecta*[12]	*Rendimento disponível*
A	€5.000	10,6%	€530,17	€4.469,83
B	€50.000	28,9%	€14.447,51	€35.552,49

A diferença de €45.000 entre as matérias colectáveis das famílias A e B deu lugar a uma diferença de rendimentos disponíveis de €31.082,66. Mas neste caso, o diferencial também diminuiu. De 10 vezes para 7,9 vezes, em resultado da natureza progressiva da tabela de taxas do IRS (art. 104º, n.º 1 da CRP).

Como se viu, em ambos os casos, a tributação operou uma redistribuição do rendimento disponível, embora de forma mais forte no caso do IRS.

Também se deve entender que a função redistributiva do imposto se exerce através da concessão de benefícios fiscais a contribuintes com menores níveis de riqueza. Veja-se a isenção de IMI para prédios de baixo valor patrimonial pertencentes a pessoas de baixos rendimentos (art. 48.º EBF).

---

[10] Após considerado o quociente conjugal, se for caso disso (art. 69.º CIRS).

[11] Taxas efectivas aplicáveis aos rendimentos de 2010, considerada a aplicação da *taxa média* e da *taxa normal*.

[12] Não se levaram em conta as deduções à colecta do IRS, as quais são variáveis em função da composição e despesas do agregado familiar.

Como referimos nas edições anteriores, a concessão de isenções desligadas do montante do rendimento global, como a isenção de 50%, ao tempo atribuída pelo artigo 16.º do EBF, aos rendimentos das categorias A (trabalho dependente), B (empresariais e profissionais) e H (pensões) do IRS, auferidos por deficientes, não servem, nem se justificam pelo objectivo de redistribuição. Aquele preceito foi, entretanto, revogado e os benefícios fiscais de IRS a deficientes passaram a revestir a forma de majoração da dedução à colecta, nos termos do art. 87.º do CIRS. Continuamos, porém a pensar que não haverá redistribuição quando sejam concedidos benefícios fiscais a indivíduos, que apesar da deficiência, obtenham maiores rendimentos do que os auferidos por não deficientes, verificando-se, aliás, algumas vezes, que a deficiência não interfere na capacidade de obtenção do rendimento beneficiado.

5. Finalidades extrafiscais: B) Estabilização macro-económica

Para além da finalidade redistributiva, os impostos têm sido, também, utilizados como um instrumento de *estabilização macro-económica*, orientado para o combate ao desemprego ou à estagnação económica, bem como para o controlo da inflação e para o equilíbrio da balança de pagamentos, através da variação dos impostos para estimular ou refrear o consumo ou o investimento. Tradicionalmente, tal utilização assenta na hipótese *keynesiana* de comportamento dos consumidores, segundo a qual o seu nível de consumo é uma função do seu *rendimento disponível corrente*. Por isso se diz que as políticas de estabilização económica que utilizam a variação das taxas dos impostos são, tal como as políticas de variação dos gastos públicos e as políticas monetárias, *políticas de controlo da procura*[13].

---

[13] V. William H. Branson, *Macroeconomia-Teoria e Prática*, Fundação Calouste Gulbenkian, tradução de Helena Patacão e Eduardo Ferreira, pp. 105 e segs.

Há, contudo, que ter presente que, agindo nos impostos, as variações da actividade económica, do Produto, do emprego e do nível de preços, dependerão da reacção dos consumidores, enquanto na opção pela variação dos gastos públicos (hipótese que cai fora do âmbito deste livro) é o Estado que impulsiona directamente a alteração daquelas variáveis, sendo que haverá um maior grau de certeza sobre a verificação dos referidos resultados, os quais parecem também poder ocorrer mais rapidamente.

Vejamos duas hipóteses de estabilização utilizando os impostos:

a) Num contexto de *depressão económica ou de elevado desemprego*;
b) Num contexto de *inflação*.

a) Num contexto de depressão económica ou de elevado desemprego:

De um modo simples e ignorando outras variáveis importantes, exteriores aos *instrumentos tributários*, como o aumento do investimento público ou a oferta de moeda (nos casos em que isso é possível) quando um governo diminui os impostos para obter uma *descida (ou controlo da subida) do desemprego*, ou para combater uma situação de *estagnação ou depressão económica*, acredita na seguinte sequência:

↓ *imposto*, ↑ *rendimento disponível*, ↑ *procura agregada*,
↑ *crescimento económico*, ↓ *desemprego*.

Do ponto de vista do modelo teórico, porém, os modernos desenvolvimentos da *teoria da função – consumo* para a política fiscal de estabilização apontam, desde logo, uma limitação àquela sequência: Para esta corrente[14] a dependência do consumo face ao rendimento disponível corrente é relativamente pequena. O consumo depende daquilo

---

[14] V., CAVACO SILVA e CÉSAR DAS NEVES, *Finanças públicas e política macroeconómica*, 2.ª edição, Universidade Nova de Lisboa, 1992, p. 175.

que os consumidores, numa visão de longo prazo, consideram ser o seu *rendimento permanente*, neste se incluindo para além do rendimento disponível corrente, a variação da riqueza possuída e os rendimentos futuros esperados. Nesta medida, a variação do consumo só seria relativamente grande quando a variação do rendimento disponível corrente fosse considerada permanente, pelo que nem todas as variações de impostos seriam adequadas para alcançar aquele efeito equilibrador.

Do ponto de vista da análise empírica, verifica-se também não ser certo que um corte nos impostos produza aquela sequência na totalidade, não sendo, portanto, seguro, que sempre conduza ao objectivo prosseguido, como se refere nos casos seguintes.

Frequentes vezes, se verifica que o acréscimo da procura é, em grande parte, dirigido para a aquisição de bens importados, frustrando, assim, o impulso económico interno capaz de combater a estagnação económica e o aumento do desemprego.

Há, ainda, a hipótese de uma parte do rendimento disponível não se reflectir no crescimento da procura por ser canalizado para instrumentos de poupança privada. Hipótese, aliás, que sendo verosímil, parece ser, entre nós, de concretização cada vez mais reduzida, a avaliar pela descida permanente e significativa dos índices de poupança que as famílias portuguesas vêm registando nas últimas décadas.

Outro tipo de limitação à expansão da actividade económica pela via da baixa dos impostos, é a que pode ocorrer em economias onde a capacidade empreendedora e produtiva (incluindo a disponibilidade de recursos humanos com a qualificação necessária) está já esgotada ou próximo disso. A este tipo de bloqueamento podem conduzir também as situações em que o custo associado ao financiamento da actividade económica seja muito alto.

Finalmente, do ponto de vista da duração dos efeitos, deve ter-se presente que a redução dos impostos nos consumidores como um meio de aumentar a procura interna, não é um meio adequado para suportar um crescimento de médio ou longo prazo. Este sustenta-se pelo lado da oferta através do aumento da capacidade produtiva e da competitividade, com actuações na área do investimento, na melhoria do capital humano e na investigação e desenvolvimento.

Mesmo numa redução dos impostos visando o curto prazo, os governos são confrontados com o já referido perigo de o aumento do consumo interno se reportar a bens ou serviços importados, degradando o equilíbrio da balança comercial e, ainda, com o facto de este aumento ter ínsito uma importante pulsão inflacionária[15].

*b) **Num contexto de inflação:***

Num contexto de *inflação*, a utilização dos impostos com vista ao seu controlo, baseia-se na seguinte sequência:

↑ *imposto,* ↓ *rendimento disponível,* ↓ *procura agregada,* ↓ *preços*

A serem verdadeiras as limitações acima apontadas à teoria da *função – consumo,* um aumento dos impostos sobre o rendimento que fosse largamente anunciado como temporário teria um impacto inicial muito reduzido sobre o consumo e, consequentemente, sobre a inflação.

Ao contrário, parece que serão importantes as consequências do *efeito – rendimento* traduzido na diminuição do rendimento real do indivíduo provocado pelo aumento de impostos sobre o consumo de determinados bens. A subida do preço provocada pelo aumento de tributação provocará uma diminuição do consumo dos bens fiscalmente agravados. No mesmo sentido, de diminuição do consumo destes bens, actuará o *efeito – substituição,* traduzido na troca de preferência pelo bens não onerados fiscalmente em desfavor dos onerados.

Mas nem sempre o *efeito – rendimento* e o *efeito – substituição* actuam naquele sentido. Se a opção dos consumidores dos bens onerados for a troca de *descanso por rendimento*, trabalhando mais, de modo a repor o poder de compra anterior relativamente aos bens agravados, não existirá *efeito – substituição* entre estes bens e os bens não agravados pela tributação[16].

---

[15] A que acresce o difícil cenário de diminuição de receitas fiscais para os países confrontados com *déficites públicos* elevados, como ainda é o caso de Portugal.

[16] Ver sobre o tema, Teixeira Ribeiro, *Lições...*, p. 380; e, mais recentemente, Paulo Pereira, António Afonso, Manuela Arcanjo e Gomes Santos, *Economia e Finanças Públicas*, Escolar editora, 2005, p. 238.

Mesmo no âmbito da tributação sobre o consumo de certos bens, recorde-se que nos bens essenciais a procura é bastante rígida e que, mesmo nos bens não essenciais, de procura mais flexível, um aumento dos impostos sobre o consumo é, normalmente, repercutido no consumidor mais rapidamente do que o efeito de diminuição da procura resultante do aumento dos preços[17], o que tende a traduzir-se, no curto prazo, num aumento da inflação.

No caso de aumento do imposto sobre o rendimento dos indivíduos não produtores de bens, estes tendem a resistir, durante algum tempo, à alteração dos seus hábitos de consumo, preferindo diminuir a poupança ou endividando-se.

Se a opção for a de aumento do imposto sobre o rendimento dos produtores de bens, estes tenderão a repercutir o imposto para os consumidores através do aumento dos preços dos bens[18] e estaremos, então, próximo da anterior opção. Neste caso, contudo, é de admitir que a diminuição da procura, em face da subida de preços, seja mais rápida do que no caso de aumento dos impostos sobre o rendimento dos consumidores, mas, ainda assim, pelas razões atrás assinaladas, nem sempre será imediata.

Como se vê, no que respeita à capacidade estabilizadora dos impostos em matéria macroeconómica, esta depende de comportamentos dos consumidores, que não são muitas vezes os pretendidos, pelo menos, no curto prazo e em medida significativa. Para além dos problemas decorrentes da velocidade de reacção dos consumidores à alteração dos impostos e dos preços e dos acima referidos *mecanismos de acomodação* dos seus comportamentos, note-se que não é clara a dimensão dos efeitos resultantes de uma alteração dos preços. Sabe-se, por exemplo, que a subida de preços determina um efeito de travagem no consumo, a qual induz uma posterior descida no respectivo preço e uma nova acomodação da curva da procura agregada. E a inversa também será verdadeira.

---

[17] Um aumento dos impostos sobre o rendimento terá um efeito ainda mais lento.

[18] Sem prejuízo dos casos de não repercussão do aumento do imposto por razões de competitividade face à concorrência (v. *infra* n.º 117).

Como se percebe, o problema não é tanto o de saber se há oscilações da procura relevante, mas mais em determinar se esta terá uma *elasticidade*[19] que justifique agir sobre a componente fiscal[20].

6. Finalidades extrafiscais: C) Influência na afectação de recursos

Os impostos são importantes meios de indução relativamente ao modo como indivíduos e empresas afectam os seus recursos. Com esta actuação o Estado visa, para além dos objectivos de arrecadação de receita, redistribuição e de estabilização económica acima indicados, prosseguir, também, outros objectivos compreendidos na sua escolha política, nomeadamente, de emprego, de poupança das famílias, de apoio social, de desenvolvimento regional, de competitividade empresarial, de saúde, de protecção do ambiente ou de promoção da cultura.

Aqueles objectivos podem conseguir-se beneficiando ou onerando determinados comportamentos dos particulares.

Quando pretende incentivar um comportamento, com o fundamento de que há um interesse público superior ao da tributação, o Estado estabelece *benefícios fiscais*[21], participando, pela via da perda de receita fiscal, nos custos de obtenção de um certo objectivo. O benefício ou o incentivo fiscal pode revestir diversas formas (v. art. 2.º do EBF). Nomeadamente:

a) isenções de rendimentos resultantes de certas aplicações financeiras de longo prazo (v. a isenção parcial concedida aos juros de depósitos bancários por prazo superior a cinco anos ou aos rendimentos de planos poupança reforma – arts. 21.º e 25.º do EBF);

---

[19] Sobre o conceito de *"elasticidade preço da procura"* ver SAMUELSON/NORDHAUS, *Economia*, 16.ª edição, McGraw-Hill, p. 64.

[20] Sobre outros instrumentos de controlo dos preços na história económica portuguesa, SILVA LOPES, *A economia portuguesa desde 1960*, 1996, Gradiva, pp. 185 e 296.

[21] Em sentido amplo, compreendendo os incentivos fiscais. Sobre o conceito de incentivo fiscal, ver SÁ GOMES, *Manual...II*, p. 84.

b) deduções à colecta de parte dos custos das famílias com despesas que a lei considera socialmente relevantes (de saúde, educação, apoio à terceira idade, ambientais, seguros, planos poupança reforma... – arts. 82.º a 86.º do CIRS e art. 21º, n.º 2 do EBF);
c) reduções de taxa, majoração de custos fiscais ou concessão de deduções à colecta do IRC às empresas[22].

No caso português, contudo, os incentivos a empresas têm de ser conformes ao direito comunitário, já que são uma limitação ao princípio da livre concorrência no espaço da União Europeia.

No caso de pretender desincentivar determinados comportamentos, o Estado onera fiscalmente certos actos. Dentro destes estão os comportamentos de que resultarão maiores custos públicos futuros (ver designadamente o agravamento fiscal do consumo de tabaco ou de bebidas alcoólicas e os impostos sobre a emissão de CO2 ou de outros poluentes).

---

[22] Vejam-se, na legislação portuguesa, alguns exemplos de medidas fiscais destinadas a incentivar certas afectações de recursos das empresas:

a) De emprego – concessão de incentivos fiscais à criação de postos líquidos de emprego (art. 19.º do EBF);

b) De protecção social – a consideração para efeitos fiscais em 140% dos custos com creches, lactários e jardins de infância (art. 43º, n.º 9 do CIRC e art. 62.º do EBF);

c) De desenvolvimento regional – através da discriminação positiva de regiões mais pobres, concedendo regimes de tributação mais favoráveis às empresas que aí se instalem (v. art. 43.º do EBF);

d) De competitividade empresarial – por meio da concessão de deduções à colecta do IRC pelo investimento em *investigação e desenvolvimento* (v. Lei n.º 40/2005, de 03.08) pelo investimento em certos sectores (v. Lei n.º 10/2009, de 10.03) ou pela constituição de reservas fiscais para investimento (v. D. L. n.º 23/2004, de 23.01);

e) De saúde – a consideração para efeitos fiscais em 140% dos custos com donativos destinados ao apoio e tratamento de toxicodependentes, ou de doentes com sida, cancro ou diabetes (art. 62.º, n.º 4, b) do EBF);

f) Ambientais, culturais, desportivos e educacionais – aceitação em 120% ou 130% dos donativos para estes fins (art. 62º, n.º 2 do EBF).

7. A protecção alfandegária

A utilização de direitos aduaneiros com a finalidade de proteger a produção nacional enquadra-se, ainda, na *afectação de recursos* tratada no ponto anterior. A importância que os impostos aduaneiros tiveram durante séculos enquanto instrumento de protecção da indústria dos países importadores face ao exterior e de actuação na estrutura de consumo destes países, justifica, contudo, esta referência histórica.

De facto, a criação de uniões aduaneiras[23] e o estabelecimento de acordos de livre comércio fizeram com que a possibilidade de estabelecimento de *barreiras alfandegárias*, por via do montante dos *direitos aduaneiros*, se tenha reduzido bastante. Assim, a protecção alfandegária de produtos nacionais pela via da oneração fiscal de bens provenientes do estrangeiro é cada vez mais uma situação excepcional.

Refira-se, porém, que o controlo de bens à entrada nos países desenvolvidos, designadamente, com objectivos de protecção da saúde pública e de combate ao narcotráfico, contrabando e ao crime organizado, tem vindo a tornar-se uma preocupação cada vez mais evidente.

[23] De que é exemplo histórico a CEE, actual União Europeia.

CAPÍTULO II

O IMPOSTO E OUTRAS RECEITAS PÚBLICAS

8. Tributo e imposto

Há muito que a doutrina reconhece um conceito de *tributo,* mais abrangente do que o de *imposto*[24]. Foi também essa a posição adoptada pela LGT, ao designar os *tributos* para definição do seu âmbito de aplicação. Estes compreendem:

a) *impostos*;
b) *taxas;*
c) demais *contribuições financeiras* a favor de entidades públicas, entre as quais se encontram as *contribuições especiais.*

Veremos mais adiante que a pedra de toque na distinção entre os impostos e as restantes categorias de tributos é a característica de *unilateralidade* absoluta dos primeiros.

9. Conceito de Imposto

Definir o imposto e distingui-lo das demais receitas públicas tem, do ponto de vista da Constituição da República, um interesse funda-

---

[24] Por todos, SOAREZ MARTINEZ, *Manual...*, p. 22; ALBERTO XAVIER, *Manual...*, p. 42; SÁ GOMES, *Manual...* I, p. 60.

mental. É que, como adiante se verá, a disciplina constitucional aplicável aos impostos – a chamada *Constituição Fiscal* – impõe a estas prestações regras distintas das que cabem às outras receitas públicas. Assim, uma prestação exigida aos particulares, poderá ser inconstitucional se for um imposto e não o ser se for uma taxa ou o preço de compra de um bem ou direito do património do Estado.

As definições do imposto diferem conforme a perspectiva adoptada, podendo, em conformidade, centrar-se, designadamente, nas suas características jurídicas, financeiras, políticas ou sociais. Por exemplo, TROTABAS constrói a sua definição de imposto a partir de uma perspectiva de repartição do esforço individual para o orçamento: *"L'impôt est le procédé de repartition dês charges budgétaires entre les individus d'après leurs facultés contributives"*.[25]

Por nós, seguindo a maioria da doutrina[26], definiremos o imposto enquanto *prestação*[27] resultante da obrigação jurídica tributária.

Assim, o imposto é:

a) Uma prestação patrimonial;
b) Definitiva;
c) Unilateral;
d) Estabelecida pela lei;
e) A favor de entidades que exerçam funções públicas;
f) Para satisfação de fins públicos;
g) Que não constitui sanção de um acto ilícito.

Analisamos, em seguida, cada uma das partes que compõem esta definição[28], usando-as, também, para distinguir o imposto de outras receitas públicas.

---

[25] L. TROTABAS/J. M. COTTERET, *Droit Fiscal*, 3.ª edição, Précis Dalloz, p. 10.

[26] Ver, por todos, SOAREZ MARTINEZ, *Manual...*, p. 153; ALBERTO XAVIER, *Manual...*, p. 35; CASALTA NABAIS, *Direito...*, p. 11.

[27] *"Prestação é a conduta especificamente devida por certa pessoa a outra ou outras pessoas"* (CASTRO MENDES, *Introdução ao Estudo do Direito,* FDL, 1977, p. 254)

[28] Segundo a sistemática que, por razões pedagógicas, usamos desde 1992. V., BRÁS CARLOS, IRENE ABREU, JOÃO DURÃO, EMILIA PIMENTA, *Guia Fiscal 1992,* Fisco, pp. 15-17 *e Guia dos Impostos em Portugal – 2010,* Quid Juris, pp. 17-19.

10. Imposto: A) Prestação patrimonial

O imposto é uma *prestação*, sendo, geralmente, uma prestação pecuniária. No entanto, a legislação permite que, em determinadas condições, o pagamento da dívida de imposto se faça através da dação em pagamento de bens móveis ou imóveis quer antes da execução fiscal (art. 87.º do CPPT) quer depois de instaurado este processo (art. 201.º do CPPT). Além disso, podem, também, as dívidas tributárias do contribuinte, ser pagas por compensação com os seus créditos, tributários ou não, resultantes de reembolso ou de anulações de liquidações anteriores (v. artigos 89.º a 90.º-A do CPPT)[29]. Por isso, deve definir-se o imposto como uma *prestação patrimonial*, no sentido de que é, independentemente da forma que revista, sempre avaliável em dinheiro.

11. Imposto: B) Prestação definitiva. Distinção em face do empréstimo público.

O imposto é uma *prestação definitiva,* porque o pagador não tem direito à restituição ou reembolso do imposto devido. Note-se que a característica de definitividade do imposto não é prejudicada pelo reembolso de imposto pago em excesso ou de imposto que veio a ser anulado. O imposto pago a mais ou anulado não é um imposto devido.

Há imposto pago em excesso quando o montante provisoriamente entregue por conta do imposto a liquidar no final (por exemplo, através de retenção na fonte ou de pagamentos por conta) for de montante superior ao que se vem a verificar ser o devido por todo o período de tributação[30]. Por outro lado, a restituição de imposto também pode ocorrer em virtude de anulação do acto tributário por este ser total ou parcialmente inválido. O que fora pago para cumprimento de dívida resultante de acto que veio a ser declarado nulo ou anulado, deve ser restituído.

---

[29] Sobre exemplos históricos de outras formas específicas de pagamento não pecuniário de impostos, ver SÁ GOMES, *Manual... I,* p. 61.

[30] Em caso de excesso de IRS antecipadamente pago, pode haver lugar a remuneração sobre a diferença, nos termos dos artigos 14.º a 16.º do Decreto Regulamentar n.º 42/91, de 22 de Janeiro.

A definitividade do imposto distingue o imposto de outra receita pública – o *empréstimo público* – de que é exemplo a subscrição de títulos da dívida pública. É que no empréstimo público há sempre lugar a reembolso.

A distinção entre imposto e empréstimo público, com base na existência de reembolso, vale mesmo no caso de *empréstimos públicos forçados*, cujo exemplo mais próximo foi o da conversão obrigatória de parte do aumento anual de 1988 das remunerações e das pensões dos funcionários públicos, quando de *montante superior a 12.000$00* (aproximadamente € 60) em certificados de aforro com um período mínimo de imobilização de seis meses, nos termos do D. L. n.º 450–A/88, de 12 de Dezembro. Acrescente-se que apesar de se tratar de um *empréstimo público forçado*, os certificados de aforro rendiam o juro correspondente a esta categoria de títulos do Estado.

12. Imposto: C) Prestação unilateral. Distinção em face do preço, da taxa e dos empréstimos públicos. Contribuições para a Segurança Social.

Quando o Estado vende ou arrenda bens do seu património, privatizando o capital de empresas, alienando ou arrendando imóveis ou vendendo lenha das matas nacionais, age desprovido dos seus poderes de autoridade, recebendo em contrapartida um certo *preço,* tendencialmente referido ao respectivo valor de mercado. A entrega destes bens ou direitos são a contrapartida individualizada devida ao pagador da receita pública *preço*. Tal contrapartida não existe no imposto. O imposto é uma *prestação unilateral.*

A *unilateralidade* é também decisiva para distinguir entre *impostos* e *taxas*. Ambas as prestações se incluem no conceito, mais amplo, de *tributo* (v. também o art. 3.º, n.º 2, da LGT) e nem sempre são de fácil distinção. O critério de distinção mais adequado é, como disse, o da natureza unilateral ou bilateral da prestação. No imposto, não há nenhuma contrapartida individualizada devida ao pagador, ao invés do que ocorre na taxa.

Na *taxa*, existe um nexo causal entre o seu pagamento e uma actividade do credor da receita (o Estado ou outro ente público) dirigida especificamente ao pagador, embora não necessariamente em seu benefício, como acontece no pagamento da taxa de justiça por condenados em processo penal[31].

O pagamento de uma taxa é, pois, o cumprimento da obrigação pecuniária de um dos sujeitos desta relação bilateral ou sinalagmática. A obrigação que recai sobre o outro sujeito – o credor da taxa – pode revestir uma de várias formas, como na linha de toda a doutrina, prevê o artigo 4.º da LGT:

a) A *prestação concreta de um serviço público,* como acontece em relação às propinas escolares ou às tarifas de ligação aos sistemas de abastecimento de água e de saneamento;
b) A permissão para *utilização de bens do domínio público*, como é o caso das portagens e das tarifas aeroportuárias;
c) A *remoção de um obstáculo legal a um comportamento dos particulares*, de que são exemplo as licenças[32].

Note-se que em matéria de verificação do sinalagma, na linha de uma jurisprudência ao tempo frequente, o Acórdão n.º 410/00 do Tribunal Constitucional julgou no sentido de que o carácter sinalagmático do nexo obrigacional e, portanto, a existência de uma taxa, não dependeria da equivalência económica entre o valor pago e a sua contrapartida, bastando essencialmente a correspondência jurídica[33]. A este propósito, sempre se dirá que, de facto, a taxa não é um preço fixado nos termos determinados pelas regras do mercado em concorrência: local, por excelência, dos sinalagmas perfeitos. Parece, contudo, que para além da análise da questão à luz de princípios como o da boa fé e da

[31] V. *Acórdão n.º 384/94* do TRIBUNAL CONSTITUCIONAL, DR II Série, de 6-9-1994.

[32] Sobre a caracterização das taxas, ver ALBERTO XAVIER, *Manual...*, pp. 42 e segs.

[33] V. *Acórdão n.º 410/2000* do TRIBUNAL CONSTITUCIONAL, DR II Série, de 22-11-2000.

proporcionalidade, terá de existir uma correspondência económica materialmente relevante, sob pena de se descaracterizar a prestação enquanto taxa.

Afigura-se ser este último o sentido da jurisprudência constante de acórdãos mais recentes[34], onde se admite a inexistência de sinalagma quando a desproporção entre a quantia paga e o serviço prestado comprometa de modo inequívoco aquela correspectividade.

Outra vertente do problema respeita à aferição do que seja o equivalente económico de uma prestação de um ente público a favor do particular, para efeitos de correspectividade. Tendo assumido primeiro o critério do custo do bem ou serviço disponibilizado ao particular, veio o Tribunal Constitucional no Acórdão n.º 20/2003 a admitir, correctamente, que o critério da utilidade do bem ou serviço para o particular deve integrar os elementos necessários à qualificação de uma prestação enquanto taxa.

A legislação que se seguiu, em matéria de regime geral das taxas das autarquias locais (Lei n.º 53-E/2006, de 29 de Dezembro) e de finanças locais (Lei n.º 2/2007, de 15 de Janeiro) veio, a propósito do valor a pagar em sede de taxas, consagrar limitações legais já enunciadas naquelas decisões judiciais. Assim, o valor das taxas das autarquias locais é fixado de acordo com o "*princípio da proporcionalidade e não deve ultrapassar o custo da actividade pública ou o benefício auferido pelo particular*" (art. 4.º, n.º 1, da Lei n.º 53-E/2006) e a criação de taxas pelos municípios está subordinada aos "*princípios da equivalência jurídica, da justa repartição dos encargos públicos, incidindo sobre utilidades prestadas aos particulares*" (art. 15.º da Lei n.º 2/2007, de 15 de Janeiro).

Note-se, ainda, que a qualificação formal das prestações exigidas nem sempre é coincidente com a sua real natureza. Têm existido tributos formalmente designadas por taxas que são verdadeiros impostos e vice-versa. Como exemplo da primeira situação, recorda-se a antiga *taxa de radiodifusão*, hoje *contribuição para o áudio-visual* (Lei n.º 30/2003, de 22 de Agosto) paga mensalmente pelos consumidores

[34] V. *Acórdãos n.º 20/2003 e n.º 515/2003* do TRIBUNAL CONSTITUCIONAL. anotados por NUNO GARCIA, in CTF n.º 413, pp, 430 e segs.; e Acórdão do STA de 04.11.2009 – Proc. n.º 671/09.

de energia eléctrica, independentemente da posse de aparelho receptor, ou até da possibilidade de usufruir das emissões radiofónicas (v. *infra* n.º 28). Como exemplo de verdadeiras taxas, formalmente designadas de impostos, temos a actualmente designada *taxa de justiça*, que, apesar de ser uma taxa, foi, durante anos, designada por *imposto de justiça*.

De referir, ainda, que decisiva para a qualificação do tributo como imposto ou taxa não é a sua estrutura, mas a natureza da relação estabelecida entre credor e devedor da prestação. Veja-se o caso das *contribuições para a segurança social*. Estas, na parte paga pela entidade patronal[35], são um imposto. Ao invés, entendo que a parte das contribuições para a segurança social imperativamente suportada pelos trabalhadores[36] não têm a natureza de impostos, já que, designadamente, o direito a abono de família e prestações complementares, bem como a protecção na doença, velhice ou invalidez ao trabalhador, conferem à relação estabelecida uma natureza bilateral que não é compatível com o conceito de imposto.

Não se tratando de impostos, há que averiguar se as contribuições para a segurança social a cargo dos trabalhadores são uma taxa ou um *prémio de seguro público*. Parecem ter razão os que defendem não estarmos perante uma taxa. É que grande parte da contrapartida individualizada a favor do devedor da contribuição é aleatória. Veja-se que a contrapartida que se prende com os abonos de família, só tem lugar se houver e enquanto houver filhos em idade elegível; e a protecção na velhice e na invalidez está dependente da verificação desses factos. É mais adequada a definição destas contribuições como *prémios de seguro público*[37].

Sem prejuízo de o carácter unilateral da prestação ser o único elemento capaz de traçar a fronteira entre o imposto e a taxa, dá-se nota de que existem, ainda, receitas públicas que são consideradas um "*ter-*

[35] No regime geral, no valor de 23,75% das remunerações.

[36] No regime geral, no valor de 11% das remunerações.

[37] Ver neste sentido *Acórdão n.º 1203/96,* do TRIBUNAL CONSTITUCIONAL; e, na doutrina, BRAZ TEIXEIRA, *Natureza Jurídica das Contribuições para a Segurança Social*, XX aniversário do Centro de Estudos Fiscais, Lisboa, 1983; SÁ GOMES, *Manual* ... I, p. 88; PAMPLONA CORTE-REAL, *Curso de Direito Fiscal;* Centro de Estudos Fiscais, DGCI, 1981, p. 180.

ceiro género" entre estas duas prestações. São as *contribuições especiais*, de que falaremos adiante.

A unilateralidade do imposto permite também distingui-lo relativamente ao *empréstimo público,* ainda que forçado, cuja contrapartida individualizada é o juro.

13. Imposto: D) Prestação estabelecida por Lei. Distinção face ao preço.

Os particulares e as entidades públicas, quando agem desprovidas dos seus poderes de autoridade, modelam as obrigações de que são credores e devedores de acordo com a sua autonomia da vontade. Estabelecem, designadamente, o valor, a data e a forma de cumprimento das respectivas prestações.

No que respeita à obrigação de imposto é diferente. A criação e extinção do imposto, bem como todos os seus elementos são definidos por lei, sendo que os seus elementos essenciais – *incidência, taxa, benefícios fiscais e garantias dos contribuintes* – o são, obrigatoriamente, por Lei da Assembleia da República ou Decreto-Lei do governo autorizado por aquela, como se verá a propósito do *princípio da legalidade tributária.* Por isso, nem o devedor do imposto, nem o governo, enquanto órgão executivo do Estado, ou outro ente público credor tributário, podem dispor desta relação. A conhecida expressão *"não há perdões fiscais"* é correcta e decorre da indisponibilidade total de que a obrigação de imposto goza, mesmo em relação ao credor fiscal – Estado.

Em relação com esta característica, note-se que o imposto não resulta de um prévio vínculo contratual, e, nessa medida, distingue-se também da receita pública *preço,* auferida pelas entidades credoras na sequência da alienação ou locação de bens ou direitos.

14. Imposto: E) Prestação recebida pelo exercício de funções públicas

Para além do Estado, outras pessoas de direito público são credoras do imposto, como as regiões autónomas e os municípios. Estas não são, porém, as únicas entidades a favor de quem se criam impostos. Existem impostos a favor de institutos públicos, designadamente, sob a forma de taxas pagas a organismos de coordenação económica[38].

Além disso, é possível criar impostos a favor de entidades que, não sendo de direito público, são concessionárias de serviços públicos. Forçoso é que exerçam funções públicas. É o caso da Rádio e Televisão de Portugal, SA, pessoa de direito privado, relativamente à *contribuição para o áudio – visual*, criada pela Lei n.º 30/2003, de 22 de Agosto, que lhe é, por força desta lei, totalmente consignada. Como veremos adiante, tal consignação não dá, porém, à Rádio e Televisão de Portugal, SA, a qualidade de sujeito activo da relação tributária.

15. Imposto: F) Prestação destinada à satisfação de fins públicos

No elemento teleológico do imposto compreende-se, classicamente, o abastecimento do erário das entidades públicas, com vista ao financiamento das despesas necessárias à sua actividade de satisfação das necessidades colectivas. Mas, como refere o artigo 103.º, n.º 1 da CRP, o sistema fiscal visa, também, *uma repartição justa dos rendimentos e da riqueza,* que a fiscalidade opera, *maxime*, através das taxas progressivas e da oneração de consumos de luxo. Desta função de redistribuição da riqueza, bem como do papel da fiscalidade enquanto instrumento de política económica já falámos antes *(supra* n.º 4).

---

[38] Ver um elenco destes institutos públicos em SOARES MARTINEZ, *Manual...*, p. 206.

16. Imposto: G) Prestação não sancionatória. A natureza não confiscatória.

O imposto não representa uma reacção à violação de normas jurídicas de conduta, contrariamente ao que ocorre nas sanções pecuniárias, devidas pela prática de actos ilícitos. Por isso, o imposto se distingue da *multa* – sanção pecuniária devida pela prática de um crime; e da *coima* – sanção pecuniária devida pela prática de uma contraordenação.

Nesta parte da matéria, alguma doutrina[39] inclui também como característica do imposto a sua natureza não confiscatória. *Confisco* é a apropriação pública do património de um particular sem a justa indemnização. Acto, aliás, proibido pelo n.º 2 do artigo 62.º da CRP. Voltaremos, contudo, à problemática da chamada tributação confiscatória a propósito da tributação excessiva, quando tratarmos do *princípio constitucional da proporcionalidade* tributária.

17. Contribuições Especiais

Já se disse que as *contribuições especiais* contêm aspectos de bilateralidade e de unilateralidade. Por isso, alguns autores consideram as contribuições especiais um *"tertium genus"* entre a taxa e o imposto, para, em seguida, considerarem que nada impede, que, juridicamente, as contribuições se reconduzam ao conceito de imposto[40]. Fazendo eco desta doutrina e da jurisprudência[41], o n.º 3 do art. 4.º da LGT, estabelece que, apesar desta natureza mista, as *contribuições especiais são consideradas impostos*, o que se traduz, desde logo, no facto de a sua criação e respectivos elementos essenciais estarem igualmente subordinados à reserva de lei parlamentar.

---

[39] Vitor Faveiro, *Noções fundamentais de Direito Fiscal Português*, I, Coimbra editora, 1984, 203.

[40] Por todos, Pamplona Corte Real, *Curso...*, Centro de Estudos Fiscais, 1981, p. 169.

[41] *Acordão n.º 236/94*, do TRIBUNAL CONSTITUCIONAL, DR I Série-A, de 7-5-1994.

Existem dois tipos de contribuições especiais: *as contribuições de melhoria* e as *contribuições por maior desgaste de bens públicos*[42].

As *contribuições de melhoria* incidem sobre benefícios ou aumentos de valor do património de particulares em resultado de obras públicas ou da criação ou ampliação de serviços públicos. Contudo, tal vantagem resulta de uma actividade que lhes não é individualmente dirigida (como seria se estivéssemos perante uma taxa) mas que, reflexamente, os beneficiou. Pode falar-se da existência de elementos de *bilateralidade indirecta*, a par de elementos de unilateralidade próprios dos impostos,

Exemplo deste tipo de contribuição é a *contribuição especial* criada pelo D.L. n.º 43/98, de 3 de Março, na sequência da construção da CRIL, CREL, CRIP, CREP, da travessia ferroviária do Tejo e das extensões do metropolitano de Lisboa. Os terrenos para construção e os prédios rústicos que venham a obter licenciamento para construção são valorizados pela existência daquelas estruturas e os seus proprietários obtêm uma vantagem particular que é objecto de tributação. Neste caso, o valor sujeito a tributação é a diferença entre o valor do prédio à data em que for requerido o licenciamento de construção e o seu valor em 1 de Janeiro de 1994, corrigido pelos coeficientes legais de desvalorização da moeda.

As *contribuições por maior desgaste de bens públicos* tributam o potencial maior desgaste provocado em alguns destes bens. É exemplo deste tipo de contribuições parte da incidência do Imposto Único de Circulação (IUC), aprovado pela Lei 22-A/2007, de 29 de Junho, que substituiu os abolidos impostos de circulação (ICi) e de camionagem (ICa) aprovados pelo D.L. n.º 116/94, de 3 de Maio (Regulamento republicado pelo D.L. n.º 89/98, de 6 de Abril).

O facto tributável em IUC é a propriedade de veículos, onerando-se os proprietários na medida do custo ambiental e viário que os veículos provocam (arts. 1.º, 3.º e 6.º do IUC).

De entre as sete categorias de veículos compreendidas na incidência do IUC, a natureza de *contribuição por maior desgaste de bens*

---

[42] Formulação de A. D. GIANNINI, *Istituzioni di diritto tributário*, Milano, 1965, p. 32.

públicos só parece, contudo, evidente no que respeita à tributação dos veículos da categoria B (automóveis de passageiros e ligeiros mistos matriculados após 1 de Janeiro de 2008) e dos veículos das categorias C e D (automóveis de transporte de mercadorias e de utilização mista com peso superior a 2.500 Kgs). No primeiro caso, um dos elementos da base tributável é o nível de emissão de dióxido de carbono (CO2). No segundo caso, o peso bruto, o número de eixos e o tipo de suspensão dos eixos motores, fazem parte dos elementos determinantes da tributação (v. art. 7.º do IUC).

Em ambos os tipos de veículos há uma relação entre a tributação e o potencial maior desgaste do ambiente e das estradas, num afloramento, portanto, de bilateralidade. Isto é, uma maior tributação para os veículos mais poluentes, mais pesados e com suspensão mais desgastante (suspensão não pneumática ou equivalente).

Apesar de a tributação em IUC variar em função daqueles elementos, não há, contudo, uma relação directa entre a utilização do bem público e o tributo pago, como aconteceria se estivéssemos perante uma taxa. O IUC não varia em função da real utilização e do desgaste efectivo provocado nas estradas. Além disso, não tem o proprietário pagador o direito de exigir a realização concreta de despesas, designadamente, de conservação dos troços de estrada por si utilizados.

18. Algumas classificações de impostos

Classificar é agrupar com base em critérios. São variadas as classificações adoptadas no sentido de agrupar os diferentes impostos. O mesmo se pode dizer dos critérios que lhes subjazem.

De entre umas e outros, reportamo-nos aos que se afiguram mais importantes.

19. Impostos estaduais e impostos não-estaduais

Esta é uma classificação que atende à natureza da entidade credora do imposto.

São *impostos estaduais* os impostos em que o credor, no sentido de sujeito activo da relação de imposto, é o Estado. São *não-estaduais* os impostos em que o credor do imposto não é o Estado.

Entre nós, as Regiões Autónomas (art. 227°, n.° 1, al. i), da CRP) e as Autarquias (art. 238.°, n.° 4, da CRP) são titulares de um direito próprio a impostos, nos casos e nos termos da lei. Deve, contudo, rejeitar-se que possa servir de base a esta classificação a titularidade da soberania fiscal. Esta é, como veremos, sempre pertença do Estado (art.165°, n.° 1, al. i), da CRP).

De entre os impostos principais, são *impostos estaduais*: o IRS, o IRC, o IVA, o imposto do selo (IS), o imposto sobre os produtos petrolíferos (ISP), o imposto sobre veículos (ISV), o imposto de consumo sobre o tabaco (IT), o imposto sobre o álcool e bebidas alcoólicas (IABA), os impostos especiais sobre o consumo (IEC) e o imposto único de circulação (IUC), na parte incidente sobre os veículos das categorias C e D que circulem no continente, e em parte da tributação incidente sobre os veículos da categoria B. São *impostos não estaduais*: o IMI, o IMT, as derramas e o IUC, na parte incidente sobre os veículos das categorias A, E, F e G, na parte incidente sobre os veículos das categorias C e D que circulem nas Regiões Autónomas da Madeira e dos Açores, e em parte da tributação incidente sobre os veículos da categoria B.

20. Impostos directos e impostos indirectos

É uma das classificações mais utilizadas e a que preside à classificação orçamental dos impostos. Têm sido vários e de diferente natureza, os critérios jurídicos e económicos propostos ao longo dos tempos para a estabelecer.

A distinção entre *impostos directos e indirectos* tem, contudo, expressas consagrações legais, pelo que faz sentido, antes de mais, analisá-las, com o objectivo de retirar indicações relativas ao seu conteúdo.

Em primeiro lugar, deve dizer-se que o artigo 254.°, n.° 1, da CRP, apesar da referência a impostos directos – *"os municípios participam por direito próprio e nos termos da lei, nas receitas provenientes dos impostos directos"*. – é irrelevante para este fim, por dele não decorrer qualquer contribuição para aquela classificação.

Já dissemos que a classificação económica das receitas e despesas públicas, consagrada no D.L. n.º 562/99, de 21 de Dezembro, assenta naquela distinção, no que aos impostos respeita[43]. Verifica-se que este *"classificador de receitas e despesas públicas"*, considera *impostos directos* os impostos sobre o rendimento e os impostos sobre o património, reservando a classificação de *impostos indirectos* para os impostos sobre o consumo.

Na mesma linha de identificação dos *impostos directos* com os impostos sobre o rendimento (não há, porém, qualquer referência aos impostos sobre o património) e dos *impostos indirectos* enquanto impostos sobre o consumo, encontramos os n.ºs 1 e 2 do artigo 6.º da LGT, com a epígrafe *"características da tributação e situação familiar"*.

Por seu lado, o n.º 1 do artigo 736.º do Código Civil, ao dispor sobre os privilégios creditórios mobiliários gerais concedidos aos créditos do Estado e das autarquias locais, fá-lo de modo diferente, conforme se trate de créditos resultantes de impostos directos ou de créditos por impostos indirectos. Assim, relativamente aos *impostos indirectos*, aquelas entidades têm um privilégio mobiliário geral sem limitações quanto aos anos de cobrança; ao passo que para os *impostos directos* tal privilégio mobiliário geral só respeita aos impostos inscritos para cobrança no ano corrente na data da penhora, ou acto equivalente, e nos dois anos anteriores. Em face deste preceito e dos trabalhos preparatórios relativos ao mesmo, tem a doutrina entendido que o critério a ele subjacente para o diferente tratamento entre *impostos directos* e *impostos indirectos* assenta na permanência das faculdades contributivas. O objectivo da lei terá sido limitar o privilégio creditório mobiliário geral nos *impostos directos*, querendo com isso referir-se aos impostos que se renovam anualmente, ou seja, os *impostos periódicos*[44], por oposição aos *impostos de obrigação única*, em que não

---

[43] Também no que respeita aos impostos que são receita das autarquias locais verifica-se a mesma divisão entre impostos directos e indirectos (cfr. DL n.º 54-A/99, de 22 de Fevereiro).

[44] Casalta Nabais, *Direito...*, p. 47; Cardoso da Costa, *Curso...*, p. 35.

existe a previsibilidade ou regularidade da renovação da obrigação de imposto.

Como se vê, a legislação não é esclarecedora quanto a um critério de distinção entre *impostos directos* e *impostos indirectos,* limitando-se a equiparar estes impostos a outras designações, que fazem parte de outras classificações.

Perante isto, assentemos num critério principal para explicar a distinção entre impostos directos e indirectos.

Este critério "*...radica na forma por que se revela a manifestação de capacidade contributiva atingida pelo imposto*"[45]. Temos, pois, que, com base no critério que atende à natureza da manifestação de capacidade contributiva subjacente ao facto tributário, os impostos são *directos* se tributam manifestações directas ou imediatas de capacidade contributiva; e são *indirectos* se incidem sobre manifestações indirectas ou mediatas de capacidade contributiva.

Os *impostos directos* são, assim, os que tributam um "ter" (um rendimento, um capital ou património). Exemplificando, são *impostos directos,* o IRS, o IRC, o IMI e o IUC.

Os *impostos indirectos* são impostos que tributam manifestações de capacidade contributiva que se evidenciam através de um "fazer" – a utilização da riqueza no acto de aquisição de bens ou serviços. Neste caso, o que é normal é que o acto de aquisição de bens tenha por detrás de si a riqueza, e, portanto, a capacidade contributiva, suficiente para tal. Porém, ao invés dos impostos directos, a tributação não incide directamente sobre a riqueza, mas sobre o acto que a pressupõe. São *impostos indirectos:* o IVA, o ISV e os IEC.

Um caso de discussão sobre o enquadramento que lhe cabe na classificação entre *impostos directos* e *impostos indirectos* é o IMT. O que se vê é que, com base no critério atrás referido, é sustentável que este imposto se deva considerar indirecto, como, aliás, acontece em alguns Estados da União Europeia. Entre nós, contudo, o IMT é classificado como imposto directo pelas normas da contabilidade pública, à semelhança dos impostos sobre o rendimento e dos restantes impostos

---

45 ALBERTO XAVIER, *Manual...*, p. 96.

sobre o património; reservando-se a qualificação de impostos indirectos para os impostos sobre o consumo ou despesa.

Existe, ainda, um outro critério, que não está prejudicado em face da técnica tributária[46] o qual conduz a resultados próximos dos que vimos antes. Trata-se do critério assente na diferente estabilidade das faculdades contributivas.

De acordo com este critério, seriam *impostos directos* os impostos em que a matéria colectável possui carácter de permanência (ex: os impostos sobre o rendimento e os impostos sobre o património que tributam a posse de bens, como o IMI e o IUC). Ao invés, seriam *impostos indirectos* aqueles impostos em que a matéria colectável é intermitente, revestindo natureza transitória (ex: os impostos sobre o consumo). Mas este é um critério que mais adequadamente serve de base à distinção entre *impostos periódicos e impostos de obrigação única*, como veremos adiante.

21. Impostos sobre o rendimento, sobre o património e sobre a despesa

Esta é também uma classificação muito utilizada e é com base nela que o artigo 104.º da CRP estabelece objectivos para as diferentes áreas da tributação. Os n.os 1 e 2 deste preceito respeitam ao imposto sobre o rendimento das pessoas singulares e ao imposto sobre o rendimento das empresas, respectivamente. O n.º 3 refere-se aos impostos sobre o património. E o n.º 4 reporta-se à tributação do consumo.

A classificação tem um cariz marcadamente económico e o critério subjacente decorre da natureza da base sobre que incide a tributação. Para que não se trate de uma classificação meramente tautológica, importa precisar os conceitos de *rendimento, património e consumo*.

---

[46] Como acontece com o critério do *rol nominativo* e o critério da *repercutibilidade*, incapazes de serem bases para esta distinção. Sobre estes critérios, ver SOARES MARTINEZ, *Manual…*, p. 46.

Impostos sobre o rendimento:

Tem vindo a evoluir e a alargar-se o conceito de *rendimento* adoptado na técnica fiscal.

Também entre nós, a *teoria da fonte* e o conceito de *rendimento-produto,* qualificando como rendimento o produto imputável de modo regular e durante certo período, a uma fonte durável, sem amputação desta fonte produtora, veio dar lugar, com a reforma fiscal de 1989, à adopção da *teoria do acréscimo patrimonial,* para efeitos de conceptualização do rendimento.

Segundo a *teoria do acréscimo (ou incremento) patrimonial,* rendimento é, considerado o período de tributação, *a diferença entre o património inicial e o património final* (v. art. 3.º, n.º 2 do CIRC e ponto 5 do Preâmbulo do CIRC). Este conceito de rendimento é de conteúdo mais amplo do que o *rendimento-produto,* legitimando conceptualmente a tributação em imposto sobre o rendimento, nomeadamente, das mais-valias, dos proveitos de actos isolados e das indemnizações. No entanto, o conceito de incremento patrimonial não foi adoptado na sua pureza, mas de forma mitigada, como de resto se passa noutros sistemas fiscais. Daí, nomeadamente, não se tributarem as mais-valias potenciais, nem, em IRS, as aquisições gratuitas por pessoas singulares. Acrescem ainda os desvios à pureza da tributação pelo acréscimo patrimonial que resultam do CIRC, como aliás decorre da expressão " *com as correcções estabelecidas neste Código*" (art. 3.º, n.º 2 do CIRC, *in fine*).

São impostos sobre o rendimento o IRS e o IRC.

De entre os impostos sobre o rendimento, é ainda possível distinguir entre *impostos cedulares ou analíticos* e *impostos únicos ou sintéticos.* Os primeiros tributam o rendimento em vários impostos autónomos, de acordo com a fonte geradora (Ex.: os revogados imposto profissional, imposto de capitais, contribuição industrial, contribuição predial...) e são, por vezes, complementados por um imposto de sobreposição, de que era exemplo o extinto imposto complementar. Os impostos únicos ou sintéticos tributam o rendimento líquido global do sujeito passivo ou agregado familiar (Ex.: IRS).

Impostos sobre o património:

Definem-se como impostos sobre o património os que incidem sobre a riqueza adquirida. São impostos sobre o património, o IMT, o IMI, o imposto do selo sobre as transmissões gratuitas e o IUC.

É comum distinguir no âmbito destes impostos, os que funcionam numa perspectiva dinâmica (o IMT e o imposto do selo sobre as aquisições gratuitas), daqueles em que o facto gerador ocorre independentemente da transacção do bem. Diz-se destes últimos que funcionam numa perspectiva estática (o IMI e o IUC).

Impostos sobre o consumo ou despesa:

Caracterizam-se por tributar a riqueza despendida no momento da aquisição de bens ou serviços.

A par do imposto geral sobre o consumo – o IVA – vigoram no sistema fiscal português, vários impostos especiais. São exemplos destes impostos o imposto sobre o álcool e as bebidas alcoólicas (IABA); o imposto sobre os produtos petrolíferos (ISP); o imposto sobre o tabaco (IT) e o imposto sobre veículos (ISV).

A classificação tripartida dos impostos, em impostos sobre o rendimento, impostos sobre o património e impostos sobre o consumo, não corresponde na totalidade, porém, aos grandes grupos nos quais se arrumam as receitas fiscais no Sistema Europeu de Contas da UE (Regulamento n.º 223/96/CE do Conselho, de 25 de Junho de 1996) e nas estatísticas da OCDE.

No *Sistema Europeu de Contas da UE* os grandes grupos de receitas fiscais são:

a) Impostos correntes sobre o rendimento, património e alguns impostos periódicos não baseados no rendimento, nem no património;
b) Contribuições para a segurança social;
c) Impostos sobre a produção e a importação;
d) Impostos de capital.

Por outro lado, nas estatísticas da *OCDE* as rubricas principais são:[47]

a) Rubrica 1000 – rendimentos (incluindo ganhos do jogo), lucros e ganhos de capital;
b) Rubrica 2000 – Quotizações para a segurança social;
c) Rubrica 3000 – Impostos sobre os salários e a mão de obra;
d) Rubrica 4000 – Impostos sobre o património;
e) Rubrica 5000 – Impostos sobre bens e serviços;
f) Rubrica 6000 – Outros impostos.

22. Impostos reais e impostos pessoais

Designam-se por *impostos reais* aqueles impostos em que a tributação se efectiva alheando-se das condições pessoais, económicas e familiares dos sujeitos passivos.

Ao invés, os *impostos pessoais* caracterizam-se por não atender exclusivamente ao montante da base tributável, mas também a elementos do condicionalismo económico e familiar que envolve cada sujeito passivo ou o seu agregado familiar. De tal modo que, no âmbito dos impostos pessoais, a um mesmo montante da base tributável auferido por diferentes unidades fiscais, podem corresponder diferentes dívidas de imposto, se diferentes forem a constituição do agregado ou o montante das despesas fiscalmente relevantes. Nesta distinção em função das pessoas tributadas consiste a *pessoalização* da tributação, sendo que os instrumentos que a realizam (abatimentos, quociente conjugal, deduções à colecta...) são os *elementos de pessoalização do imposto*.

No sistema fiscal português, apenas o IRS é um imposto pessoal, dada a relevância fiscal da situação familiar, do número de dependentes e do montante dos encargos com algumas despesas pessoais (v. arts. 56.º, 69.º e 78.º do CIRS)[48]. Ademais, o IRS é um imposto pessoal em cumprimento do imperativo constitucional do artigo 104°, n.º 1, da CRP.

---

[47] Para mais detalhe, ver OCDE, "*Revenue statistics, 1965-2008*", Paris, 2009.

[48] Sobre as características do IRS, ver *infra* n.º 72 a 76.

23. Impostos de prestação fixa e impostos de prestação variável

Os impostos são de *prestação fixa* ou de *prestação variável*. Nos primeiros, a lei estabelece um montante fixo de imposto igual para todos os sujeitos passivos, podendo dizer-se que há imposto mas não há um quantitativo de matéria colectável. Nos segundos, o imposto varia em função da matéria colectável.

São exemplos históricos destes tributos de *prestação fixa* os chamados *impostos de capitação*[49], aplicáveis a cada indivíduo ou família residente num país ou região, independentemente da sua capacidade contributiva. Para quem entende que se tratava de um imposto, também a abolida *taxa militar* seria um exemplo histórico de imposto de *prestação fixa*. Entre nós, actualmente, a *contribuição para o áudio-visual* é um exemplo desse tipo de imposto.

Na terminologia anglo saxónica os *impostos de prestação fixa* são designados por *lump sum taxes*.

A propósito dos *impostos de prestação fixa*, deve dizer-se que este tipo de tributação não pertence apenas ao passado mais ou menos longínquo. Exemplo bem conhecido da introdução relativamente recente de uma *flat rate,* com peso significativo, ocorreu no Reino Unido em 1990, quando o governo de Margaret Thatcher substituiu o sistema de tributação da propriedade baseado no seu valor, pela *poll tax* ou *community charge*, que consistia na aplicação de um valor fixo de imposto para todos os que habitavam numa determinada circunscrição, independentemente da sua capacidade contributiva ou do valor do património predial possuído. Tal sistema vigorou por muito pouco tempo, já que, em face da violentíssima contestação social, o governo rapidamente revogou aquele imposto. Não sem que a reacção social tivesse contribuído para a queda política da então primeira – ministra.

Sem prejuízo de algumas raras excepções, como a referida *contribuição para o áudio-visual*, actualmente a regra é a de que os impostos sejam de prestação variável. Quer o imposto resulte do produto de uma percentagem fixa (imposto proporcional) ou de uma percentagem

---

[49] Muito utilizados, ao tempo, nas antigas províncias ultramarinas portuguesas.

variável (impostos progressivos ou degressivos) pelo valor da matéria tributável[50], quer decorra do produto de um valor unitário fixo pelo número de unidades (quantidade, peso, capacidade, superfície...), como acontece nos impostos de *taxa específica*. Os *impostos de prestação variável* distinguem-se, pois, em *proporcionais, progressivos e regressivos,* como veremos a seguir.

24. Impostos de prestação variável: impostos proporcionais, progressivos e regressivos

Já vimos que a classificação dos impostos em *impostos proporcionais, progressivos e regressivos,* respeita unicamente aos impostos de quota ou prestação variável.

Para formular esta classificação atende-se à estrutura da taxa do imposto.

De acordo com este critério, *impostos proporcionais* são impostos em que a taxa é fixa. Assim, o imposto aumenta proporcionalmente em face do aumento da matéria colectável. Por isso, impostos como o IMI e o IVA são impostos proporcionais.

Por seu lado, *impostos progressivos* são impostos em que a taxa sobe à medida que aumenta a matéria colectável. O imposto aumenta mais que proporcionalmente, face ao aumento da matéria colectável. É o que se passa com o IRS.

Como veremos, a progressividade dos impostos tem sido um dos mais utilizados instrumentos da igualdade tributária. À estrutura progressiva da taxa subjaz a ideia de que a proporcionalidade material do imposto deve dar lugar à proporcionalidade do sacrifício[51]. É evidente, contudo, que também os chamados *impostos progressivos* funcionam como *impostos proporcionais* a partir do último escalão.

---

[50] Embora tal designação seja mais utilizada no âmbito dos impostos indirectos, podem também designar-se como impostos *"ad valorem"*, os impostos cuja colecta depende percentualmente do valor da matéria colectável.

[51] Sobre a evolução do conceito de progressividade, ver ASSIS TAVARES, *Curso de Fiscalidade da Empresa*, Livraria Clássica Editora, 1982, Lisboa, pp. 31 e segs.

A progressividade pode ser *global* ou *por escalões*. Na *progressividade global,* a taxa correspondente ao maior dos escalões que a matéria colectável alcança é aplicada à totalidade da matéria colectável. Na progressividade *por escalões, a* matéria colectável é repartida por cada um dos escalões que atinge, aplicando-se à matéria colectável compreendida em cada escalão a taxa a ele correspondente.

Exemplificando, com um contribuinte que obtém 1.020 unidades monetárias de matéria colectável:

Num imposto com *progressividade global*

Escalões	**Taxa de imposto**
Até 200	2%
Até 500	4%
Até 1000	8%
Até 2000	12%
Até 3500	20%

O imposto seria de: 1.020 × 12% = 122,40. E o contribuinte ficaria com 897,60 de valor líquido de imposto. Mas isso teria um problema. É que se, por exemplo, auferisse apenas um montante igual a 1.000 pagaria 80,00 (1000 × 8%) e ficaria com um montante líquido de imposto superior (920,00) ao contribuinte que tinha auferido de rendimento bruto mais 20 unidades monetárias. É para evitar este tipo de distorção que a estrutura da tabela de taxas destes impostos de progressividade global deve ser complementada com uma norma que impeça que o contribuinte fique com um valor líquido de imposto menor do que ficaria se a matéria colectável igualasse o limite do escalão imediatamente inferior, como acontecia nos extintos imposto profissional e imposto sobre as sucessões e doações,

Num imposto com *progressividade por escalões*

Escalões	**Taxa de imposto**
Até 200	2%
>200 a 500	4%
>500 a 1000	8%
>1000 a 2000	12%
>2000 a 3500	20%

Com as mesmas 1020 unidades monetárias o imposto será: (200 × 2%) + (300 × 4%) + (500 x 8%) + (20 × 12%) = 58,4.

No IRS a progressividade é por escalões. Note-se que, por razões de simplicidade, no apuramento da colecta do IRS o rendimento colectável é dividido apenas pelo último e penúltimo escalões, a que se aplicam as correspondentes taxa normal e taxa média, respectivamente (v. art. 68.º do CIRS).

Na classificação de que tratamos, os impostos podem, ainda, designar-se *impostos regressivos*. Estes caracterizam-se pela diminuição da taxa do imposto, à medida que aumenta a matéria colectável. Tal classificação não tem só interesse académico, porque embora tal facto não ocorra em Portugal, são conhecidos entre Estados membros da UE, no âmbito da tributação dos lucros das sociedades, casos de adopção de taxas inferiores para lucros acima de determinados montantes. Esta estrutura de taxas é, normalmente, justificada por objectivos de incentivo à maior produtividade e de desincentivo à fuga fiscal para os escalões mais altos de rendimento.

No âmbito dos impostos indirectos é frequente designarem-se os impostos cuja colecta depende da aplicação de uma percentagem ao valor da matéria colectável, como *impostos "ad valorem"* e de *impostos de taxa específica*, os impostos cuja colecta resulta da aplicação de um valor único (a taxa específica) ao número de unidades físicas, de capacidade, de peso, de superfície (ou outras), objecto de transmissão. Exemplos de *impostos "ad valorem"* são o IVA e o imposto sobre o tabaco. Exemplos de *impostos de taxa específica* são o imposto especial sobre a cerveja, o imposto especial sobre o consumo de bebidas alcoólicas e o imposto sobre os produtos petrolíferos e energéticos.

25. Impostos periódicos e impostos de obrigação única

Nos *impostos periódicos,* a obrigação de imposto é relativa a situações estáveis que, normalmente, se prolongam no tempo. Daí que tais impostos tenham tendencialmente uma periodicidade regular (em regra, anual). São exemplo destes impostos, o IRS, o IRC e o IMI.

Os *impostos de obrigação única* caracterizam-se por não serem passíveis de uma ocorrência tendencialmente regular e previsível, uma vez que o facto que a determina se traduz na prática de um acto instantâneo (v. o acto de adquirir). Por isso se diz que os impostos de obrigação única tributam actos ou factos isolados.[52] São exemplo destes impostos: os impostos aduaneiros pagos no acto de desembaraço alfandegário de bens importados, o IMT, que tributa aquisições onerosas de imóveis e o IVA e os Impostos Especiais sobre o consumo, que tributam aquisições de serviços ou de bens.

26. Impostos principais e impostos acessórios

São *impostos principais* os impostos que gozam de autonomia face aos restantes. São a regra nos sistemas fiscais.

Já os *impostos acessórios* carecem de autonomia e acrescem aos impostos principais de que dependem. Não haverá imposto acessório sem colecta ou matéria tributável do imposto principal. Nos impostos acessórios compreendem-se os *adicionais* e as *derramas.*

Em matéria de derramas, vigora apenas a que acresce ao IRC, a qual é receita dos municípios. Após a entrada em vigor da nova Lei das Finanças Locais (Lei n.º 2/2007, de 15 de Janeiro) a derrama, que resultava de uma percentagem até 10% sobre a colecta de IRC, passou a ser uma percentagem, até 1,5% do lucro tributável sujeito e não isento de

---

[52] Sá Gomes, *Manual...* I, p. 131.

IRC, que corresponda à proporção do rendimento gerado na área do município.

Assim, pode haver derrama sem haver colecta de IRC, já que a matéria colectável, sobre a qual incide a taxa de imposto, pode ser nula em virtude da dedução de prejuízos fiscais de anos anteriores (art. 47.º CIRC).

CAPÍTULO III

A RELAÇÃO JURÍDICA TRIBUTÁRIA

27. Elementos da relação jurídica tributária

A *relação jurídica tributária* é decalcada da relação jurídica, em geral. Sabendo-se que esta consiste num "...nexo de atribuição recíproca de um direito e de uma vinculação..."[53], há que concretizar que, na relação jurídica tributária, aquele direito é um *direito a receber* prestações de natureza tributária, quer sejam prestações de "*dare*" (entrega de coisa, normalmente dinheiro) ou de "*facere*" (prática de acto) e a *vinculação* é um concomitante *dever de as prestar*.

Designa-se por *sujeito activo* a pessoa a quem a lei atribui directamente aquele direito tributário (e não por delegação ou por consignação) e por *sujeito passivo* aquela a quem é imposto o dever de prestar.

Além disso, o credor da relação jurídica tributária tem o poder de realizar coercivamente o seu direito. Nisso se traduz a garantia da relação jurídica.

Nesta linha, desenvolveremos cada um dos elementos da relação jurídica tributária, estudando:

a) Os sujeitos tributários;
b) O objecto;

---

[53] V. Castro Mendes, *Introdução...*, p. 196.

c) O facto gerador;
d) A garantia

Note-se, porém, que o objecto e o facto da relação jurídica tributária, serão estudados no âmbito dos momentos da *obrigação de imposto*, entendida esta, na linha do artigo 397.º do Código Civil, como o vínculo jurídico por virtude do qual uma pessoa fica adstrita para com outra à realização de uma prestação de natureza tributária.

28. Sujeito activo

Já se disse que o imposto é uma prestação devida por certa pessoa – o sujeito passivo – a outra – o sujeito activo.

Para o n.º 1 do artigo 18.º da LGT *"o sujeito activo da relação tributária é a entidade de direito público titular do direito de exigir o cumprimento das obrigações tributárias, quer directamente quer através de representante..."*.

Nesta definição cabem o Estado, as regiões autónomas e as autarquias locais. No caso dos impostos municipais[54] e dos impostos das regiões autónomas, estas pessoas colectivas públicas são efectivamente os sujeitos activos de tais impostos, sendo que o Estado será apenas o seu representante, nas tarefas de liquidação e cobrança dos mesmos[55].

Além das autarquias e das regiões autónomas, também os institutos públicos, podem ser sujeitos activos de relações tributárias relativamente a *impostos* (embora frequentemente sob a designação de *taxas)* cujo direito lhes é directamente atribuído (ver, *supra* n.º 14). Para além dos organismos de coordenação económica já citados, vimos que também pessoas colectivas de direito privado podem ser sujeitos activos relativamente a certas prestações tributárias.

---

[54] Como o IMI, IMT, IUC, as derramas.

[55] É possível que por pouco mais tempo, devido à intenção anunciada de atribuir a estas entidades a liquidação e cobrança dos seus impostos.

Já a consignação de receitas provenientes de impostos a determinadas pessoas colectivas, não as transforma, contudo, em sujeito activo tributário. É o que se passa, por exemplo, com a afectação financeira aos municípios e às freguesias, de uma *subvenção*, de montante equivalente a 25,3% e 2,5%, respectivamente, da média aritmética simples da receita do IRS, do IRC e do IVA, nos termos do artigo 19.º da Lei das Finanças Locais (LFL), aprovada pela Lei n.º 2/2007, de 15 de Janeiro; e com a *contribuição para o áudio-visual* prevista na Lei n.º 30/2003, de 22 de Agosto, totalmente consignada à Rádio e Televisão de Portugal, SA, constituindo sua receita própria, nos termos do artigo 6.º daquela Lei.

Portanto, relativamente àquela sulvenção, as autarquias locais são titulares do direito àquele montante, mas não são o sujeito activo da relação tributária subjacente. O sujeito activo é a pessoa colectiva Estado. Coisa diferente se passa, porém, como vimos antes, com os *impostos municipais* – o IMI, o IMT, o IUC. Sobre estes impostos, bem como sobre as derramas, no exercício da faculdade concedida pelo n.º 4, do art. 238.º da CRP, têm as autarquias locais um *poder tributário,* como refere a epígrafe do artigo 11.º da LFL. Logo, os sujeitos activos destes últimos impostos são as autarquias locais.

No que respeita à *contribuição para o áudio-visual,* esta é um *imposto de prestação fixa,* devido mensalmente por todos os consumidores de energia eléctrica (até à entrada em vigor do D.L. n.º 169-A/2005, de 3 de Outubro, abrangia apenas o fornecimento de energia eléctrica para uso doméstico), sem prejuízo da isenção dos consumidores com consumo anual abaixo de 400 kwh. A contribuição é liquidada pelas empresas comercializadoras de electricidade ou através das empresas distribuidoras quando estas distribuam a electricidade directamente ao consumidor e é cobrada em "*substituição tributária" (sic)* do Estado juntamente com o preço relativo ao seu fornecimento ou comercialização, Este está obrigado a consignar esta receita à RTP, SA, para *"assegurar o financiamento do serviço público de radiodifusão e de televisão"* (art. 1.º, n.º 1, da Lei n.º 30/2003, de 22 de Agosto). Logo, o sujeito activo é o Estado, que exerce o seu direito tributário *representado* pelas empresas distribuidoras de electricidade. A consignação posterior das receitas à RTP, SA é, para nós, uma relação creditícia exterior à relação tributária, sendo irrelevante do ponto de vista da atribuição da qualidade de sujeito activo[56].

Os dois casos acima referidos são elucidativos da importante distinção entre a qualidade de *sujeito activo* da relação de imposto e a qualidade de *titular do direito à receita fiscal.* Estes dois conceitos podem, ainda, distinguir-se da *titularidade do poder constitucional de criação de impostos*, que, como veremos, é pertença da Assembleia da República, nos termos do artigo 165.º, n.º 1, alínea i) da CRP, e do que ALBERTO XAVIER[57] chama de *competência tributária,* para designar as competências para praticar actos de liquidação, fiscalização e cobrança dos impostos. Tal competência, com a imposição da autoliquidação aos particulares, encontra-se, aliás, actualmente repartida entre estes e a Administração fiscal.

Ainda no que respeita à posição activa da relação tributária, uma referência para a regra da intransmissibilidade dos créditos tributários a terceiros (artigo 29.º, n.º 1, da LGT). Esta é um reflexo da indisponibilidade da relação tributária, em geral, e da posição de sujeito activo, em particular. Tudo, sem prejuízo da possibilidade de alguém, pagador de dívida tributária de outrem, ficar subrogado nos direitos do Fisco, nos termos do artigo 41.º, n.º 2 da LGT. (*infra* n.º 39).

Saliente-se, por fim, o facto de a definição constante do artigo 18.º da LGT exigir que o sujeito activo seja uma entidade de direito público. Em face daquela definição, não seriam sujeitos activos de tributos as entidades de direito privado, que, prosseguindo funções públicas, designadamente, devido à concessão de serviços públicos, fossem titulares do direito a impostos.

---

[56] Em sentido contrário, reportados à *ex-taxa de radiodifusão*, que precedeu a actual *contribuição para o áudio visual*, SOARES MARTINEZ, *Manual...*, p. 206; SÁ GOMES, *Manual...*I, p. 65.

[57] *Manual...*, 307.

29. Sujeito passivo

O sujeito passivo é a entidade obrigada ao cumprimento da obrigação tributária, quer esta seja a *obrigação principal de pagamento* do imposto, quer seja a *obrigação declarativa ou de escrituração* que a lei fiscal imponha. Por isso, o n.º 4 do artigo 18.º da LGT é criticável, quando na sua alínea b) exclui da qualidade de sujeito passivo *"quem deva prestar informações sobre assuntos tributários de terceiros, exibir documentos, emitir laudo em processo administrativo ou judicial ou permitir o acesso a imóveis ou locais de trabalho"*. É que sujeitos passivos de obrigações tributárias não são apenas os obrigados ao pagamento directo ou indirecto do imposto, mas também todos aqueles a quem a lei fiscal imponha a prática de actos ou omissões destinados à liquidação ou ao controlo da obrigação de imposto.

De entre os sujeitos passivos, importa distinguir entre os *sujeitos passivos originários* e os *sujeitos passivos não originários*[58]. Na *obrigação de pagamento* do imposto, é *sujeito passivo originário* a entidade em relação à qual se verificaram os pressupostos constantes na incidência do respectivo tributo. Será o titular de um rendimento ou de um património sujeito a tributação ou quem, em geral, pratica um acto sujeito a impostos sobre o consumo. É *sujeito passivo não originário,* aquele que, não se encontrando na situação anterior, é chamado ao cumprimento da obrigação de imposto.

Note-se que não cabem no elenco dos sujeitos passivos não originários as situações de representação legal ou voluntária (art. 16.º da LGT) e a gestão de negócios (art. 17.º da LGT), uma vez que a qualidade de sujeito passivo continua a caber, exclusivamente, aos representados e ao dono do negócio, respectivamente.

Trataremos, em seguida, dos sujeitos passivos não originários nos casos de *substituição tributária, de responsabilidade e de sucessão.*

---

[58] SOARES MARTINEZ, *Manual*...p. 216.

30. Substitutos tributários

O n.º 2 do artigo 20.º da LGT faz coincidir o conceito de substituição tributária com o mecanismo da retenção na fonte, embora tal não seja pacífico[59]. Face a este preceito, os *substitutos tributários* são as entidades devedoras de rendimentos, que estão legalmente obrigadas a reter a parte correspondente ao imposto e a entregá-la ao Fisco até ao dia 20 do mês seguinte (art. 98.º, n.º 3, do CIRS e art. 94.º, n.º 6, do CIRC). Os substitutos substituem os titulares dos rendimentos no dever de entrega do imposto e são o seu devedor principal (art. 21.º do CIRS), sem prejuízo das regras de repartição da responsabilidade entre substitutos e substituídos em caso de não entrega do imposto retido ou que nem sequer foi retido (v. art. 28.º da LGT, que repete, aliás, *ipsis verbis* o art. 103.º do CIRS).

Os substituídos tributários são frequentemente designados por *contribuintes de facto*: aqueles que, de facto, suportam economicamente o imposto. Por oposição, os substitutos, serão, nesta terminologia, designados por *contribuintes de direito*.

Existem dois tipos de retenção na fonte: a *retenção a título definitivo*, efectuada por taxas liberatórias (art. 71.º, do CIRS) e a *retenção a título de pagamento por conta* (arts. 98.º a 101.º, do CIRS e art. 94.º do CIRC, com excepção das alíneas do seu n.º 3). Na *retenção a título definitivo*, a obrigação de imposto em relação ao respectivo facto tributário extingue-se com a retenção e entrega do imposto retido nos cofres do Estado. Na *retenção a título de pagamento por conta*, os rendimentos objecto de retenção na fonte serão declarados na declaração anual de rendimentos, tendo o imposto retido a natureza de um crédito a levar em conta na liquidação do imposto *a final*.

---

[59] Ver, CASALTA NABAIS, *Direito Fiscal...*, p. 262, referindo situações de substituição tributária sem retenção e de retenção sem substituição em sentido próprio. Sobre os deveres inerentes à retenção na fonte, MANUEL FAUSTINO, "*O dever de retenção na fonte*", Áreas Editora, 2003.

31. Responsáveis tributários

No âmbito da responsabilidade tributária, distinguimos as:

a) Relações entre o sujeito passivo originário e o responsável tributário;
b) Relações entre uma pluralidade de responsáveis tributários.

a) Relações entre o sujeito passivo originário e o responsável tributário

A responsabilidade tributária por dívidas de outrem reporta-se ao capítulo da obrigação tributária não originária. Assim, dependendo do tipo de relação existente entre os devedores originários e os devedores não originários, a responsabilidade tributária pode ser solidária ou subsidiária.

A responsabilidade do sujeito passivo não originário é *solidária* nos casos em que o credor tributário pode optar entre exigir a prestação integral àquele responsável ou ao sujeito passivo originário, sendo que a prestação por parte de um libera o outro (v. art. 512.º, n.º 1 do C. Civil), sem prejuízo do *direito de regresso*, de natureza civil, do pagador sobre o outro.

A responsabilidade é *subsidiária* se o terceiro responsável apenas responde depois de verificada a insuficiência patrimonial do devedor originário, para o efeito (art. 23.º, da LGT). Com a reversão contra o responsável, relativamente à execução fiscal que corria contra o sujeito passivo originário, passa o património daquele sujeito passivo não originário a responder pela dívida e o acrescido.

O âmbito da responsabilidade tributária estende-se à totalidade da dívida tributária, aos juros e aos demais encargos legais, sem prejuízo de o responsável estar isento de juros de mora e de custas se cumprir a dívida tributária principal no prazo para a oposição à execução contra si revertida – 30 dias - (cfr. art. 22.º, n.º 5 da LGT e art. 203.º do CPPT). Além disso, os responsáveis solidários ou subsidiários podem reclamar ou impugnar a dívida nos mesmos termos do devedor principal.

Os *responsáveis tributários* são, como vimos, chamados ao pagamento do imposto nas condições previstas na lei, quando o património da entidade originariamente devedora for insuficiente para o seu pagamento. Por isso se diz que têm o benefício da *excussão prévia* do património daquela entidade.

Salvo determinação em contrário, a responsabilidade tributária é apenas subsidiária (art. 22.º, n.º 3, da LGT). A própria LGT, porém, contém alguns casos de responsabilidade tributária solidária. A saber: a responsabilidade de cada contribuinte na pluralidade de contribuintes por força do mesmo facto tributário, salvo disposição em contrário, nos termos do artigo 21.º, n.º 1 da LGT (v.g. os casos de comunhão ou de contitularidade de rendimentos); a responsabilidade dos sócios de sociedades de responsabilidade ilimitada e dos membros de entidades com igual regime de responsabilidade civil, relativamente aos impostos destas pessoas colectivas ou entidades (art. 21.º, n.º 2 da LGT); e a responsabilidade dos gestores de bens ou direitos de não residentes (art. 27.º da LGT).

A responsabilidade de administradores, directores[60], gerentes e outras pessoas que exerçam, ainda que somente de facto, funções de administração ou gestão de pessoas colectivas e entes equiparados, no que respeita às dívidas fiscais destas, ao invés, segue a regra geral da subsidiariedade, nas condições do artigo 24.º da LGT. Este preceito define a responsabilidade destas pessoas distinguindo duas situações:

a) Relativamente às dívidas tributárias cujo facto constitutivo se tenha verificado no período de exercício do seu cargo ou cujo prazo legal de pagamento ou entrega tenha terminado depois deste (art. 24.º, n.º 1, al. a), da LGT);
b) Relativamente às dívidas tributárias cujo prazo legal de pagamento ou entrega tenha terminado no prazo de exercício do seu cargo (art. 24.º, n.º 1, al. b), da LGT).

No primeiro caso, para que se verifique a responsabilidade tributária dos administradores, directores e gerentes e outras pessoas que

[60] Nas sociedades comerciais, estes "directores" parecem só poder ser os membros da *direcção*, relativamente às sociedades que adoptaram esta designação para o seu órgão executivo.

exerçam, ainda que somente de facto, funções de administração ou gestão em pessoas colectivas e entes fiscalmente equiparados, e a consequente reversão da execução fiscal, terá a Administração fiscal de provar que foi por culpa daqueles que o património da pessoa colectiva ou ente fiscalmente equiparado se tornou insuficiente para a satisfação das dívidas tributárias. No segundo caso, o *ónus da prova* recai sobre os administradores, directores, gerentes e demais pessoas acima nomeadas, os quais, nos termos da lei, terão de provar que lhes não foi imputável a falta de pagamento das dívidas; e assim elidir a presunção legal de culpa que, nesta situação, sobre eles recai.

Pode dizer-se que a forma mais frequente de elisão daquela presunção legal é a prova de que a entidade em causa não participou na administração ou gerência efectiva da pessoa colectiva. Importa, contudo, ter presente que a gerência de direito faz presumir a gerência de facto, embora tal presunção possa ser livremente elidida, sendo suficiente a contraprova e não sendo exigível a prova do contrário (v. Acórdão 1179/2003, de 04.05.2004, do Tribunal Central Administrativo).

A responsabilidade tributária que vimos existir para administradores, directores, gerentes e demais pessoas que exerçam funções de gestão ou administração em pessoas colectivas, aplica-se também aos membros dos órgãos de fiscalização e *revisores oficiais de contas*[61] (n.º 2 do art. 24.º da LGT) e aos *técnicos oficiais de contas* (n.º 3 do art. 24.º da LGT). No primeiro caso, terá, contudo, a Administração fiscal o ónus de provar que a violação dos deveres tributários do contribuinte resultaram do incumprimento das funções de fiscalização dos membros do órgão respectivo, incluindo os revisores oficiais de contas. Relativamente aos técnicos oficiais de contas, para que a responsabilidade tributária se lhes aplique, terá a Administração fiscal de demonstrar a violação dos seus deveres como responsáveis pela regularização técnica nas áreas contabilística e fiscal ou dos deveres de assinatura de declarações fiscais, demonstrações financeiras e seus anexos.

---

[61] Sobre a responsabilidade disciplinar, civil, tributária e penal dos revisores oficiais de contas, ver Caiado Guerreiro, *O Novo Regime Fiscal das SGPS*, Vida Económica, 2003, pp. 55-80.

b) Relações entre uma pluralidade de responsáveis tributários

Para além da relação entre o devedor originário e o não originário, entretanto constituído responsável, releva também conhecer o modo como responde cada um dos responsáveis não originários em caso de pluralidade dos mesmos. Neste segundo nível de análise da relação de responsabilidade tributária, a regra é a da *solidariedade* entre os responsáveis, ainda que subsidiários em relação ao devedor originário.

Assim, caso a pessoa colectiva ou equiparada não pague as dívidas tributárias, nem para isso se encontre património, temos, então, em relação aos seus administradores, directores, gerentes, órgãos de fiscalização, técnicos oficiais de contas e outros responsáveis[62], o seguinte quadro de responsabilidades tributárias:

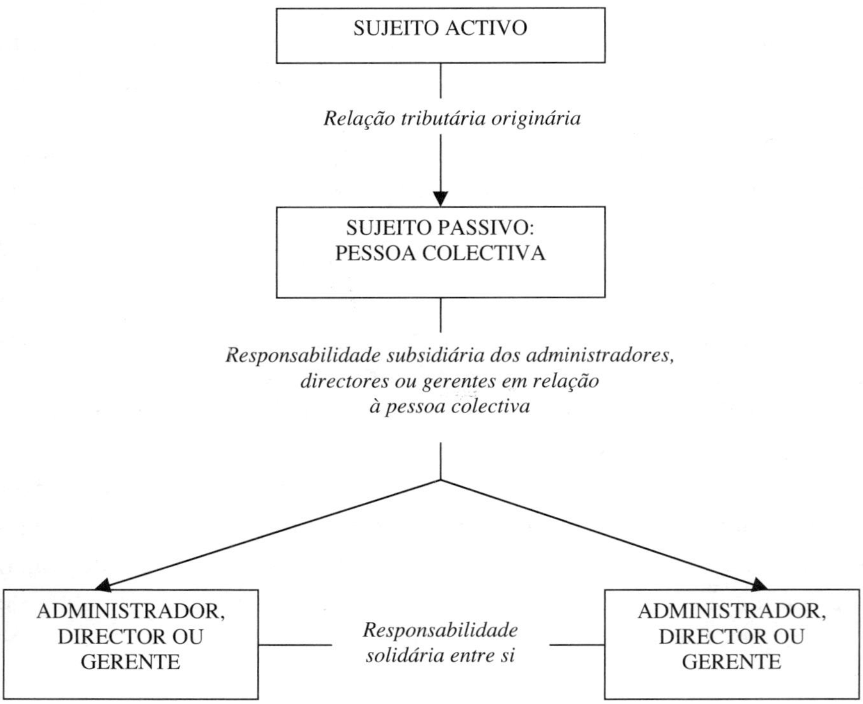

[62] Note-se que responsável tributário é qualquer pessoa que exerce, ainda que apenas de facto, funções de administração ou gestão.

Já vimos que existindo uma pluralidade de responsáveis solidários entre si, o credor tributário pode exigir a dívida a qualquer um, tendo o responsável pagador o *direito de regresso* sobre os restantes (art.s 497.º e 524.º do C.Civil). Considerado o direito de regresso, a medida em que cada responsável responde, a final, dependerá da medida das respectivas culpas e suas consequências, sem prejuízo da presunção de igualdade das culpas legalmente consagrada (art. 72.º do CSComerciais e art. 497.º, n.º 2, do C.Civil)[63].

A responsabilidade subsidiária dos administradores, directores, gerentes e demais responsáveis em face da sociedade, e solidária entre si, constitui-se, igualmente, no que respeita às *multas e coimas* resultantes de infracções praticadas pela sociedade, nos termos constantes do artigo 8.º do RGIT.

Este preceito do RGIT, porém, tem sido objecto de vincada controvérsia jurisprudencial. No Acórdão n.º 129/2009, de 12 de Março, o TC julgou constitucionais as normas do n.º 1 deste artigo 8.º, por, em síntese, entender que a responsabilidade das pessoas aí referidas não decorre da responsabilidade contraordenacional subjacente ao acto ilícito praticado pela pessoa colectiva, mas de um facto autónomo a si próprio imputável, causador de dano para o Fisco e gerador do dever civil de indemnizar. Posteriormente a este Acórdão, o STA, contudo, retomou a linha jurisprudencial, anteriormente reafirmada, de inconstitucionalidade daquelas normas por violação do princípio da intransmissibilidade das penas (art. 30.º, n.º 3 da CRP) e do princípio da presunção de inocência (art. 32.º, n.º 2 da CRP) através do Acórdão de 24.03.2010 – Proc.º n.º 1216/2009.

Entretanto, o legislador, no âmbito do OE para 2010, aditou a alínea c) do n.º 1 do artigo 148.º do CPPT, admitindo a cobrança das referidas dívidas em processo de execução fiscal.

32. Sucessores tributários

À semelhança do que se passa com os créditos tributários (art. 29.º, n.º 1, da LGT), também, em regra, as obrigações tributárias não se

[63] V., no mesmo sentido, Abílio Morgado, *Ensaio sobre o regime do artigo 24.º da Lei Geral Tributária*, CTF n.º 415, DGCI, 2005, p.147.

transmitem entre vivos (art. 29.º, n.º 3, da LGT). É mais uma consequência da irrelevância da vontade das partes no que à relação de imposto respeita. Mas já não é assim relativamente às transmissões por morte. A este respeito dispõe o n.º 2 do artigo 29.º da LGT:

> *"As obrigações tributárias originárias e subsidiárias transmitem-se, mesmo que não tenham sido ainda liquidadas, em caso de sucessão universal por morte, sem prejuízo do benefício do inventário."*

Como se vê, contrariamente ao que ocorre com as penas resultantes de infracções praticadas pelo originário devedor (v. art. 128.º, n.º 1, do C. Penal) a dívida de imposto não se extingue com a sua morte.

Os herdeiros, aceitando a quota da herança, sucedem ao falecido no seu património activo e no passivo. Respondem também pelas dívidas fiscais, sem prejuízo de a sua responsabilidade estar limitada, nos termos gerais, ao valor dos bens recebidos, como determina o artigo 2071.º do Código Civil. Note-se que esta limitação não consta da lei tributária actual, mas resulta das regras do direito das sucessões.

Quanto ao âmbito da sucessão, refira-se que a transmissão das obrigações tributárias para o sucessor tanto respeita às obrigações originárias como às obrigações subsidiárias, mesmo que ainda não tenham sido liquidadas (art. 29.º, n.º 2, da LGT). Isto significa, por exemplo, que a obrigação que recaiu subsidiariamente sobre um responsável tributário, por este ser gerente de uma sociedade, se transmite por morte aos seus sucessores hereditários[64].

A aceitação da herança a *"benefício de inventário"* significa que só respondem pelos encargos respectivos os bens inventariados, salvo se os credores ou legatários provarem a existência de outros bens. Na aceitação pura e simples da herança, incumbe ao herdeiro provar que na herança não existem valores suficientes para o cumprimento dos encargos (art. 2071.º do C. Civil).

---

[64] V., *Acórdão* de 18-1-95, do SUPREMO TRIBUNAL ADMINISTRATIVO, DR de 31-7-1997.

Existem dois tipos de sucessores: os herdeiros, que sucedem na totalidade ou numa quota do património do falecido; e os legatários, que sucedem em bens ou valores determinados (art. 2030.º, n.º 2, do C.Civil). Viu-se que os herdeiros respondem pelas dívidas em geral da herança e, em particular, pelas dívidas fiscais. E os legatários?

33. Os legatários sucedem nas dívidas fiscais?

Expressamente, o artigo 29.º da LGT refere que a transmissão das obrigações tributárias ocorre em caso de *sucessão universal por morte*. E, sucessores universais são unicamente os herdeiros. Não os legatários.

Os legados são, aliás, um encargo da herança, à semelhança do pagamento das dívidas do falecido (art. 2068.º do C. Civil). Assim, a LGT adoptou na sua letra a opinião doutrinal maioritária[65] segundo a qual os legatários não são devedores, mas antes credores da herança. Os legatários têm, em regra, direito aos bens legados sem o pagamento de encargos, excepto quando o testador ou a lei os imponham (art. 2276.º do C. Civil). Aqui chegados, coloca-se a pergunta: a lei fiscal impõe aos legatários o encargo do pagamento das dívidas fiscais do testador?

Poderia e deveria tê-lo feito, mas, em nossa opinião, não o fez. Naturalmente tal responsabilidade seria limitada ao valor dos bens recebidos, segundo a regra geral do artigo 2071.º do Código Civil. Para nós, a solução legislativa correcta é idêntica à que resulta do artigo 128.º do Código Tributário Nacional (CTN) brasileiro determinando a responsabilidade dos *"...sucessores a qualquer título (...) pelos tributos devidos pelo de cujus até à data da partilha ou adjudicação, limitada esta responsabilidade ao montante do quinhão, do legado ou da meação"*. Note-se que a responsabilidade do legatário não respeita apenas a dívidas relativas a bens que receba. Do que se trata é das dívidas do falecido, seja qual for a sua origem.

---

[65] Galvão Telles, *Direito das Sucessões – Noções fundamentais*, 4.ª edição, Coimbra, 1980. Mas ver as dúvidas de Pamplona Corte-Real quanto àquela posição, *Curso de direito das sucessões*, I, Cadernos CTF n.º 136, DGCI, Lisboa, 1985, p. 279.

Já a LGT espanhola, através do seu artigo 39.º, embora consagrando expressamente a responsabilidade dos legatários, parece prever a transmissão das obrigações tributárias aos legatários *"...nas mesmas condições que as estabelecidas para os herdeiros, quando a herança se distribua através de legados."*. Parece, pois, que, em Espanha, a sucessão tributária para os legatários só terá lugar quando não houver herdeiros que aceitem a herança.

Por cá, apesar de, em nossa opinião, o n.º 2 do artigo 29.º da LGT portuguesa não comportar os legatários como sucessores tributários, verifica-se que a doutrina considera que estes também são sucessores das dívidas fiscais do autor da herança[66]. O que *de jure condendo* bem se compreende se pensarmos nas hipóteses extremas de toda a herança, com dívidas fiscais, ser distribuída em legados, ou quando, havendo legatários, a quota dos herdeiros for inferior às dívidas. Sustentamos é que não se alcança essa conclusão com a presente redacção do preceito.

34. Momentos da obrigação de imposto

A relação jurídica tributária não comporta apenas a obrigação do sujeito passivo pagar o imposto ao credor. Ela comporta também as chamadas prestações acessórias e os juros compensatórios, a favor do credor tributário; e a dedução, reembolso ou restituição do imposto e os juros indemnizatórios a favor do contribuinte (art. 30.º, n.º 1, da LGT). Mas cuidemos, por agora, da *obrigação de pagamento do imposto.*

Como dissemos antes (*supra* n.º 27) trataremos agora do *objecto* e do *facto* da relação jurídica tributária.

Na linha das obrigações jurídicas em geral, a dinâmica da obrigação de imposto comporta três momentos distintos[67]:

CONSTITUIÇÃO ——— LIQUIDAÇÃO ——— EXTINÇÃO

---

[66] CASALTA NABAIS, *Direito Fiscal...*, p. 274 e, na mesma linha, FREITAS PEREIRA, *Fiscalidade*, Almedina, Coimbra, 2005, p. 259.

[67] Rejeita-se o tratamento desta matéria com base no que alguma doutrina designa por *"fases do imposto": incidência, isenção, lançamento, liquidação e cobrança*, por o termo não ser rigoroso e representar, sem vantagem, uma concepção da obrigação do imposto afastada das obrigações de crédito em geral.

Em cada um desses momentos, respectivamente, a obrigação de imposto *nasce*, torna-se *líquida e exigível* e *extingue-se.*

35. Constituição da obrigação de imposto

A obrigação de pagamento do imposto constitui-se quando se verifica algum dos factos previstos nas normas de incidência do respectivo imposto. Os salários, os honorários, os juros, as rendas e as pensões, entre outros factos, auferidos por pessoas singulares residentes, ou por não-residentes desde que obtidos em território português, geram uma obrigação de pagamento de IRS. Uma prestação de serviços ou uma transmissão de bens localizada em Portugal gera uma obrigação de pagamento de IVA, na medida em que tais factos constem da incidência do imposto.

Percebe-se dos exemplos anteriores que os pressupostos da incidência de um imposto se dividem em pressupostos de *incidência real ou objectiva* e pressupostos de *incidência pessoal ou subjectiva.* O conjunto dos primeiros define a realidade sujeita a imposto. Os segundos definem quem está sujeito a imposto. O *facto tributário ou facto gerador do imposto* ocorre quando se verifica cumulativamente o pressuposto de incidência real e o pressuposto de incidência pessoal.

36. A não incidência ou não sujeição. As normas de delimitação negativa expressa da incidência

Sendo os factos geradores do imposto exclusivamente os que se encontram tipificados nas normas que constituem a incidência do imposto, resulta claro que não estão sujeitos a imposto os factos que, apesar da sua relevância económica, se encontrem fora desse universo fechado. Tais factos encontram-se na zona de *não incidência ou de não sujeição.*

Já se vê que não é necessário, nem seria possível, tipificar todos os factos que, por estarem fora do *numerus clausus* da incidência, não estão sujeitos a tributação. Só o que está compreendido nas normas de incidência interessa ao fenómeno fiscal. O que aí se não compreende é um "*nada*" fiscal.

Porém, a lei consagra, nalguns casos, normas expressas de não incidência, designadas por *delimitações negativas expressas da incidência*. É exemplo de uma destas normas o artigo 12.º do CIRS. Aí se refere, nomeadamente, que "*o IRS não incide...*": sobre as *indemnizações* devidas em consequência de lesão corporal, doença ou morte, nos termos aí referidos; sobre *prémios literários, artísticos ou científicos,* em determinadas condições; sobre rendimentos de profissionais de espectáculos ou desportistas, quando esses rendimentos sejam tributados em IRC; sobre certos *subsídios* pagos pelos centros regionais de segurança social, pela Santa Casa da Misericórdia de Lisboa ou pelas instituições de solidariedade social; sobre algumas *bolsas* e *prémios* atribuídos aos praticantes de alto rendimento desportivo e respectivos treinadores; e sobre incrementos patrimoniais sujeitos a imposto do selo.

A natureza atribuída pela doutrina a este tipo de normas não tem sido unânime[68].

Com base nos n.os 1 e 2 do artigo 4.º do EBF, parece, contudo, ser de rejeitar a caracterização destas normas como *equivalentes às normas de isenção*[69], bem como a sua caracterização como *isenções impróprias*.

Dispõem aqueles preceitos do EBF:

1 – "*Não são benefícios fiscais as situações de não sujeição tributária*";

2 – "*Para efeitos do disposto no número anterior, consideram-se, genericamente, não sujeições tributárias as medidas fiscais estruturais de carácter normativo que estabeleçam delimitações negativas expressas da incidência*".

---

[68] Ver as diferentes correntes doutrinárias em Sá Gomes, *Manual...* II, p. 65.

[69] Em sentido contrário, embora por referência a ordenamentos jurídicos diferentes da actual legislação portuguesa, Alexandre do Amaral, *Direito Fiscal*, Coimbra, p. 51; Alfredo Augusto Becker, *Teoria Geral do Direito Tributário*, 3.ª edição, 1998, p. 277. Souto Borges, *Isenções Tributárias*, 2.ª edição, S. Paulo, 1980, p. 197.

Como se vê, isenções são benefícios fiscais. Estes desagravamentos só fazem sentido em relação a factos compreendidos no universo de sujeição delimitado pelas normas de incidência e não em relação a factos que lhe são exteriores, como acontece com os que constam da previsão das normas de delimitação negativa da incidência, porque o que está fora da incidência não necessita de normas desoneradoras. Acresce que não poderia, por exemplo, um rendimento constante de uma norma deste tipo ter um regime similar à *isenção com englobamento* (v. arts. 37.° a 40.° do EBF) que tende, aliás, a ser a regra dentro das isenções.

Alguns autores têm também considerado inúteis as normas expressas de exclusão tributária[70]. É verdade que, no nosso exemplo, o IRS (foi este o imposto escolhido para exemplo, mas o raciocínio é válido para qualquer outro) não deixa de fora da sujeição apenas os factos enumerados no artigo 12.°, mas todos os que se não compreendem expressamente na incidência do imposto, ainda que não constem desta norma negativamente delimitadora da incidência (por exemplo, entre outros, o subsídio de desemprego, o recebimento de um prémio de melhor aluno, o resultado da venda do automóvel próprio por um particular, etc.). Por isso, na medida em que não podem ser exaustivas, estas normas de exclusão poderiam ser consideradas inúteis face ao princípio da tipicidade tributária[71]. Em nossa opinião, porém, algumas destas normas são, de facto, inúteis, mas outras não.

A verdade é que a natureza e a relevância das chamadas *normas de delimitação negativa de incidência* não é uma só. Por exemplo, a norma do n.° 6 do artigo 12.° do CIRS (Redacção da Lei n.° 109-B/2001, de 27 de Dezembro) é inútil ao dispor:

> *"O IRS não incide sobre os incrementos patrimoniais provenientes de transmissões gratuitas sujeitas ao imposto do selo, nem sobre os que se encontrem expressamente previstos em norma de delimitação negativa de incidência deste imposto."*

---

[70] Andrea Fedele, citado por Sá Gomes, Manual... II, p. 65.

[71] Ver *infra* n.° 53.

Não se vê como, percorrendo categoria a categoria a incidência do IRS, poderia ser sujeito a este imposto um incremento patrimonial recebido por via gratuita. É que neste imposto não existe uma categoria residual de rendimentos (nem mesmo a *categoria G – incrementos patrimoniais)* ou outra categoria apta para sujeitar tais incrementos. Paradoxalmente, com a relevância dos incrementos patrimoniais obtidos a título gratuito para efeitos de determinação do lucro tributável das empresas (D.L. n.º 287/2003, de 12 de Novembro) a dita norma passou a estar errada e deveria ser revogada. É que aqueles incrementos patrimoniais passaram a incluir o lucro tributável da categoria B do IRS. Por força do artigo 21.º do CIRC, que dispõe:

> *"Concorrem ainda para o lucro tributável as variações patrimoniais positivas não reflectidas no resultado líquido do exercício"*

e do artigo 32.º do CIRS, que determina:

> *"Na determinação dos rendimentos empresariais e profissionais não abrangidos pelo regime simplificado, seguir-se-ão as regras estabelecidas no Código do IRC, com as adaptações resultantes do presente Código".*

Já, ao invés, é de grande utilidade a norma do n.º 2 do artigo 12.º do CIRS: *"Excluem-se deste imposto os prémios literários, artísticos ou científicos, quando não envolvam a cedência ... dos respectivos direitos de autor desde que atribuídos em concurso mediante anúncio público..."*. É que, sem esta norma, tais prémios seriam tributados em IRS por força do n.º 2 do artigo 9.º do CIRS: *"São também considerados incrementos patrimoniais os prémios de (...) quaisquer concursos ..."*. Assim, uma norma deste tipo é juridicamente constitutiva, contribuindo para a definição do universo de factos tributários[72].

---

[72] Ver sobre a natureza das normas deste tipo, ANTÓNIO BERLIRI, *Principii di diritto tributario,* vol. II, Giuffré ed., Milão, 1972, pp. 361-369 e JOÃO AUGUSTO FILHO, *Isenções e exclusões tributárias*, Bushatsky ed., S. Paulo, 1979, p. 160.

Também as normas do n.º 5 do artigo 12.º do CIRS, excluindo da incidência *"as bolsas e os prémios atribuídos aos praticantes de alto rendimento desportivo, bem como aos respectivos treinadores, por classificações relevantes obtidas em provas desportivas de elevado prestígio e nível competitivo..."*, contribuem para a delimitação dos factos sujeitos a imposto. Não cuidando agora de saber da bondade da extensão desta exclusão, verifica-se que, sem esta norma, os prémios auferidos por aqueles praticantes desportistas e seus treinadores seriam sujeitos a IRS.

Por fim, o n.º 1 do artigo 12.º do CIRS, parece conter estatuições juridicamente constitutivas e estatuições a que se poderia chegar através da interpretação da totalidade das normas de incidência, mas em que existem dúvidas quanto ao sentido que estas devem ter[73]. Por esta última razão, SAINZ DE BUJANDA qualificará tais normas de *preceitos didáticos*[74].

Como vimos, porém, nem todas as normas de delimitação negativa da incidência ou de não sujeição têm unicamente aquela natureza didática. Mas, mesmo quando não constitutivas, tais normas podem ser de grande utilidade para clarificar a não sujeição a imposto de certos factos que estão próximos de outros contidos nas normas de incidência. Têm, assim, uma função relevante de clarificação do âmbito de sujeição do imposto, contribuindo para a certeza e previsibilidade nas relações jurídico-tributárias. No caso em concreto do n.º 1 do artigo 12.º do CIRS, designadamente, recorde-se, que as indemnizações recebidas podem, no âmbito do IRS, conforme a sua natureza e enquadramento, ser: rendimentos da categoria A; rendimentos da categoria B; rendimentos da categoria G; rendimentos expressamente excluídos da incidência; e rendimentos não sujeitos por força do princípio da tipicidade.

---

[73] Ou, como dizem GONZÁLEZ e LEJEUNE, em *Derecho Tributario* I, p. 225. *"Cabe, pues, la duda razonable en torno a si tal o cual hecho se encuentra fuera o dentro del ámbito acotado por el hecho imponible"* em *Derecho Tributario* I, ... p. 225.

[74] *Teoria jurídica de la exención tributaria,* em Hacienda y Derecho, vol. III, p. 430.

37. A isenção

A isenção não representa nenhum momento da obrigação do imposto. Importa, contudo esclarecer a sua natureza e distingui-la das situações de não sujeição ou não incidência.

A isenção é, como vimos, um *benefício fiscal* concedido a um facto compreendido na incidência do imposto – neste caso estaremos perante uma *isenção real ou objectiva* – ou a uma pessoa – *isenção pessoal ou subjectiva* – destinado a paralisar a obrigação de imposto que, entretanto, se constituiu. Por isso é correcto dizer que só pode ser isento um facto que está sujeito. Obviamente que se tal facto não estivesse sujeito não seria necessário criar a norma que concede o respectivo favor fiscal.

Quando, por exemplo, o artigo 39.º do EBF concede uma isenção de IRS aos rendimentos auferidos por pessoas deslocadas no estrangeiro ao abrigo de acordos de cooperação, significa que, embora não tributados, tais rendimentos estão compreendidos no universo da incidência deste imposto. No caso, por força do artigo 2.º, n.º 1, a) ou do artigo 3.º, n.º 1, b), ambos do CIRS, conforme se trate de trabalho dependente ou trabalho independente, respectivamente.

Já se viu que os factos que se encontram fora da incidência do imposto são um *nada jurídico-fiscal*. Diferentemente se passam as coisas relativamente aos factos isentos. Exemplos dessa diferença e de como factos isentos podem, ainda assim, ser relevantes para a tributação, são as *isenções com englobamento, como é, aliás o caso do citado artigo 39.º do EBF.* Neste caso, os rendimentos isentos não são tributados, mas o seu valor é adicionado ao restante rendimento para efeitos de apuramento da taxa a que se sujeitarão os rendimentos não isentos. Obviamente que este englobamento só é relevante nos impostos progressivos, como o IRS, já que a taxa aumenta à medida que aumenta a matéria tributável.

Outro tipo de isenção é a *isenção simples*, na qual os factos isentos não são tributados e não relevam para a tributação do restante rendimento do contribuinte.

Além daquele aspecto, as isenções, como todos os benefícios fiscais, são medidas de carácter excepcional (v. art. 2.º, n.º 1, do EBF) e tendencialmente temporárias (art. 14.º da LGT), contrariamente ao que acontece com as delimitações negativas expressas da incidência.

38. Liquidação da obrigação de imposto

Nascida a obrigação de imposto, é necessário torná-la *líquida e exigível*. Apurar o montante da dívida de imposto e notificá-la ao contribuinte são, respectivamente, os actos a praticar para o efeito.

Assim, a liquidação compreende a determinação da matéria colectável, a aplicação da taxa do imposto, as restantes operações destinadas ao apuramento da dívida de imposto e a respectiva notificação ao contribuinte. Alguns autores consideram esta a *liquidação em sentido amplo*, para a distinguir da *liquidação em sentido restrito*. Esta última compreenderia, unicamente, as operações de aplicação da taxa respectiva à matéria colectável.

Por contraposição ao facto gerador do imposto *(facto tributário)*, este conjunto de operações designa-se por *acto tributário*.

Para proceder à liquidação do imposto e respectiva notificação, a Administração fiscal tem um *poder-dever* ou *poder funcional* temporalmente limitado[75]. Como também veremos a propósito das formas de extinção da obrigação de imposto, o Fisco deve exercer aquele poder, em regra, no *prazo de 4 anos* (art. 45.º LGT). Este prazo, também chamado *prazo de caducidade*, conta-se, nos impostos periódicos, a partir do termo do ano em que se verificou o facto tributário e, nos impostos de obrigação única, a contar da data da verificação do facto tributário, excepto no IVA e quando exista retenção na fonte a título definitivo de IRS ou IRC, casos em que o prazo se conta a partir do termo do ano civil em que se verificou, respectivamente, a exigibilidade do imposto ou o facto tributário.

O prazo geral de 4 anos conhece, porém, várias excepções, consagradas nos n.ºs 2, 3 e 5 do artigo 45.º da LGT. É de 3 anos no caso

---

[75] A liquidação não é um *direito* do Fisco, como consta do n.º 1 do art. 45.º da LGT, mas um *poder funcional*. Os direitos são, por regra, renunciáveis. Não o *poder-dever* de liquidar.

de utilização de *métodos indirectos*, por motivo de aplicação dos *indicadores objectivos* de actividade (ainda não existentes). Em caso de ter sido efectuado *reporte de prejuízos*, bem como de qualquer outra *dedução* ou crédito de imposto, o prazo de caducidade é o do exercício desse direito. Finalmente, quando a liquidação respeite a factos relativamente aos quais foi instaurado *inquérito criminal de que aquela ficou dependente*, o prazo para a liquidação é alargado até ao arquivamento ou trânsito em julgado da sentença, acrescido de um ano.

As causas de suspensão do prazo serão tratados adiante, no âmbito das causas de *extinção da obrigação de imposto*.

As operações de liquidação dos impostos são, ainda, em boa parte, praticadas pela Administração tributária. No entanto, têm aumentado os casos de *autoliquidação*. Nestes, a lei impõe que a liquidação do imposto seja efectuada pelos próprios contribuintes[76]. Assim acontece, nomeadamente, no IVA e no IRC.

Quando, por facto imputável ao contribuinte, houver atraso na liquidação do imposto, são devidos juros compensatórios a favor da entidade credora do imposto. Actualmente a taxa destes juros é de 4% ao ano (art. 35.º da LGT e art. 559.º, n.º 1, do Código Civil).

39. Extinção da obrigação de imposto

a) Pagamento, dação e compensação

Em regra, a obrigação de imposto extingue-se com o *pagamento em dinheiro* da importância devida pelo devedor originário. Historicamente, o imposto começou por ser pago depois da liquidação da dívida tributária total. Têm, contudo, numa tendência que é mundial, vindo a aumentar os casos de antecipação do pagamento do imposto relativamente ao momento da liquidação.

[76] Sobre a natureza jurídica da autoliquidação, ver, Vilhena de Freitas, *A autoliquidação: para uma análise da sua natureza jurídica*, CTF n.º 405, DGCI, 2002, pp. 7-50.

Entre nós, o pagamento de imposto por retenção na fonte (arts. 71.º, quando haja opção pelo englobamento e art. 101.º do CIRS e art. 94.º do CIRC) e os pagamentos por conta (art. 102.º do CIRS e arts. 104.º a 107.º do CIRC) são pagamentos anteriores à liquidação do imposto e são deduzidos à sua colecta. O pagamento posterior à liquidação pode ser feito de uma só vez ou em prestações (v. art. 120.º do IMI e arts. 196.º a 200.º do CPPT).

O imposto pode ainda ser pago no respectivo prazo de pagamento voluntário ou, no âmbito do processo de execução fiscal para pagamento coercivo (art. 148.º e segs. do CPPT).

O pagamento não é, porém, a única forma de extinção da obrigação de imposto, nem o pagamento em dinheiro é a única forma de o credor tributário arrecadar o valor a que tem direito.

Outra forma de extinção da obrigação de imposto através do pagamento do devedor é a *dação em cumprimento* (art. 40.º, n.º 2, da LGT). Nesta o devedor oferece bens móveis ou imóveis para cumprimento da dívida fiscal. Ao credor fiscal, como a qualquer credor em geral, cabe a decisão de aceitar, ou não, tal pagamento como meio de extinguir a obrigação (art. 837.º Código Civil).

O pagamento da dívida pode, também, ser efectuado por um terceiro. Nada obsta a que isso aconteça.

Nas dívidas de imposto pagas por terceiros poderá ocorrer a *sub-rogação fiscal. Sub-rogar* é substituir e, pela sub-rogação, o terceiro pagador ficará empossado dos direitos sobre o património do devedor que cabiam à Administração fiscal naquele caso, desde que, nos termos do artigo 41.º da LGT, requeira a declaração de sub-rogação e obtenha autorização do devedor ou prove ter um interesse legítimo nesta substituição.

A lei fiscal prevê, também, a *compensação* como forma de extinção da obrigação de imposto. Os créditos de imposto, resultantes de reembolsos ou de anulações totais ou parciais de actos tributários, podem ser compensados com as dívidas fiscais do contribuinte, por sua iniciativa (art. 90.º do CPPT) ou por iniciativa da administração tributária, em sede de processo de execução fiscal (art. 89.º CPPT). A compensação por iniciativa do contribuinte pode ser efectuada também com créditos de outra pessoa singular ou colectiva.

A compensação em processo de execução fiscal entre dívidas tributárias e créditos sobre o Estado de natureza não tributária é igualmente possível, desde que a dívida seja certa, líquida e exigível (art. 90.º-A, do CPPT).

b) Caducidade e Prescrição

Para além das formas de extinção pelo cumprimento, a obrigação de imposto pode extinguir-se pelo *decurso do tempo*, sem que o devedor tenha cumprido a sua dívida. É o que se passa no caso de *caducidade* do *poder-dever* de liquidação da dívida e no caso de *prescrição* do *poder-dever* de a cobrar.

Vimos a propósito da liquidação da obrigação de imposto que a Administração tributária tem, em regra, quatro anos para liquidar e notificar as dívidas de impostos. Decorrido esse prazo, não o poderá fazer porque o seu poder de liquidação caducou. A *caducidade do poder de liquidar* é assim uma causa da extinção da obrigação de imposto[77].

A contagem daquele prazo de quatro anos pode, todavia, suspender-se nos termos do artigo 46.º da LGT[78], o que determinará nestes casos uma não coincidência entre o tempo cronológico e o tempo para efeitos do exercício do poder-dever de liquidação. O *prazo de caducidade* suspende-se:

- Com a notificação da ordem de serviço ou do despacho no início da acção de inspecção externa, até à sua conclusão, desde que não decorram mais de seis meses após a notificação. Caso contrário, não se contará qualquer suspensão do prazo de caducidade;
- Durante a pendência de litígio judicial do qual dependa a liquidação do tributo, na linha do disposto no artigo 329.º do Código Civil;

[77] Sobre o tema, Joaquim Gonçalves, *Problemas gerais do direito tributário – A caducidade face ao direito tributário*, Vislis, 1999, pp. 227-257.

[78] Apesar de a sua epígrafe ser de *"suspensão e interrupção do prazo de caducidade"*, este preceito parece só se referir a causas de suspensão.

- Desde o início até à resolução do contrato ou durante o decurso do prazo dos benefícios, em caso de benefícios fiscais de natureza contratual;
- Desde a apresentação da declaração até ao termo do prazo legal do cumprimento da condição, em caso de benefícios fiscais de natureza condicionada;
- Durante a pendência de reclamação ou impugnação, no caso de a liquidação delas depender;
- Durante a pendência do procedimento criminal fiscal ou contra – ordenacional, em caso de perda de benefícios fiscais em resultado da aplicação de sanções.

Outra causa de extinção da obrigação de imposto pelo decurso do tempo é a *prescrição* da dívida tributária[79]. Se o Fisco não cobrar a dívida no prazo regra de oito anos (art. 48.º da LGT), a dívida extingue--se. Tal prazo, *prazo de prescrição,* é um prazo para cobrança de um crédito tributário anteriormente liquidado e exigível. Conta-se, nos impostos periódicos, a partir do termo do ano em que se verificou o facto tributário; e, nos impostos de obrigação única, a partir da data em que o facto ocorreu, excepto no IVA e nos impostos sobre o rendimento quando a tributação seja efectuada por retenção na fonte a título definitivo, caso em que aquele prazo se conta a partir do início do ano civil seguinte àquele em que se verificou, respectivamente, a exigibilidade do imposto ou o facto tributário.

Existem, porém, *causas de interrupção* e *causas de suspensão* do prazo de prescrição, pelo que, também aqui, podem não coincidir o tempo cronológico e o tempo para efeitos do exercício do poder-dever de cobrar impostos devidamente liquidados.

As causas e os efeitos da *interrupção e da suspensão* do prazo de *prescrição* são distintos.

São causas de *interrupção deste prazo*: a citação, a reclamação, o recurso hierárquico, a impugnação e o pedido de revisão oficiosa da liquidação do tributo (art. 49.º, n.º 1 da LGT).

---

[79] Sobre o tema, BENJAMIM RODRIGUES, *Problemas gerais do direito tributário – A prescrição no direito tributário*, Vislis, 1999, pp. 261-298.

De modo idêntico ao que resulta do n.º 1 do artigo 326.º do Código Civil, também na relação jurídica de imposto a superveniência de uma *causa de interrupção* inutiliza, para efeitos de contagem do prazo, todo o tempo decorrido anteriormente. É essa a primeira consequência, sem excepção, resultante da ocorrência de qualquer *causa de interrupção*[80].

Interrompido o prazo de prescrição, torna-se necessário saber por quanto tempo se prolongará esse efeito. Isto é, quando começará a correr, desde o princípio, o "novo" prazo.

Apesar da referência às normas dos artigos 326.º e 327.º do Código Civil, já na 1.ª edição distinguimos, de modo não coincidente com estes preceitos, entre "*...causas de interrupção instantâneas, como a citação...*" onde "*...o novo prazo de prescrição começa a correr imediatamente...*" e "*causas de interrupção de duração continuada*" onde "*o novo prazo se inicia após o trânsito em julgado...*" do respectivo "*procedimento ou processo*"[81].

Embora em sentido diverso da prestigiada opinião de Lopes de Sousa[82], a qual não deixou de nos influenciar na 2.ª edição deste livro, entendemos agora que é a regra do começo imediato da contagem do novo prazo de prescrição, prevista no n.º 1 do artigo 326.º do Código Civil, a aplicável a todas as causas de interrupção do n.º 1 do artigo 49.º da LGT, e não a norma, excepcional, do n.º 1 do artigo 327.º do Código Civil. É a diferença de natureza existente entre a relação jurídica de imposto e a relação jurídica civil que o impõe.

Vejamos o caso da *citação* de executado enquanto facto interruptivo (art. 49.º, n.º 1 da LGT). Esta citação, enquanto primeiro acto exterior do processo de execução fiscal, inutiliza o prazo de prescrição decorrido (se não houve outro facto interruptivo anterior, como vere-

---

[80] Sem prejuízo da possibilidade de a lei, mediantes certos factos, poder requalificar em *causa de suspensão* um facto inicialmente qualificado como *causa de interrupção*. Tal requalificação esteve prevista na redacção anterior do n.º 2 do artigo 49.º da LGT, em caso de "*paragem do processo por período superior a um ano por facto não imputável ao sujeito passivo...*".

[81] P. 75.

[82] *Sobre a prescrição da obrigação tributária*, Áreas Editora, 2.ª edição, 2010, p. 70.

mos adiante em face do n.º 3 do mesmo artigo 49.º). Se também em sede tributária valesse a regra da não contagem do novo prazo de prescrição até ao trânsito em julgado *"...da decisão que puser termo ao processo"*, como no n.º 1 do artigo 327.º do Código Civil se prevê para a *"citação"*, isso teria em sede tributária a seguinte consequência: o prazo de prescrição não correria até à cobrança do imposto. Ora, parece-nos não fazer sentido esta solução, quando a Administração fiscal pode, nos termos da lei, prosseguir a tramitação do processo de cobrança coerciva até final.

É que se na relação entre privados bem se entende a regra do não decurso do prazo para execução da dívida, enquanto não tenham transitado em julgado as questões a dirimir, porque impeditivas da realização do direito do credor, tal não ocorre em sede tributária. A regra em matéria de impostos é, num afloramento do brocardo latino *"solve et repete"*, a de que a discussão da legalidade do crédito tributário não suspende o direito do Fisco a prosseguir até ao fim o processo tendente à cobrança coerciva do seu crédito. A menos que o executado tributário preste garantia idónea (art. 52.º, n.º 2 da LGT) ou os bens e direitos penhorados no processo de execução fiscal garantam a totalidade da dívida exequenda e o acrescido (art. 169.º do CPPT), a discussão da legalidade da dívida não suspende a cobrança do crédito tributário.

E o argumento que usámos para a *citação,* por mais evidente, é aplicável às restantes causas de interrupção previstas no n.º 1 do artigo 49.º da LGT. Assim, sem prejuízo do que adiante se dirá, nos casos de suspensão da execução fiscal por força da existência de garantia ou outros factos, entendemos que todos os actos interruptivos previstos neste preceito têm efeito instantâneo, começando o novo prazo de prescrição a correr no dia imediato à sua ocorrência.

Nem sequer a diferença de terminologia entre a causa *"pedido de revisão oficiosa"* e as restantes – *"reclamação, recurso hierárquico e impugnação"* – nos convencem a distinguir entre aquela e as demais causas de interrupção. De tal diferença não se deve inferir a distinção entre o efeito instantâneo do *pedido de revisão oficiosa,* porque *"pedido"* e o efeito duradouro da *reclamação, recurso hierárquico* ou *impugnação,* porque procedimentos ou processo. Suponho que o legislador terá optado pela expressão *"pedido de revisão oficiosa"* porque a expressão *revisão oficiosa* pareceria referir-se à decisão de rever o acto por parte da Administração fiscal e não ao momento da petição, nos casos em que a iniciativa é do contribuinte.

Em matéria de interrupção da prescrição, a Lei n.º 53-A/2006, de 29 de Dezembro, introduziu importantes alterações ao quadro legal. Como vimos acima, aquela Lei revogou, o n.º 2 do artigo 49.º da LGT, o qual determinava que o efeito interruptivo cessava quando o processo estivesse parado por período superior a um ano por facto não imputável ao sujeito passivo, somando-se, então, o tempo que decorresse após esse período de um ano ao que tivesse decorrido até à data da autuação. Pode dizer-se que, verificando-se este facto, a interrupção se transformava numa suspensão pelo período de um ano. Na anterior edição referimos que, caso não existisse essa limitação, o sujeito passivo seria o único prejudicado pela inacção da administração, uma vez que o tempo que a Administração fiscal dispõe para a cobrança nunca correria enquanto decorresse o procedimento ou o processo.

Agora, aquele efeito de transformação da interrupção em suspensão por um ano desapareceu, ficando a Administração fiscal a coberto dessa consequência para si negativa.

Note-se, ainda, que o artigo 91.º da Lei n.º 53-A/2006 dispôs que a revogação do n.º 2 do artigo 49.º da LGT *"aplica-se a todos os prazos de prescrição em curso, objecto de interrupção, em que ainda não tenha decorrido o período superior a um ano de paragem do processo..."*. Logo, se a interrupção não se converteu em suspensão nos termos da lei antiga, mantém-se o efeito interruptivo no âmbito da nova lei, ainda que o processo venha a completar o prazo de um ano parado por facto não imputável ao contribuinte.

A mesma Lei n.º 53-A/2006 alterou também o n.º 3 do artigo 49.º da LGT, para consagrar legalmente o que a jurisprudência do STA já tinha por assente[83]: a interrupção do prazo de prescrição ocorre uma única vez, com o facto interruptivo que se verificar em primeiro lugar.

---

[83] V. Acórdão do SUPREMO TRIBUNAL ADMINISTRATIVO de 17.01.2007, proc.º n.º 1129/06.

No que respeita às *causas de suspensão* do prazo de prescrição, o período decorrido até à suspensão adiciona-se ao que vier a correr após o fim desta.

O *prazo de prescrição suspende-se* por motivo de paragem do processo de execução fiscal em virtude de pagamento de prestações legalmente autorizadas, ou enquanto estiver pendente reclamação, impugnação, recurso ou oposição quando determinem a suspensão da cobrança da dívida (art. 49.º, n.º 4 da LGT). Note-se que este prazo agora suspenso já foi anteriormente interrompido e, face ao n.º 3, não o poderia ser novamente. Finalmente, diga-se que a suspensão da cobrança da dívida depende da prestação de garantia idónea (art. 52.º, n.º 2 da LGT).

Havendo atraso do contribuinte no pagamento da dívida tributária, são devidos *juros de mora* calculados até ao limite de três anos, excepto quando o pagamento se faça em prestações, caso em que os juros podem ser devidos até oito anos. A taxa de juros de mora é a média das médias mensais das taxas Euribor a 12 meses, verificadas nos últimos 12 meses, acrescidas de 5 pp. (art. 44.º, n.º 3, da LGT e art. 3.º, n.º 1, do D.L. n.º 73/99, de 16 de Março, com a redacção do art. 165.º da lei n.º 3-B/2010).

40. Normas que não regulam momentos da obrigação de imposto

Para além das que concedem isenções e outros benefícios fiscais, de que já falámos, existem outros grupos de normas tributárias que, embora não regulando momentos da obrigação de imposto, são necessárias para o seu *cumprimento e fiscalização,* ou respeitam às *garantias dos contribuintes e dos créditos tributários,* ou, ainda, asseguram *a coercibilidade* do sistema tributário.

No grupo das normas que regulam obrigações instrumentais ao *cumprimento* da obrigação principal estão as obrigações de *declaração, contabilização, escrituração e comunicação*, que serão tratadas adiante sob a designação de *obrigações acessórias*. Estas normas constam, em particular, dos códigos do respectivo imposto.

As normas de *fiscalização* regulam a *actividade inspectiva* da administração tributária, estabelecendo os respectivos poderes e deveres. Constam do RCPIT, aprovado pelo Decreto-Lei n.º 413/98, de 31 de Dezembro, e, também, dos códigos dos respectivos impostos.

As *garantias dos contribuintes* resultam de normas que lhes atribuem direitos gerais (informação, fundamentação, notificação, indemnização, etc.) e de deveres que impõem à Administração tributária (decisão, celeridade, colaboração, etc.). São também *garantias dos contribuintes* as garantias anulatórias de actos inválidos, quer tenham natureza graciosa ou procedimental (reclamação graciosa, recurso hierárquico, revisão oficiosa, etc.) quer tenham natureza judicial ou processual (impugnação judicial, oposição à execução fiscal, etc.)[84]. Estas normas constam, da CRP, da LGT, aprovada pelo Decreto-Lei n.º 398/98, de 17 de Dezembro, do CPPT, aprovado pelo Decreto-Lei n.º 433/99, de 26 de Outubro e, também, dos códigos de cada imposto.

As *normas sancionatórias* do incumprimento dos deveres tributários, incluindo os relativos a obrigações acessórias, são elementos *de coercibilidade* do sistema e, estão, na sua generalidade, contidas no RGIT, aprovado pela Lei n.º 15/2001, de 5 de Junho. Este consagrou, com carácter geral, a divisão das infracções tributárias em *crimes* – cujas sanções são *prisão e multa* – e *contraordenações* – a que corresponde a sanção pecuniária *coima*. As primeiras têm natureza judicial e, por isso, são aplicadas por um tribunal – no caso, o tribunal comum – de acordo com uma tramitação cujo pano de fundo é o constante do Código do Processo Penal. As segundas têm natureza administrativa (decorrem da prática de um *ilícito de mera ordenação social*) e são aplicadas pelos serviços da Administração fiscal, sem prejuízo do recurso para o tribunal administrativo e fiscal de 1.ª instância ou para o tribunal comum de 1.ª instância, nos termos dos artigos 52.º e 53.º do RGIT[85].

Sobre as normas relativas à *garantia dos créditos tributários* falaremos no ponto seguinte.

---

[84] Ver elenco e caracterização das garantias gerais, procedimentais e processuais, em BRÁS CARLOS, IRENE ABREU, JOÃO DURÃO, EMÍLIA PIMENTA, *Guia dos Impostos em Portugal, 2010*, Quid Juris, pp. 575-606.

[85] *Idem*, para o elenco e caracterização das infracções tributárias, pp. 607-627.

41. Garantia da obrigação tributária

A *garantia comum* dos credores, em geral, é o património do devedor (art. 817.º do Código Civil). Também assim é na obrigação tributária (art. 50.º, n.º 1, da LGT). Por isso, não tendo o devedor pago o imposto no prazo de pagamento voluntário, é instaurado um processo de execução fiscal com vista ao seu pagamento coercivo (art. 148.º e segs. do CPPT) designadamente através da alienação de bens ou direitos do devedor, de modo a obter o montante em dívida.

Além da possibilidade de execução do património do devedor, a lei fiscal enumera algumas *garantias especiais* da prestação tributária. Tais garantias constam essencialmente dos artigos 50.º a 53.º da LGT e são desenvolvidas em sede de CPPT (v. arts. 80.º a 95.º e arts. 135.º a 144.º).

Assim, o "Fisco" é titular dos *privilégios creditórios* concedidos pela lei (v. n.º 1 do artigo 736.º do C. Civil e *supra* n.º 20), o que lhe permite ser pago com preferência em relação a outros credores (art. 733.º do C. Civil). Pode constituir a seu favor *penhor* (art. 666.º do C. Civil) ou *hipoteca legal* (art. 704.º C. Civil) sobre um bem móvel ou imóvel do devedor, respectivamente. Pode, também, exercer o *direito de retenção* (art. 754.º do C. Civil) sobre mercadorias sujeitas à acção fiscal, de que o sujeito passivo seja proprietário.

Além daquelas garantias tipificadas, a lei faz depender a suspensão do processo de execução fiscal, no caso do n.º 1 do artigo 52.º da LGT, da prestação de *garantia idónea,* cabendo à Administração aferir em concreto desta qualidade.

Havendo fundado receio de frustração da cobrança dos créditos tributários ou de destruição ou extravio de documentos ou outros elementos necessários ao apuramento da situação tributárias dos obrigados, o "Fisco" pode requerer *providências cautelares* para garantia dos seus créditos. As *providências cautelares* requeridas *"devem ser proporcionais ao dano a evitar e não causar dano de impossível ou difícil reparação"* (art. 51.º, n.º 2, da LGT).

O artigo 135.º do CPPT refere o *arresto e arrolamento* como providências cautelares avulsas a favor da Administração tributária. O *arresto* traduz-se na apreensão judicial preventiva de bens do devedor, de modo a que o credor não perca a garantia do seu crédito (art. 406.º do CPCivil). O *arrolamento* consiste na descrição, avaliação e depósito dos bens do devedor quando haja justo receio de extravio, ocultação ou dissipação de bens ou documentos (art. 421.º do CPCivil).

42. Obrigações acessórias

Temos estudado a obrigação de imposto, também designada por obrigação principal. Esta é uma obrigação *de pagar*. Existem, contudo, outras obrigações tributárias, chamadas *obrigações acessórias*. As obrigações acessórias, sendo ainda tributárias, não são já de pagamento do imposto. São obrigações *de fazer*, traduzidas em actos declarativos, de escrituração e conservação de livros e documentos, de comunicação, ou de cooperação, em geral.

O n.º 2 do artigo 31.º da LGT apenas refere as obrigações acessórias relativas ao sujeito passivo, entendido como a pessoa que está *"vinculada ao cumprimento da prestação tributária, seja como contribuinte directo, substituto ou responsável"* (art. 18.º, n.º 3, da LGT); e identifica-as como as obrigações do sujeito passivo *"...que visam possibilitar o apuramento da obrigação de imposto..."*. Parece, contudo, que as obrigações acessórias do sujeito passivo visam mais do que o apuramento do imposto. Visam também o seu controlo, como se alcança da enumeração exemplificativa que o preceito faz, ao mencionar a *apresentação de declarações*, onde se inclui a declaração de informação contabilística e fiscal, e ao referir *a exibição de documentos*, as *obrigações contabilísticas ou de escrituração* e a *prestação de informações*.

Acontece, porém, que para além das obrigações acessórias que recaem sobre o contribuinte, no âmbito do apuramento da sua dívida e do respectivo controlo, a lei impõe obrigações acessórias a outras entidades, normalmente com vista a permitir a fiscalização do cumprimento da obrigação de imposto de outros, mas não só. No âmbito das obrigações acessórias *impostas a terceiros* deve, ainda, distinguir-se entre as que resultam do *dever geral de cooperação,* nos termos do qual todas as pessoas singulares ou colectivas devem, dentro dos limites da razoabilidade, prestar a colaboração solicitada pela Administração tributária, tendo em vista o exercício dos seus poderes (v.g. art. 77.º do CIVA e art. 133.º do CIRS); e as que resultam de *deveres particulares de cooperação*.

Dentro dos *deveres particulares de cooperação de terceiros* há, ainda, que distinguir entre os que são devidos ao "Fisco" e os que são devidos ao contribuinte.

Dos primeiros, são exemplo, as obrigações declarativas das entidades pagadoras de rendimentos sujeitos a retenção (art. 119.º, n.º 1, al. a) e c) do CIRS e art. 128.º do CIRC), e as comunicações impostas a entidades emitentes, registadoras ou depositárias de valores mobiliários (arts. 120.º e 125.º do CIRS e art. 129.º do CIRC), empresas de seguros (art. 121.º do CIRS), empresas gestoras de fundos de poupança (art. 122.º do CIRS), notários, conservadores e oficiais de justiça (art. 123.º do CIRS), instituições de crédito (arts. 124.º e 127.º do CIRS), e às entidades fornecedoras de água, energia e telecomunicações (art. 125.º do CIMI).

Como deveres de comunicação por terceiros aos contribuintes, registam-se as declarações que as entidades pagadoras de rendimentos sujeitos a retenção e as entidades emitentes de planos de opções devem entregar aos sujeitos passivos, até 20 de Janeiro de cada ano, nos termos do artigo 119.º, n.º 1, al. b) e n.º 9, al. b), do CIRS e art. 128.º do CIRC.

CAPÍTULO IV

FONTES DE DIREITO FISCAL[86]

43. Conceito de fontes de direito

Fontes de direito são modos de formação e revelação de regras jurídicas[87]. Hierarquicamente, a primeira fonte de direito fiscal é a Constituição da República, na parte em que releva para o sistema fiscal.

Para alguns autores, a primeira fonte de direito fiscal seriam os princípios gerais de direito fiscal, independentemente da sua consagração constitucional[88]. Note-se, contudo, que é normal que nos sistemas jurídicos com constituições formais, como é o caso do português, tais princípios, ainda que não particularmente tipificados, estejam ínsitos em conceitos constitucionais estruturantes como o de *"Estado de direito democrático, baseado no respeito e na garantia de efectivação*

---

[86] Sobre os diferentes sentidos da expressão *"fonte de direito"* v. HERBERT L. A. HART, *"The concept of law*, Oxford, 1961, ou a versão portuguesa, "*O conceito de direito"*, tradução de ARMINDO RIBEIRO MENDES, Fundação Calouste Gulbenkian, p. 276.

[87] OLIVEIRA ASCENSÃO, *O Direito: Introdução e Teoria Geral*, Almedina, 1999, p. 244. Sobre a divisão doutrinária nesta matéria, CASTANHEIRA NEVES, *Fontes de direito. Contributo para a revisão do seu problema*, em *Escritos acerca do Direito, do pensamento jurídico, da sua metodologia e outros*, volume 2.º, Coimbra, 1995.

[88] SÁ GOMES, *Manual...* II, p. 31 e segs.

dos direitos e liberdades fundamentais..." (art. 2.º da CRP) ou de uma "*República soberana, baseada na dignidade da pessoa humana...*" (art. 1.º da CRP)[89].

De entre os preceitos constitucionais que contêm os princípios conformadores do direito fiscal – a chamada *Constituição Fiscal* – analisaremos os que são exclusivamente tributários – artigos 103.º, 104.º e 165.º, n.º 1, alínea i) e n.º 4, da CRP – e os que, aplicando-se a todo o ordenamento jurídico, têm também em matéria fiscal uma relevância fundamental. É o caso, designadamente, dos artigos 1.º, 2.º, 67.º, n.º 2, alínea f), 81.º, alínea b), 165.º, n.os 2 a 5 e 282.º, da CRP.

44. Princípios constitucionais gerais da tributação

No que respeita aos princípios constitucionais distinguiremos entre os que são comuns a toda a tributação – *os princípios constitucionais gerais* – e os que, constantes do artigo 104.º da CRP, são específicos do "imposto sobre o rendimento pessoal", da "tributação do rendimento das empresas", da "tributação do património" e da "tributação do consumo", que designaremos por *princípios constitucionais específicos* de cada área de tributação. Comecemos pelos *princípios constitucionais gerais.*

45. Princípio da legalidade tributária

O primeiro dos princípios constitucionais fiscais é o *princípio da legalidade tributária.*

Historicamente, o *princípio da legalidade tributária* surge como um limite ao arbítrio do poder dos soberanos medievais no lançamento de impostos sobre as populações e decorre da ideia mais geral de "*rule*

[89] Sem prejuízo de se reconhecer que documentos consagradores do conteúdo mínimo inerente à dignidade humana, como a Declaração Universal dos Direitos do Homem terão valor supra constitucional. Ver, JORGE MIRANDA, *Manual de Direito Constitucional,* VI, 6.ª edição, Coimbra, 1997, p. 16. O que terá, aliás, sido expressamente reconhecido pela CRP (art. 16.º) ao situar aquela Declaração como referencial para a interpretação e integração dos preceitos relativos aos direitos fundamentais.

of law"[90]. Esta deve traduzir-se por *princípio da legalidade* em geral, o qual, assente na ideia de direito natural do indivíduo, foi sedimentando compromissos limitadores dos poderes do soberano.

A *Magna Carta Libertatum* (1215), onde, no que respeita aos impostos, se incluiu o compromisso de João Sem-Terra de não lançar tributos *"sem o consentimento do conselho geral do reino"* é um marco fundamental dentro dos documentos consagradores das liberdades e garantias dos indivíduos[91] frente ao poder feudal e, posteriormente, ao poder monárquico. Dada a grande relevância que os tributos já tinham, ao tempo, nas relações entre soberanos e súbditos, era natural que tais documentos limitassem, também, os poderes dos monarcas no que respeita à criação de impostos.

Uma regra fundamental em matéria de impostos emanou daqueles documentos e manteve-se até aos nossos dias. É a regra *"no taxation without representation"*. Por isso se diz que o princípio da legalidade assenta na ideia de *autotributação* ou de *consentimento da tributação*. Assim, os impostos a pagar deverão ser previamente autorizados pelos representantes dos próprios contribuintes.

Em Portugal não foi diferente. No passado, tal autorização era obtida nas Cortes, sendo que a *"votação de tributos"* terá sido, em regra, uma prática anual, a partir de 1385[92], embora tenha sido aflorada já nas Cortes de Coimbra (1261). Hoje é concedida pela Assembleia da República, enquanto *"assembleia representativa de todos os cidadãos portugueses"* (art. 147.º da CRP).

Embora com algumas diferenças de terminologia, parte da doutrina indica dois corolários do princípio da legalidade tributária. A saber:

---

[90] Sobre os elementos históricos do imposto, ver ALBANO SANTOS, *Teoria Fiscal*, ISCSP, Lisboa, 2003, pp. 24 e segs; Para uma análise do imposto na perspectiva da teoria política, ver JOÃO CATARINO, *Para uma teoria política do tributo*, cadernos CTF n.º 184, CEF, 1999.

[91] Onde se incluem a *Petition of Rights* e a *Bill of Rights*. ver JORGE MIRANDA, *Manual*... I, p. 122.

[92] RUY DE ALBUQUERQUE e MARTIM DE ALBUQUERQUE, *História do Direito Português*, 10.ª edição, 1999, p. 550.

- *Preeminência da lei;*
- *Reserva de lei parlamentar,* a que outros autores chamam *reserva de lei formal.*

A estes, ainda no âmbito do princípio da legalidade, deve acrescentar-se um terceiro corolário:

- *A tipicidade*

Tratemos, separadamente, de cada um deles, passando a desenvolvê-los em seguida.

46. Princípio da legalidade tributária: A) Preeminência da lei

Este corolário do princípio da legalidade determina que a actuação dos órgãos com competência tributária, em geral, e da Administração tributária, em particular, estejam subordinados à lei, sendo os seus actos praticados no âmbito dos poderes por ela concedidos e em seu cumprimento. Ou numa expressão sintética: *não há imposto, nem actividade tributária, sem lei.* Contudo, deve referir-se que esta não é uma decorrência do princípio da legalidade tributária em especial, mas sim do *princípio da legalidade* em geral, aplicável a toda a ordem jurídica, na sequência da ideia de "*rule of law*" acima referida.

47. Princípio da legalidade tributária: B) Reserva de lei parlamentar

Viu-se que a protecção dos contribuintes, em face do poder político, traduzida na consagração do *princípio da autotributação* ou do *consentimento da tributação,* conduziu à imposição de que os impostos devem ser autorizados pela assembleia que os representa. No caso português, a Assembleia da República.

E de que modo está consagrada esta reserva em Portugal?

Vejamos o que sobre o assunto nos diz:

a) A Constituição da República;

b) A jurisprudência do Tribunal Constitucional;
c) A doutrina.

No que respeita à CRP, as normas relevantes são as do artigo 165.º, n.º 1, alínea i) e as do artigo 103.º, n.ºs 2 e 3.

Nos termos da primeira norma, sob a epígrafe *"Reserva relativa de competência legislativa"*, diz-se:

> *"É da exclusiva competência da Assembleia da República, salvo autorização ao Governo... legislar sobre a criação de impostos e sistema fiscal e regime geral das taxas e demais contribuições financeiras a favor das entidades públicas".*

Por seu lado, sob a epígrafe *"Sistema fiscal"*, os n.ºs 2 e 3 do artigo 103.º, dispõem respectivamente:

2. *"Os impostos são criados por lei, que determina a incidência, a taxa, os benefícios fiscais e as garantias dos contribuintes";*
3. *"Ninguém pode ser obrigado a pagar impostos que não hajam sido criados nos termos da Constituição, que tenham natureza retroactiva ou cuja liquidação e cobrança se não façam nos termos da lei".*

Da conjugação destas normas, a *jurisprudência do TC* (cuja declaração de inconstitucionalidade nos termos do artigo 281.º da CRP, tem força obrigatória geral) tem retirado a seguinte síntese de conclusões em matéria de reserva de lei parlamentar[93]:

Primeiro – a *criação de impostos* e a disciplina dos seus *elementos essenciais* terão de constar de lei da Assembleia da República (AR) ou decreto-lei do Governo autorizado pela AR;

---

[93] Ver, por todos, *Acórdão n.º 76/88* do TRIBUNAL CONSTITUCIONAL, DR I série, de 21.4.98; e *Acórdão n.º 236/94*, do TRIBUNAL CONSTITUCIONAL, DR I série, de 7.5.94.

Segundo – Os *elementos essenciais* do imposto sujeitos à reserva de lei parlamentar são os constantes no n.º 2 do artigo 103.º da CRP. Isto é, *"a incidência, a taxa, os benefícios fiscais e as garantias dos contribuintes"*. E não já a *liquidação e cobrança* (n.º 3 do art. 103.º) que, assim, se podem subtrair a esta reserva legislativa parlamentar.

No que respeita à doutrina, pode dizer-se que esta tem, em grande parte, uma posição idêntica à indicada na jurisprudência do TC. É essa também a nossa posição, sem prejuízo de algumas dúvidas que colocaremos quando falarmos do âmbito da reserva de lei parlamentar.

Em conclusão, pode dizer-se, para já, que a *reserva parlamentar em matéria fiscal* se traduz no facto de a Assembleia da República ser, no que respeita à criação de impostos e aos elementos constantes do n.º 2 do artigo 103.º da CRP, o único legislador ou o legislador originário definidor dos seus aspectos estruturantes e, simultaneamente, o legislador autorizante do Governo para efeitos do desenvolvimento do regime de acordo com as linhas por si definidas.

48. Reserva de lei parlamentar ou reserva de lei formal?

Já se viu que a esta *reserva* concedida ao órgão legislativo representante dos cidadãos, preferimos chamar *reserva de lei parlamentar*[94] e não *reserva de lei formal,* como faz a maioria da doutrina. A opção assenta em duas ordens de razões:

Por um lado, o termo *reserva de lei formal* não é unívoco, porque se pode entender que também os decretos-lei do Governo são lei *formal ou solene*, ainda que emanados no âmbito da sua competência legislativa autónoma e, portanto, independente de qualquer autorização parlamentar[95]. Por outro lado, a expressão *reserva de lei parlamentar*

---

94 Como CARDOSO DA COSTA, em *Perspectivas Constitucionais – O enquadramento constitucional do Direito dos Impostos em Portugal*, Coimbra, 1997, p. 401.

95 V. OLIVEIRA ASCENSÃO, em *O Direito: Introdução e Teoria Geral*, Almedina, 1999, p. 272; e JORGE MIRANDA, *Manual*...V, p. 138, com uma abordagem da distinção lei formal/lei material, diversa da doutrina fiscal clássica.

estabelece uma mais evidente relação com a vertente garantística da *autotributação ou consentimento da tributação* pelos tributados, pedra angular do *princípio da legalidade.*

49. Âmbito da reserva de lei parlamentar

Viu-se que *criar impostos* e actuar sobre a respectiva *incidência, taxa, benefícios fiscais e garantias dos contribuintes* está reservado ao impulso legislativo inicial da AR. Mas, no que respeita às matérias que devem ser consideradas abrangidas pela reserva parlamentar, questionam-se, frequentemente, vários aspectos. A saber:

a) Qual a delimitação de cada um dos elementos compreendidos na reserva parlamentar?
b) A reserva de lei parlamentar abrange as regras de determinação da matéria colectável, de liquidação e de cobrança dos impostos?
c) É a reserva parlamentar aplicável às *contribuições especiais* e às *taxas*?

Com vista a responder as estas perguntas, passamos a concretizar as realidades compreendidas na reserva de lei parlamentar e a definir as que dela se encontram excluídas.

a) Elementos compreendidos na reserva de lei parlamentar

Já sabemos que, para além da "*criação de impostos*", estão sujeitos à reserva de lei parlamentar os elementos constantes do n.º 2 do artigo 103.º da CRP – "*a incidência, a taxa, os benefícios fiscais e as garantias dos contribuintes*". Verifica-se que três destes – *incidência, taxa e benefícios fiscais* – são elementos definidores da dívida de imposto, assim se justificando a protecção da reserva parlamentar. Já o quarto elemento – *as garantias dos contribuintes* – embora não participando da definição do *quantum* do imposto é, no âmbito fiscal, o elemento enquadrador da salvaguarda dos *direitos, liberdades e garantias* dos particulares e uma decorrência da reserva parlamentar que também vigora nesta matéria, em geral (cfr. art. 165.º, n.º 1, al. b), da CRP).

Analisemos cada um daqueles elementos, não sem o seguinte aviso prévio: os chamados *elementos essenciais* da relação de imposto (os referidos no n.º 2 do art. 103.º da CRP) correspondem a diferentes capítulos da sistemática dos Códigos de cada imposto. A qualificação de uma norma, porém, não deve resultar da sua inserção sistemática, mas do respectivo conteúdo e função. Por exemplo, a norma que determina o conteúdo da notificação do lucro tributável das sociedades comerciais determinado por métodos indirectos (art. 55.º CIRC) está inserida no capítulo *determinação da matéria colectável,* mas é, claramente, uma norma que respeita às *garantias dos contribuintes*. Incluiremos, também no nosso estudo uma referência às normas sobre *infracções tributárias*, que como veremos, estão igualmente sujeitas à reserva de lei do parlamento.

Incidência – Já vimos, a propósito da *constituição da obrigação de imposto* (*supra* n.º 35) que a incidência de um imposto é o universo resultante da definição legal do conjunto dos factos sujeitos a tributação – a *incidência real ou objectiva* – e da identificação das pessoas a ele obrigadas – *incidência pessoal ou subjectiva.* Verificada uma situação enquadrável, simultaneamente, na incidência real e na incidência pessoal de um certo imposto, constitui-se a obrigação de pagamento do mesmo.

Acontece, porém, que o Tribunal Constitucional tem considerado incluídas na reserva de lei parlamentar não apenas as normas definidoras dos factos sujeitos a imposto, mas também as normas que contenham *"...critérios materiais da definição da incidência real (...) nessa medida comportando elementos que reentram na esfera de reserva parlamentar"*[96]. E o TC prossegue, concluindo: *"...o que postula a exigência de autorização parlamentar"*.

---

[96] *Acórdão n.º 57/95*, TRIBUNAL CONSTITUCIONAL, DR II série, de 12.4.95.

Aderimos à posição do TC e da doutrina coincidente nesta matéria, concluindo que as normas que definem o montante a tributar, apesar de serem formalmente normas de *determinação da matéria colectável*, são, do ponto de vista do princípio da legalidade tributária, normas de incidência. São, substancialmente, normas de *incidência real* e como tal devem ser tratadas. Mal seria que, por razões formais, ficassem dentro da reserva de lei do parlamento apenas a definição do *quê* (o facto tributável) e do *quem*, (o sujeito passivo) e ficasse de fora o *quantum* da base tributável. Ao fim e ao cabo, a base da medida do sacrifício patrimonial imposto a cada um pela via fiscal.

Assim, ficarão de fora da reserva de lei parlamentar apenas as normas de determinação da matéria colectável exclusivamente instrumentais, sem intervenção na quantificação da dívida fiscal.

Recorde-se que a decisão do TC, acima transcrita, foi tomada a propósito da aprovação de um código de avaliações, para efeitos de determinação do valor patrimonial – a base tributável – dos prédios rústicos e urbanos. Contudo, a grande maioria das normas dos capítulos relativos à *determinação da matéria colectável* dos códigos dos diferentes impostos são, igualmente, preceitos que visam determinar a realidade líquida a tributar (rendimento, património, valor de bens ou serviços adquiridos...) determinando, assim, o montante do imposto a exigir.

São muitos os exemplos daquele tipo de normas, as quais se encontram por toda a legislação fiscal, mas indicamos somente algumas, a título de exemplo. No CIRS, os artigos relativos às deduções aos rendimentos das categorias de rendimentos. No CIRC, as normas que determinam a não dedutibilidade fiscal de custos contabilizados, *maxime,* o seu artigo 45.º. No CIVA, as limitações do direito à dedução do imposto suportado, constantes do artigo 21.º.

Benefícios fiscais – Em matéria de *benefícios fiscais*, salientamos, em primeiro lugar, o significado que resulta do facto de a reserva de lei parlamentar ter abrangido também este elemento. Isso revela que a natureza garantística do princípio da legalidade não se destina unicamente, como seria numa certa visão liberal, a proteger o contribuinte destinatário directo da norma tributária (neste caso, o beneficiado).

Antes abrange, também, o interesse de todos os outros, por quem será distribuído o esforço fiscal de que o beneficiado foi desonerado.

Quanto ao conceito de *benefício fiscal* incluído nesta reserva, ele integra toda a excepção à tributação, que se traduza num regime de tributação mais favorável para o contribuinte. Por isso e tendo em atenção o que dissemos relativamente ao modo como o princípio da legalidade se recorta em matéria de benefícios fiscais, entendemos que, também neste caso, deverá ser efectuada uma interpretação ampla do conceito de *benefício fiscal*. Mais ampla, nomeadamente, do que o resultante do artigo 2.º do EBF e englobando também desagravamentos fiscais estruturais[97].

Taxa – Em regra, a *taxa* do imposto é a percentagem ou o valor que, aplicado à matéria colectável, nos dá a colecta do tributo. Sobre a diferença entre taxas percentuais e impostos *ad valorem*, por um lado e *taxas específicas* e impostos de *prestação fixa*, por outro, ver *supra*, n.os 23 e 24.

Ainda no que respeita à fixação da taxa do imposto por lei da AR ou por si autorizada, imposta pelo n.º 2 do artigo 103.º da CRP, que dizer, designadamente, da constitucionalidade das alíneas b) e c) do n.º 1 do artigo 112.º do CIMI?

É que estas normas não fixam o valor da taxa a aplicar ao valor patrimonial tributário dos prédios urbanos, antes definem os limites entre os quais podem as assembleias municipais da sua localização fixar anualmente as taxas daquele imposto. Sobre preceitos similares do revogado Código da *Contribuição Autárquica*, já o TC se pronunciou, no sentido da sua não inconstitucionalidade[98] Este é, contudo, essencialmente um problema de determinação do conteúdo das normas que definem a taxa, pelo que deixaremos o restante tratamento do tema para o ponto relativo ao *princípio da tipicidade* (*infra* n.º 55).

---

[97] Contra SÁ GOMES, *Manual...* II, p. 88.

[98] *Acórdão n.º 57/95*, do TRIBUNAL CONSTITUCIONAL, D.R. II série, 12 de Abril de 1995.

Garantias dos contribuintes – No conceito de garantia dos contribuintes incluem-se todas as normas que consagram meios de defesa dos particulares em face da prática, ou da omissão, de actos da Administração fiscal que lesem direitos ou interesses legítimos, bem como as prerrogativas gerais concedidas aos particulares em matéria fiscal.

Aqui se compreendem[99]:

a) As garantias que resultam "...*da imposição de princípios conformadores da actividade tributária à Administração fiscal*"[100] e a que chamamos *garantias gerais mediatas*. São exemplo deste tipo de garantias, o *princípio da legalidade*, de que vimos falando; o princípio geral da *prossecução do interesse público e do respeito pelos direitos e interesses legítimos dos cidadãos* (art. 266.º da CRP); o *dever de decisão e de celeridade* (art. 56.º da LGT); o *acesso à justiça tributária* (art. 9.º da LGT); o *dever de confidencialidade* (art.64.º, n.º 2 da LGT); o *princípio do respeito pelas declarações dos contribuintes* (art. 75.º da LGT); o *princípio do inquisitório* (art. 58.º da LGT); o *princípio da colaboração* (art. 59.º da LGT); *e o princípio da participação,* com o inerente *direito de audição prévia* (art. 60.º da LGT);
b) As garantias que resultam da consagração directa de direitos subjectivos aos sujeitos passivos de imposto, a que chamamos *garantias gerais imediatas*. São exemplo deste tipo de garantias, o *direito de resistência* ao pagamento de impostos não criados nos termos da Constituição (art. 103.º da CRP); o *direito à informação* (arts. 67.º e 68.º da LGT e arts. 30.º e 57.º do CPPT); o *direito à fundamentação e notificação* (art. 77.º da LGT e arts. 35.º a 43.º do CPPT); o *direito a juros indemnizatórios* (art. 43.º da LGT e art. 61.º do CPPT); o *direito à acção de inspecção a seu pedido* (art. 47.º da LGT e D.L. n.º 6/99, de 8 de Janeiro); o direito à *redução das coimas* por

[99] Sobre o tema, com um elenco das diferentes espécies de garantias dos contribuintes, Brás Carlos, Irene Abreu, João Durão e Emília Pimenta, *Guia dos Impostos...*, pp. 575-606.

[100] *Idem.*

pedido espontâneo (art. 29.º a 31.º do RGIT) ou dentro do prazo de pagamento voluntário (art. 78.º do RGIT) e pelo pagamento antecipado da coima (art. 75.º do RGIT); e o direito ao *pagamento do imposto em prestações* (arts. 196.º a 200.º da CPPT);

c) As *garantias anulatórias de actos da administração fiscal,* quer decorram no âmbito de um *procedimento, de natureza administrativa*, quer se exerçam através de um *processo judicial.* No procedimento administrativo incluem-se a *reclamação graciosa* dos actos tributários de liquidação (arts. 68.º a 77.º do CPPT); a *reclamação dos actos de avaliação da matéria tributável* (arts. 87.º a 94.º da LGT); o *recurso hierárquico* (arts. 66.º e 67.º do CPPT e art. 80.º da LGT); e a *revisão oficiosa* dos actos tributários (art. 78.º da LGT). No processo judicial inserem-se a *impugnação dos actos tributários* (art. 99.º a 134.º do CPPT); a *acção para reconhecimento de direito ou interesse legítimo* (art. 145.º do CPPT); o *recurso em processo de contra-ordenação* (art. 80.º do RGIT); o *recurso da decisão de derrogação do sigilo bancário* (art. 63.º-B da LGT e arts. 146.º-B e 146.º-D do CPPT); o *recurso da decisão de avaliação indirecta com base em manifestações de fortuna* (art. 89.º-A da LGT); a *reclamação dos actos praticados em processo de execução fiscal* (art. 276.º e 277.º do CPPT); e a *oposição em processo de execução fiscal* (art. 203.º a 213.º do CPPT).

Infracções tributárias – As normas respeitantes às *infracções tributárias* e aos respectivos processos não constam do elenco do n.º 2 do artigo 103.º da CRP. Mas estão, ainda assim, subordinadas à reserva de lei parlamentar. É que *crimes e contraordenações* tributárias sujeitam-se ao regime constitucional previsto para os crimes e ilícitos de mera ordenação social, em geral, pelo que só a AR tem competência legislativa originária na matéria (art. 165.º, n.º 1, alíneas c) e d), da CRP).

b) Elementos da relação de imposto não sujeitos à reserva de lei parlamentar

O n.º 3 do artigo 103.º da CRP impõe que a *liquidação e a cobrança* dos impostos se façam nos *"termos da lei"*, sob pena de recusa legítima ao seu pagamento. Parte da doutrina entende que o tipo de *lei* aqui referida não é unicamente a Lei da Assembleia da República ou o decreto-lei autorizado pela AR – como acontece relativamente às matérias que constam do n.º 2 do mesmo preceito – antes compreende, também, o decreto-lei do Governo no âmbito da sua competência legislativa independente (art. 198.º, n.º 1, al. a), da CRP)[101]. É esta, também, a nossa posição, apesar de reconhecermos que o texto da CRP levanta significativas dificuldades de interpretação.

As maiores dificuldades resultam da falta de concretização da expressão *"criação de impostos e sistema fiscal"* inserida na alínea i) do n.º 1 do artigo 165.º da CRP, para definir as matérias em que há exclusividade de competência legislativa da Assembleia da República, sem prejuízo da sua autorização ao governo. Ora, se a expressão *"criação de impostos"* não levanta dificuldades de grande monta – criar impostos é colocar em vigor uma certa obrigação de pagamento de imposto, definindo os obrigados, a realidade sobre que incide e a respectiva taxa – já a fixação do significado de *"sistema fiscal"* coloca problemas que as diferentes tentativas de resolução, amparadas nos n.os 2 e 3 do artigo 103.º da CRP (preceito que toma assim a dianteira ao artigo 165.º na definição do âmbito da reserva de lei parlamentar em matéria fiscal, contra o que seria expectável) não conseguem resolver acima de uma dúvida razoável.

O que se deve, então, entender pela expressão constitucional *"sistema fiscal"?*

Numa interpretação restritiva *"sistema fiscal"* significará apenas a *"definição do sistema fiscal"*, como defende CARDOSO DA COSTA[102]. Não nos parece, contudo, que *sistema fiscal* represente apenas a

---

[101] Neste sentido, GOMES CANOTILHO e VITAL MOREIRA, *Constituição...*, 2007, p. 1092; PAMPLONA CORTE-REAL, *Curso...*, p. 84.

[102] Em, *Enquadramento constitucional...*, p. 405.

definição da estrutura do sistema de impostos nos seus diferentes níveis – autarquias, regiões autónomas e Estado – e consequente harmonização. É que, se assim fosse, a outra expressão delimitadora do âmbito da reserva de lei parlamentar em matéria fiscal – a expressão *"criação de impostos"* – teria de significar mais do que aquilo que consta da letra da alínea i) do n.º 1 do artigo 165.º da CRP. *"Criação de impostos"* abrangerá a *incidência* (no sentido de definição da base tributável e das pessoas tributadas) e a *taxa,* sem as quais não se criam impostos, mas não inclui necessariamente *os benefícios fiscais* e as *garantias dos contribuintes,* que igualmente se encontram no n.º 2 do artigo 103.º da CRP.

Do lado oposto, temos uma interpretação bastante ampla do conceito *sistema fiscal,* essencialmente assente na epígrafe do artigo 103.º da CRP, a qual é, precisamente, *"sistema fiscal"*. Este artigo trata dos objectivos da tributação (n.º 1), da *incidência, taxa, benefícios fiscais e garantias dos contribuintes* (n.º 2) e da *liquidação e cobrança* dos impostos (n.º 3). Pareceria então, para esta corrente, que todos estes aspectos caberiam no conceito *"sistema fiscal"* e, portanto, na reserva de lei parlamentar, o que acabaria por dar razão aos que pensam que a *"lei"* do n.º 3 do artigo 103.º da CRP será ainda a lei da AR ou o D.L. por si autorizado.

Parece, contudo, que a corrente que assim opina valoriza erradamente a epígrafe do artigo 103.º da CRP[103]. As epígrafes podem ser elementos sistemáticos de interpretação, (embora verdadeiramente só o sejam quando condizentes com o conteúdo das normas que epigrafam) mas não fazem parte das normas, como bem atesta, aliás, na legislação tributária, o facto de num código fundamental para o sistema fiscal português, como é o Código do IVA, não terem existido epígrafes de artigos, desde a sua publicação em 1984 (D.L. n.º 394-B/84, de 26 de Dezembro) até 2008 (D.L. n.º 102/2008, de 20 de Junho).

Em nosso entender, mais há-de valer o conteúdo do próprio artigo 103.º da CRP do que a sua epígrafe. E esse encontra entre os seus n.os 2 e 3 uma dicotomia para o sentido de *"lei"* que não pode ser

---

[103] Neste particular, discordamos de ANA PAULA DOURADO, *O princípio da legalidade fiscal na constituição portuguesa*, CTF n.º 379, DGCI, 1995, p. 66.

ignorada. De facto, se o sentido de *"lei"* fosse o mesmo nos n.os 2 e 3 do artigo 103.º da CRP, não teria o legislador constitucional optado pela separação dos dois grupos de matérias aí tratadas e ter-se-ia incluído a *liquidação e cobrança* na norma do citado n.º 2.

Por isso pensamos, como dissemos, que a *"lei"* a que se refere aquele n.º 3 inclui também o decreto-lei do Governo emanado no âmbito da sua competência legislativa independente. O que está vedado será a possibilidade de a *liquidação e cobrança,* serem estabelecidas por actos infra legislativos, sem prejuízo da possibilidade de os regulamentos desenvolverem alguns aspectos específicos da lei – a chamada *lei de habilitação* – nos termos por esta definida (n.os 6 e 7 do artigo 112.º da CRP). Isto, se, como vimos, as normas de *liquidação e cobrança* não afectarem as garantias dos contribuintes ou forem, substancialmente, normas de incidência, casos em que seguirão o regime do n.º 2 do artigo 103.º da CRP.

Também aqui as discordâncias com esta posição apontam para dois sentidos opostos. Alguns autores entendem que a *"lei"* a que se refere o n.º 3 do artigo 103.º da CRP é, como no seu n.º 2, obrigatoriamente, a lei parlamentar ou o decreto-lei com a sua autorização[104], o que, como vimos, não atende à distinção que o texto constitucional faz entre os referidos n.º 2 e n.º 3 do mesmo preceito. Por outro lado, outros entendem que nada obsta a que a *"lei"* do n.º 3 seja interpretada como *lei em sentido material*, entendida como toda a norma ou regra jurídica, comportando, por isso, também as normas emanadas dos regulamentos[105].

Já demos conta da nossa divergência relativamente à primeira daquelas opiniões. Quanto à discordância relativamente a esta última

---

104 V. Soares Martinez, *Manual...* p. 105, embora discordando; Manuel Pires, *Estudos sobre a Constituição...*; Sá Gomes, *Manual...* II, p. 95; e, no que respeita à delimitação das competências legislativas, Ana Paula Dourado, *O princípio...*, p. 66.

105 Casalta Nabais, *O dever fundamental de pagar impostos*, Almedina, 2004, p. 366; Sobre o carácter relativo da reserva de lei e o papel dos regulamentos na legislação tributária espanhola, ver Carlos Palao Taboada, *Reserva de ley y reglamentos em materia tributaria,* "in" Funciones financeiras de las Cortes Generales, ed. Congreso de los Diputados, Madrid, 1985, pp. 527-556.

corrente, ela assenta na convicção de que a Constituição mantém aqui a caracterização de *"lei"* e a sua distinção face ao *regulamento,* que consagra no seu artigo 112.°, n.° 1 e que está presente ao longo do seu texto. Tal distinção, tão evidente, faz-nos pensar que a *"lei"* concretizada no n.° 3 só pode ser a *"lei"* enquanto *acto legislativo* previsto no artigo 112.°, n.° 1 da CRP, que dispõe: *"São actos legislativos as leis, os decretos-leis e os decretos legislativos regionais"*, por oposição aos *regulamentos do Governo* (decretos regulamentares, portarias, despachos normativos...) os quais, apesar de serem *actos normativos* (cfr. epígrafe do artigo 112.° da CRP) não são *actos legislativos*[106].

c) Tributos não sujeitos à reserva de lei parlamentar

No que respeita ao âmbito da reserva de lei parlamentar, falta ainda saber se esta reserva é aplicável a outros tributos para além dos impostos, designadamente, às *contribuições especiais* e às *taxas*.

Relativamente às *contribuições especiais* vimos (*supra* n.° 17) que, juridicamente, estas se reconduzem ao conceito de imposto. O que, apesar da existência de elementos de *bilateralidade indirecta*, a par de elementos de unilateralidade próprios dos impostos, determina que a sua criação e respectivos elementos essenciais estão igualmente subordinados à reserva de lei parlamentar[107].

No que respeita às taxas, a expressão *sistema fiscal* da alínea i) do n.° 1 do artigo 165.° da CRP não as inclui, como bem resulta da segunda parte desta mesma alínea: *"...e regime geral das taxas..."*. O *sistema fiscal* é, assim, um sistema de impostos[108]. No que respeita às taxas e demais contribuições financeiras a favor das entidades públicas, somente a definição de um *"regime geral"* está compreendida na reserva de lei da AR.

---

106 Sobre a distinção entre os regulamentos e as leis, ver FREITAS DO AMARAL, *Curso...* II, p. 166.

107 *Acórdão n.° 236/94*, do TRIBUNAL CONSTITUCIONAL, DR I Série-A, de 7-5-1994.

108 V. *Acórdão n.° 268/97* do TRIBUNAL CONSTITUCIONAL.

50. O princípio da legalidade e a extinção de impostos. Inconstitucionalidade do n.º 2 do artigo 5.º do D.L. n.º 398/98, que aprovou a LGT.

Vimos que a *criação de impostos* está compreendida na reserva de lei parlamentar (art. 165.º, n.º 1, alínea i), da CRP). E quanto à sua extinção? Poderá o governo extinguir impostos sem que esteja autorizado para tal por Lei da AR?

A resposta é obviamente negativa. Só tem competência para extinguir ou beneficiar, quem tem competência para criar ou agravar[109]. Acresce que o estabelecimento de áreas de reserva de competência legislativa da AR não assenta unicamente numa visão garantística do interesse do indivíduo ou de um grupo – o que faria com que a reserva incluísse apenas as leis fiscais de agravamento da sua situação – mas assenta, essencialmente, no princípio democrático da exclusividade do exercício de poderes, entendidos como fundamentais para a vida da comunidade, por parte do órgão representativo da totalidade dos cidadãos portugueses (art. 147.º da CRP). Num caso de lei fiscal mais favorável, com violação da reserva de lei parlamentar, a inconstitucionalidade não se prenderia com o conteúdo da lei, mas com a ausência de competência para agir nesta matéria.

Note-se que a extinção inconstitucional de impostos não é uma hipótese meramente académica. Veja-se, designadamente, o que se passou com a extinção das dívidas de impostos anteriores à reforma de 1989[110] determinada pelo n.º 2 do artigo 5.º do D.L. n.º 398/98, de 17 de Dezembro[111]; e que serviu para reforçar a nossa convicção de que a voz do interesse público, lesado por normas contrárias à Constituição, não se ouve tão alto (ou não se ouve em absoluto) quanto o clamor

[109] V., *Acórdão n.º 48/84*, do TRIBUNAL CONSTITUCIONAL, DR II série, de 10.7.1984; CARDOSO DA COSTA, *Curso...*, p. 116; CASALTA NABAIS, *Direito...*, p. 137. Sobre a intransmissibilidade da competência dos órgãos constitucionais, v., JORGE MIRANDA, *Manual...* V, p. 57.

[110] Contribuição industrial, imposto profissional, imposto de capitais, contribuição predial, imposto sobre a indústria agrícola, imposto de mais-valias e imposto complementar.

[111] Que aprovou a LGT.

– justo, aliás – dos indivíduos ou grupos, quando os seus interesses são lesados por normas inconstitucionais.

Na circunstância, recomendara a *Comissão de estudo e análise do processo fiscal*[112] em matéria de processos pendentes:

> *"Encontram-se ainda pendentes nos tribunais tributários um grande número de processos que têm como objecto os impostos já abolidos pela Reforma de 1989. Esta situação cria aos tribunais tributários uma dificuldade sem justificação bastante, pois o julgador vê-se confrontado com impostos alheios ao sistema actual, que vai julgar sem ter a sua efectiva vivência.*
>
> *Por tudo isso, dado o atraso excessivo dos julgamentos e a pouca importância financeira destes litígios, a Comissão considera que seria dado um passo de grande importância para a normalização da justiça tributária se, mediante uma providência legislativa, fosse expressamente considerado como aplicável aos processos respeitantes a impostos anteriores à Reforma os prazos de prescrição mais curtos que foram introduzidos pelo Cód. Proc. Tributário."*[113]

Não compreendemos esta recomendação, porque nem o IRS e IRC são tão diferentes dos anteriores impostos, nem falta aos juízes tributários a experiência de aplicação de leis anteriores, tão grande é a instabilidade da legislação fiscal. Ademais, tinham passado apenas oito anos de tempo cronológico, enquanto o prazo de prescrição, vigente ao tempo do facto tributário ou da infracção tributária era de 10 anos.

Aparentemente poderia parecer aceitável a intenção da *Comissão* em aliviar os tribunais das chamadas *bagatelas fiscais* em que se pudessem traduzir os referidos processos pendentes. Só que com isso foram desonerados também os contribuintes litigantes ou simplesmente relapsos, os quais como tantas vezes acontece, voltaram a ser premiados em relação aos que voluntariamente cumpriram. Também a funda-

---

[112] Nomeada em 23.01.97, pelo Ministro das Finanças e Ministro da Justiça para *"identificar os pontos de ineficiência e ineficácia do processo fiscal"*.

[113] V. relatório em CTF n.º 394, p. 136.

mentação assente no *"grande número de processos"* e na *"pouca importância financeira destes litígios"* não convence. O que é normal é que, com a existência de um prévio processo gracioso, sejam poucos os contribuintes que enveredam pela via judicial, com os custos que isso envolve, para discutir baixos valores de imposto.

Este é, aliás, apenas um exemplo do *pragmatismo extrajurídico* que tem envolvido tal tipo de medidas. Não é, certamente, este o modo de resolver os atrasos da justiça e da administração, mas, parece que, ultimamente, só se conhece a via dos *"perdões fiscais"* e dos regimes especiais (cada vez menos especiais, por tão vulgares) de *regularização de dívidas fiscais*.

Do ponto de vista dos bons princípios de política fiscal, a começar pela ideia de coercibilidade do sistema tributário e da responsabilização do sistema judicial, a recomendação da *Comissão* não foi feliz, mas dela não resultaria forçosamente qualquer inconstitucionalidade. Acontece, porém, que a sua concretização pelo Governo foi a pior possível. Foi executada em violação do princípio da legalidade. E deveria, por isso, ter sido declarada inconstitucional.

Quando aprovou a LGT, através do Decreto-Lei n.º 398/98, de 17 de Dezembro, o Governo para além de diminuir o prazo regra de prescrição de 10 para 8 anos (art. 48.º, n.º 1, da LGT) mandou, no n.º 2 do artigo 5.º deste diploma, aplicar aos impostos antigos os novos (e mais curtos) prazos de prescrição, sem interrupção ou suspensão, nos seguintes termos:

> *"Aos impostos já abolidos à data da entrada em vigor da lei geral tributária aplicam-se os novos prazos de prescrição, contando-se para o efeito todo o tempo decorrido, independentemente de suspensões ou interrupções de prazo".*

Vimos que, por força das interrupções e suspensões do prazo de prescrição, este reinicia-se desde o início ou suspende-se, respectivamente. Estas interrupções e suspensões são consequência de determinados actos (reclamações, recursos, citações, etc.) e, têm, na sua essência um efeito dissuasor dos actos processuais dilatórios. (ver *supra* n.º 38).

Ora, sem o efeito da interrupção e da suspensão, o prazo para efeitos do processo passou a ser igual ao tempo cronológico. Como já tinha passado tempo superior aos oito anos do novo prazo de prescrição (os antigos impostos foram substituídos pelo IRS em 1 de Janeiro de 1989) *o único e directo efeito* daquela norma foi o da *extinção* dos ditos impostos, sem que para isso estivesse o Governo autorizado pela AR.

É que a Lei de autorização legislativa respectiva – a Lei n.º 4/98, de 4 de Agosto – não autorizava o Governo a extinguir impostos. No que respeita aos prazos de caducidade e prescrição, admitia, no seu artigo 2.º, alínea 17), a possibilidade de o Governo encurtá-los *"...de modo consentâneo com as possibilidades e o aumento de eficiência da Administração."*[114]*;* mas a autorização não abrangia, obviamente, a extinção de impostos, a qual veio a verificar-se sem cobertura legal. E sem que, no caso, tivessem funcionado os mecanismos de controlo e fiscalização das leis previstos na Constituição.

51. Lei de autorização legislativa em matéria fiscal

Cabe à Assembleia da República legislar sobre a criação de impostos e sobre os elementos constantes do n.º 2 do artigo 103.º da CRP. Esta pode fazê-lo, regulando directa e totalmente a matéria através das suas Leis ou, pode, através de uma *Lei de autorização legislativa*, autorizar o Governo da República (art. 165.º, n.º 1, al. i), CRP), as Regiões Autónomas (art. 227.º, n.º 1, i), da CRP) ou as Autarquias Locais (art. 238.º, n.º 4, da CRP) a legislarem em conformidade com os objectivos e parâmetros por si fixados. Na segunda hipótese, haverá, ainda, a fundamental intervenção da lei parlamentar, mas a concretização legislativa das suas directrizes será efectuada pelo Governo.

A possibilidade desta autorização ao Governo, para fixação, em concreto, da disciplina jurídica constante das leis de autorização é historicamente recente e foi sendo determinada por objectivos de maior celeridade legislativa e pela complexidade técnica crescente das matérias a legislar. Sendo o Governo *"o órgão superior da Administração*

---

[114] Pressupostos cuja verificação estava, aliás, por provar.

Pública" (art. 182.º da CRP), pode mais facilmente recorrer ao conhecimento e experiência dos serviços da Administração na escolha das soluções técnicas mais adequadas, para concretizar os objectivos constantes das autorizações concedidas pela AR.

A Lei em que a AR autoriza o governo a legislar, não é, contudo, um cheque em branco. Nos termos do n.º 2 do art. 165.º da CRP, "*as leis de autorização legislativa devem definir o objecto, o sentido, a extensão e a duração da autorização...*".

O *objecto* é a matéria em que a AR autoriza o Governo a legislar. O *sentido* são os critérios, princípios ou indicações que o Governo deve observar, bem como os fins que deve prosseguir no uso dos poderes delegados[115]. A *extensão* da autorização respeita, tal como o objecto, à delimitação da área de intervenção do Governo, agora não já no que concerne à matéria, mas à definição dos aspectos da disciplina jurídica em causa que irão ser alterados pelo Governo. A *duração*, que pode ser prorrogada, fixa o prazo concedido ao Governo para legislar.

A lei de autorização legislativa, não sendo um cheque em branco, não é, contudo, uma ordem ao Governo para legislar. A AR concede-lhe uma autorização para o fazer, a qual o Governo utilizará ou não, sendo certo que se o fizer está obrigado a respeitar os parâmetros constantes da lei autorizante.

Ainda no que respeita à execução da lei de autorização, pode perguntar-se:

Haverá inconstitucionalidade se o Governo utilizar apenas parte da autorização legislativa concedida pela Assembleia, deixando caducar a outra parte?

Não há uma resposta única. A resposta depende da situação em concreto.

Há que saber se a parte executada e a parte não executada da autorização são autónomas entre si, ou não. Se são autónomas, não há inconstitucionalidade ou ilegalidade na execução parcial da autorização. Se não são autónomas, haverá inconstitucionalidade[116] se a não

---

[115] V. *Acórdãos n.os 84/2003, 257/1997 e 358/1992* do TRIBUNAL CONSTITUCIONAL.

[116] Sobre a hipótese de o vício ser a ilegalidade e não a inconstitucionalidade, ver JORGE MIRANDA, *Manual...* V, p. 318.

concretização da parte da autorização legislativa concedida resultar num quadro legislativo diferente do delineado por esta.

Quanto à *duração* da autorização, existe também uma questão mais ou menos recorrente: a qual é a de saber em que momento se afere do cumprimento do prazo concedido ao Governo para utilizar a autorização?

Para saber se o Governo executou atempadamente a autorização legislativa, colocamos, em face da legislação portuguesa, várias hipóteses de análise:

a) O prazo considera-se respeitado se não estava excedido na data em que o Governo aprovou o diploma autorizado;
b) O prazo considera-se respeitado se não estava excedido no momento em que o diploma foi recebido pelo Presidente da República para promulgação, porque este é o primeiro momento externamente sindicável após o conjunto de actos internos do Governo relativos à feitura e aprovação do diploma;
c) O prazo considera-se respeitado se não estava excedido no momento da promulgação do Presidente da República, porque esta é um requisito de existência jurídica (art. 137.º da CRP);
d) O prazo considera-se respeitado se não estava excedido no momento da referenda do Governo, porque esta é um requisito de existência jurídica do acto de promulgação do Presidente da República (art. 140.º da CRP);
e) O prazo concedido ao Governo considera-se respeitado apenas quando não foi excedido no momento da entrada em vigor do diploma autorizado, e, portanto, na mais célere das hipóteses, no dia imediato à publicação em Diário da República (art. 119.º, n.º 2 da CRP e art. 2.º da Lei n.º 74/98, de 11 de Novembro).

A jurisprudência tem entendido que o momento para aferir do cumprimento tempestivo das autorizações legislativas é o da aprovação do decreto-lei autorizado em Conselho de Ministros[117]. Na respectiva

[117] V. *Acórdãos n.os 400/89, 268/79, 461/99 e 168/2000,* do TRIBUNAL CONSTITUCIONAL; *Acórdão de 2.10.1991 – Processo n.º 41760 do* SUPREMO TRIBUNAL DE JUSTIÇA,.

fundamentação pesa decisivamente o argumento de que só o Governo é destinatário da autorização legislativa concedida pela AR. De facto, o prazo imposto ao Governo (como qualquer obrigação legal imposta a um órgão de soberania) só pode ser um prazo para a prática de actos próprios, não devendo, por isso, relevar o tempo relativo aos actos do Presidente da República ou das entidades responsáveis pela publicação no Diário da República.

Esta solução contém, contudo, a fragilidade decorrente de a aprovação de diplomas em Conselho de Ministros ser um acto interno, existindo, em última análise, o perigo de antedatar diplomas efectivamente aprovados em data posterior, de modo a impedir a preclusão do prazo da autorização legislativa. Por isso, seria de admitir que o momento relevante fosse o da recepção do diploma pelo PR para promulgação[118].

No que respeita à *duração* das autorizações legislativas concedidas na lei do Orçamento de Estado, que incidam sobre matéria fiscal, o n.º 5 do artigo 165.º da CRP consagra uma excepção ao regime geral. Em geral, as autorizações legislativas caducam com a demissão do Governo a que foram concedidas, com o termo da legislatura ou com a dissolução da Assembleia da República que as concedeu. Este regime geral bem se entende, porque a autorização legislativa tem lugar no âmbito de uma relação fiduciária entre aquela Assembleia e aquele Governo, em concreto. Em matéria fiscal, contudo, as autorizações legislativas concedidas no OE só caducam no final do ano económico a que respeitam, ainda que, designadamente, seja outro Governo a executá-las. Neste caso prevaleceu o interesse na continuidade da política financeira aprovada no OE, em sintonia com a vigência anual desta Lei[119].

Importa, por fim, referir que a relação de dependência do Decreto-Lei autorizado, em face da Lei de autorização, se expressa e identifica, também formalmente, através da obrigação de indicação da Lei autorizante ao abrigo da qual o Governo legisla (art. 198.º, n.º 3, CRP).

---

[118] Neste sentido: Gomes Canotilho, *Direito Constitucional e Teoria...* p. 768; Jorge Miranda, *Manual...* V, p. 319.

[119] Sobre outros aspectos das leis de autorização legislativa, Ver Jorge Miranda, *Manual...*, V, p. 313; Gomes Canotilho, *Direito Constitucional e Teoria* ..., p. 761; Cardoso da Costa, *Sobre as autorizações legislativas da lei do orçamento,* Coimbra, 1982.

Como ensina GOMES CANOTILHO[120], as leis de autorização legislativa têm um carácter normativo material próprio e não são apenas *"leis formais sobre a produção jurídica"*. São, assim, susceptíveis de inconstitucionalidade. Nesse caso, um decreto-lei autorizado, fundado sobre uma lei de autorização inconstitucional, padecerá de invalidade consequencial (v. Acórdão TC n.º 285/92).

52. O princípio da legalidade e o artigo 8.º da LGT

Sob a epígrafe *"Princípio da legalidade tributária"*, o artigo 8.º da LGT vem, nos seus dois números, dispor sobre o conteúdo deste princípio em termos pretensamente mais amplos do que o âmbito que vimos resultar da Constituição.

No dizer de alguma doutrina, o artigo 8.º da LGT terá pretendido *"enunciar as matérias sujeitas ao princípio constitucional da legalidade tributária e estender a aplicação do princípio a outras matérias"*[121] ou *"estender o princípio da legalidade tributária à liquidação e cobrança dos tributos"*[122]. Para ambos os objectivos – *enunciar* ou *reafirmar* e *estender* ou *desenvolver* – o preceito é, porém, inútil.

Tal inutilidade resulta do seguinte:

Primeiro – nada se acrescenta repetindo em lei ordinária[123] normas que constam da lei constitucional;

Segundo – mesmo na parte que não é repetição das normas constitucionais, só à Constituição cabe definir o âmbito de um princípio aí consagrado, excepto quando remeta expressamente a sua concretização para o legislador ordinário. O que não é o caso.

---

120 *Direito Constitucional e Teoria...*, 7.ª edição, p. 765.

121 LEITE DE CAMPOS, SILVA RODRIGUES e LOPES DE SOUSA, *Lei Geral Tributária*, Vislis, 2000, p. 57. No mesmo sentido, DIOGO LEITE CAMPOS e MÔNICA LEITE CAMPOS, *Direito Tributário*, 2.ª edição, Almedina, p. 111; e LIMA GUERREIRO, *Lei Geral Tributária*, Rei dos Livros, p. 69.

122 CASALTA NABAIS, *Direito Fiscal...*, p. 138, embora recordando que o n.º 1 do art. 8.º da LGT é inútil.

123 A LGT faz parte de um decreto-lei (D.L. n.º 398/98, de 17.12) aprovado pelo Governo no uso de autorização legislativa.

De facto, a LGT repete no n.º 1 do seu artigo 8.º, o elenco das matérias que vimos estarem compreendidas na reserva de lei parlamentar: *incidência, taxa, benefícios fiscais, garantias dos contribuintes, crimes e contraordenações fiscais.* Em matéria sancionatória, o preceito ficou, aliás, aquém da Constituição, que sujeita também ao princípio da legalidade não só a definição dos crimes e contraordenações fiscais, mas também os respectivos processos fiscal e contra-ordenacional.

Quanto às matérias do n.º 2 do artigo 8.º, a que a LGT pretendeu estender o princípio da legalidade, a maior parte encontra-se no art. 103.º, n.º 2, da CRP. Assim, *"os prazos de prescrição e caducidade"* (n.º 2, alínea a)), bem como *"as regras de procedimento e processo tributários"* (n.º 2, alínea e)) que tiram ou dão direitos aos sujeitos passivos (como acontece em grande parte) são matéria das garantias dos contribuintes. A *"substituição e a responsabilidade tributárias"* (n.º 2, alínea b)) são, como vimos, figuras compreendidas na incidência pessoal. *"A definição de sanções fiscais sem natureza criminal"* (n.º 2, alínea d)) em consequência da prática de contraordenações fiscais, já está compreendida na reserva de lei parlamentar (art. 165.º, n.º 1, d), da CRP), para além de que sempre se deveria entender tratar-se de matéria que tange com as garantias dos contribuintes.

Sobram as normas de *"liquidação e cobrança"*, mas apenas quando não interfiram com os elementos essenciais da relação de imposto; e a *"definição das obrigações acessórias"* e as *"regras de procedimento e processo tributários"*, nos casos em que não retirem ou atribuam direitos aos sujeitos passivos. Para estes casos, poder-se-ia concordar com Sá Gomes[124] e Casalta Nabais[125], quando encontram alguma utilidade naquela norma, concluindo que, por força da hierarquia das leis e tendo em conta que a LGT é um decreto-lei, não poderão estas matérias ser reguladas por acto regulamentar, por lhe ser hierarquicamente inferior. Mas isso não resolve o problema inicial. Não há um princípio da legalidade tributária reportado à lei material. Do que o preceito trata é do princípio constitucional da legalidade tributária, que

124 *Manual...*, I, p. 401.

125 *Direito Fiscal...*, p. 139.

tem como corolário a reserva de lei da AR. Pelo que é nulo o efeito de todo o artigo 8.º da LGT.

Finalmente é de referir que toda a LGT, e, portanto, também o seu o artigo 8.º, contém uma fragilidade incompreensível em diplomas com este objectivo. Tratando-se de um diploma legal que pretende conter *"as regras fundamentais do sistema fiscal"*[126] foi, apesar disso, aprovada por um decreto-lei – o D.L. n.º 398/98 – sem valor reforçado. Por isso, as suas normas são revogáveis pelo Governo através de simples decreto-lei, independentemente de autorização legislativa da AR para o efeito (a menos que a isso se oponha, em função da matéria, o princípio constitucional da legalidade e a sua reserva de lei parlamentar, nos termos gerais). Entre normas do mesmo valor hierárquico, como seria o caso, a lei posterior revoga (ou derroga) a lei anterior com que for incompatível ou quando expressamente for esse o seu objectivo (art. 7.º, n.º 2, do C. Civil).

Em face do exposto, deve concluir-se que o Governo está limitado no seu poder de alterar normas fiscais pelo princípio constitucional da legalidade e não pelo artigo 8.º, ou por qualquer outro preceito, da LGT.

Para obviar àquela fragilidade, parece-nos que uma lei, com os desígnios conformadores do sistema fiscal inerentes a uma lei geral tributária, deveria ter sido ser aprovada pela AR, possibilitando a sua qualificação como *lei de valor reforçado,* para que, nos termos do n.º 3 do artigo 112.º da CRP, assim valesse como *"...pressuposto normativo necessário das leis..."* fiscais.

53. Princípio da legalidade tributária: C) A tipicidade

O que parte da doutrina entende como o *princípio da tipicidade* do imposto não é verdadeiramente autónomo do *princípio da legalidade*. A *obrigação de tipificar* os elementos essenciais da relação de imposto é, para nós, o terceiro corolário do princípio da legalidade, a acrescer à ideia de *preeminência da lei* e à *reserva de lei parlamentar,* de que falámos antes. Por isso, a inclusão desta obrigação de determinação dos elementos do imposto no princípio da legalidade tributária,

[126] Relatório do D.L. n.º 398/98, de 17 de Dezembro.

faz com que este princípio não possa ser visto unicamente como um princípio formal de reserva e de repartição das competências legislativas fiscais entre órgãos, mas como um princípio que também projecta a sua relevância para o âmbito do conteúdo concreto das normas.

Concretizando, a tipicidade distingue-se da obrigação de reserva de lei parlamentar nos seguintes termos: enquanto esta reserva de lei respeita à definição do órgão competente para legislar sobre os *elementos essenciais* dos impostos (art. 103.º, n.º 2 da CRP); a *tipicidade*, por seu lado, respeita à obrigação de a lei ou o decreto-lei autorizado "*determinar*" os elementos dos impostos. Isto é, reporta-se à previsão e estatuição da norma e impõe às leis fiscais que tenham um "...*certo grau de especificação, determinação e precisão, de tal modo que no seu enunciado cada figura resulte suficientemente caracterizada e nítida nos seus contornos*"[127]. Veremos a seguir quais os elementos sujeitos a tal *determinação* e qual o grau de especificação e precisão exigidos.

De entre os elementos dos impostos é, em regra, ao exemplo da *incidência* de um imposto que se recorre para uma mais evidente conceptualização da ideia de *tipicidade fiscal.* Assim, a *tipicidade* impõe que os factos geradores da obrigação de imposto – *os factos tributários* – sejam exclusivamente os determinados pelas suas normas de incidência, formando, deste modo, um universo fechado: o universo fechado da incidência.

Em consequência, os factos que, embora com relevância económica, não estejam compreendidos naquele "*numerus clausus*" não existem para efeitos fiscais[128]. Mas a tipicidade tributária é, contudo, mais do que isso, quer quanto à sua natureza, quer quanto ao seu âmbito. É uma *tipicidade fechada,* a qual, na linha do que se passa com a lei penal, impõe que a lei "*determine*" (art. 103.º, n.º 2, da CRP) todos os elementos necessários à tributação, que se apresentarão "*de tal modo precisos e determinados...que o órgão de aplicação do direito não possa introduzir critérios subjectivos de apreciação na sua aplicação concreta*" [129].

[127] CARDOSO DA COSTA, *O enquadramento...*, p. 408.

[128] Ver, *supra* (n.º 34) o que dissemos sobre a incidência.

[129] ALBERTO XAVIER, *Manual*...p. 124; v. no mesmo sentido, SÁ GOMES, *Manual*... II, p. 54; CARDOSO DA COSTA, *O enquadramento* ..., p. 400.

Neste elevado grau de determinação conceptual ou de fixação de conteúdo[130], a operar pela lei, se traduz, no dizer da doutrina, a *reserva absoluta de lei. Reserva absoluta* no sentido de que a lei deve subtrair à Administração ou ao juiz, qualquer margem para integração ou desenvolvimento da disciplina jurídica relativa aos elementos definidores da dívida e dos a ela obrigados.

Assim, no que respeita ao grau de determinação legal, a *reserva absoluta* de lei, distingue-se do conceito de *reserva relativa ou atenuada*[131], onde a lei permitiria uma maior margem de discricionariedade administrativa, sem prejuízo da vinculação legal que, mesmo no âmbito do poder discricionário, sempre existe em qualquer caso. Ademais, porque *discricionariedade* não é sinónimo de *arbitrariedade*[132].

A propósito das expressões – *reserva absoluta e reserva relativa* – uma prévia chamada de atenção: não confundir a dicotomia de que vimos falando, respeitante ao maior ou menor *"...grau de especificação, determinação e precisão..."* exigido à lei quando caracteriza cada elemento do imposto, com a distinção entre a reserva absoluta da competência legislativa da Assembleia da República (art. 164.º CRP) e a reserva relativa dessa mesma competência (art. 165.º CRP). Estas últimas *reservas* resultam da delimitação de conjuntos de matérias sobre as quais a Constituição atribuiu à AR a competência para legislar. O tratar-se de reserva absoluta ou reserva relativa da competência legislativa da AR tem a ver com o facto de, respectivamente, tais matérias não serem susceptíveis de autorização ao Governo para que sobre elas legisle, ou de matérias em que existe essa possibilidade, como é, aliás, o caso dos impostos.

Não é, porém, unicamente em relação à incidência dos impostos que a tipicidade fechada (ou reserva absoluta de lei) se impõe. Impõe-se, desde logo, também em relação aos *benefícios fiscais*, à *taxa* e às *garantias dos contribuintes,* como decorre do n.º 2 do artigo 103.º da CRP.

---

[130] ALBERTO XAVIER, *Manual*...p. 124, citando K. LARENZ e C. ROXIN.

[131] E. GONZÁLEZ e E. LEJEUNE, *Derecho*..., cit., p. 46.

[132] Sobre os limites ao poder discricionário da administração, FREITAS DO AMARAL, *Curso*... II, p. 94.

Falta, contudo, saber se essa exigência de determinação se estende às normas de *liquidação* e de *cobrança* previstas no n.º 3 do artigo 165.º da CRP. Respondendo, parece-nos que esta obrigação de tipicidade legal se não aplica a tais matérias[133]. Tal conclusão decorre do que entendemos como *liquidação e cobrança*. Estas normas não interferem nos pressupostos para determinação da dívida de imposto, nem respeitam às garantias dos contribuintes. É que, para nós, as normas de *liquidação* que contribuem para o apuramento do *quantum* do imposto são, substancialmente, normas de *incidência*. Do mesmo modo que as normas que, sendo formalmente de *cobrança*, afectem as *garantias dos contribuintes* são, verdadeiramente, normas deste último tipo. Em ambos os casos, reconduzem-se ao universo do n.º 2 do artigo 103.º da CRP.

Aqui chegados, coloca-se a pergunta: Qual é o grau de determinação que a lei deve ter relativamente aos elementos dos impostos?

A Constituição, embora impondo a obrigação de *determinar* em relação aos elementos constantes do seu n.º 2 do artigo 103.º, não a caracterizou, deixando esta tarefa à doutrina e à jurisprudência.

É certo que existe um imperativo constitucional de *determinação* da *incidência* (incluindo no conceito de incidência todas as normas que contribuem para a definição da dívida de imposto, ainda que formalmente sejam normas de determinação da matéria colectável ou de liquidação) *benefícios fiscais* e *taxa* dos impostos. Mas, como refere ENGISH[134] "*... os conceitos absolutamente determinados são muito raros em direito*". E não é diferente na legislação fiscal.

Há na legislação fiscal um número importante de conceitos indeterminados que são incontornáveis na operacionalização da tributação e que, porque a determinação não é absoluta, deixam à Administração uma certa margem de discricionariedade, ainda que imperativamente dirigida à prossecução do interesse público e delimitada pelos princípios constitucionais relativos ao exercício de toda a actividade adminis-

---

[133] V., concluindo em sentido parcialmente divergente, ANA PAULA DOURADO, *O princípio...*, p. 474.

[134] Em *Introdução ao Pensamento Jurídico*, Fundação Calouste Gulbenkian, 5.ª edição, tradução de BATISTA MACHADO, p. 173.

trativa (art. 266.º da CRP). Conceitos como: *valor de mercado* (arts. 44.º, 47.º e 48.º do CIRS); *custos indispensáveis* (art. 23.º, n.º 1 do CIRC); *termos e condições substancialmente idênticos aos que normalmente seriam contratados ... entre entidades independentes em operações comparáveis* (art. 63.º, n.º 1 do CIRC); *operações de carácter anormal ou montante exagerado* (art. 64.º, n.º 1 do CIRC); ou *valor normal de um bem ou serviço* (art. 16.º, n.º 4 do CIVA), concedem à Administração fiscal um importante espaço de interpretação e valoração na escolha da solução adequada.

É, também, de recusar a ideia de que a tipicidade fiscal impõe, em todos os casos, a identificação e definição expressa e exaustiva de todos os elementos que compõem o facto tributário.

Atente-se, por exemplo, no conceito de *"lucro"*, enquanto facto gerador da obrigação de IRC para as pessoas colectivas que exercem a título principal uma actividade de natureza comercial, industrial ou agrícola. Este consiste na "*diferença entre os valores do património líquido no fim e no início do período de tributação, com as correcções estabelecidas no CIRC*" (art. 3.º, n.º 1, a) e n.º 2) do CIRC). Os factos modificativos do património que determinam aquele valor não são, contudo, susceptíveis de serem identificados e definidos, expressa e exaustivamente, como uma visão fundamentalista, mas obviamente desadequada, do princípio da tipicidade, imporia. O *lucro tributável*, bem como outros que definem factos tributários, será, na tipologia de ENGISH sobre os conceitos indeterminados, um conceito *normativo*[135]. Logo, um conceito não totalmente determinado e, nessa medida, indeterminado.

A natureza ampla e atractiva do conceito de *lucro* para as empresas determina que este resulte de todas as operações efectuadas pelas empresas[136] e que, em termos gerais, seja dado pela variação do activo líquido[137]. Por isso, o elenco de proveitos e ganhos fiscais (art.

---

135 *Introdução...*, p. 175.

136 Normais ou ocasionais, básicas ou acessórias, previsíveis ou acidentais (v. art. 20.º, n.º 1 do CIRC).

137 Neste sentido, FREITAS PEREIRA, *A periodização do lucro tributável*, Caderno CTF, n.º 152, DGCI, Lisboa, 1988.

20.º CIRC) e de custos e perdas fiscais (art. 23.º CIRC) é meramente exemplificativo.

A remissão para o resultado líquido do exercício, enquanto base contabilística para apuramento do lucro tributável, também não assegura uma tipicidade expressa e exaustiva. Não só por causa das diferenças entre as regras contabilísticas e as regras fiscais, mas essencialmente porque também o resultado contabilístico é construído com base na interpretação (forçosamente subjectiva) dos factos da vida das empresas e não no uso de uma qualquer *taxatividade analítica.*

Outro ponto elucidativo respeita à delimitação das variações patrimoniais positivas e negativas que, não estando reflectidas no resultado líquido do exercício, relevam para a tributação. Esta é feita por via negativa. Isto é, através da enumeração taxativa das variações que não concorrem para o lucro tributável (arts. 21.º e 24.º do CIRC), sendo todas as restantes relevantes para a tributação. Tudo isto, sem que a questão da inconstitucionalidade do IRC, por não determinação exaustiva e tipificada do conceito de lucro ou dos elementos que o compõem, se deva colocar. Como, aliás, nunca se colocou.

Reconhecida a inevitabilidade de alguma margem de indeterminação nas normas que definem o *tipo fiscal*, mantém-se, ainda, a questão a que importa responder em sede de conformidade com a Constituição: *qual o grau de determinação abaixo do qual é violada a norma do artigo 103.º, n.º 2, da CRP?*

Embora o autor se reporte ao texto resultante da revisão de 1971 da Constituição de 1933, pode concluir-se, com ALBERTO XAVIER, que estaremos na zona da inconstitucionalidade quando a indeterminação afectar a segurança jurídica dos particulares, que assim se vêem privados *da "... susceptibilidade de previsão objectiva das situações jurídicas futuras."*[138].

---

138 *Manual...*, p. 124

54. Jurisprudência do TC em matéria de tipicidade

Vejamos agora duas decisões do TC, que reflectem, no essencial, as linhas da sua jurisprudência sobre a *tipicidade fiscal,* e que ajudam a perceber o nível de indeterminação permitido pelo Tribunal, sem que exista ofensa da norma constitucional.

Em matéria de *determinação* de normas de incidência, o TC foi chamado a pronunciar-se sobre a constitucionalidade da norma do n.º 12 do artigo 6.º do extinto Código do Imposto de Capitais, que enquadrava na incidência da secção B daquele imposto "*...quaisquer outros rendimentos derivados da simples aplicação de capitais não compreendidos na Secção A*". Entre outros pedidos, tinha sido pedida a declaração de inconstitucionalidade desta norma por "*...não respeitar os princípios de precisão e de certeza que uma norma de incidência real deve conter para ser conforme com o princípio constitucional da legalidade vertido no citado artigo 106.º* (hoje art. 103.º), *n.º 2 da Constituição da República*".

No Acórdão que proferiu[139], o TC reconheceu que a referida norma era um "*conceito indeterminado*", mas após fazer uma articulação com o *princípio da igualdade*, do qual este tipo de normas seria, em seu entender, um instrumento para vedar "*...o aparecimento constante de refúgios de evitação fiscal*", pronunciou-se pela não inconstitucionalidade da norma. Mais esclareceu o Tribunal que as *cláusulas gerais*, os *conceitos jurídicos indeterminados*, os *conceitos tipológicos* e os *tipos discricionários* só seriam inadmissíveis quando colocassem nas mãos da Administração um poder arbitrário de concretização da incidência fiscal.

Ao tempo, tivemos muitas dúvidas sobre a fundamentação jurídica que suportou aquela decisão, mas, de qualquer modo, a questão está hoje ultrapassada. Não que não subsista no art. 5.º, n.º 2, aliena p), do CIRS uma norma similar à que foi apreciada (incluindo na categoria de rendimentos de capitais "... *quaisquer outros rendimentos derivados da simples aplicação de capitais)* mas porque a introdução neste

---

[139] *Acórdão n.º 756/95*, do TRIBUNAL CONSTITUCIONAL, D.R. n.º 74, II série de 27.3.96.

artigo de um novo n.º 1 (alteração pela Lei n.º 30-G/2000, de 29.12), densificando o conceito geral de rendimentos de capitais, nos parece ser suficiente para afastar qualquer hipótese de inconstitucionalidade.

Também no que respeita à determinação da *taxa* do imposto, o TC expressou o seu entendimento em matéria de tipicidade fiscal. Fê-lo, designadamente, no seu *Acórdão n.º 57/95*[140]. Aí o Tribunal tomou posição sobre o problema da determinação da taxa da extinta *contribuição autárquica*, a aplicar sobre o valor patrimonial dos prédios urbanos. Ao tempo, a lei determinava o limite mínimo – *1,1% do valor patrimonial* – e o limite máximo – *1,3% do mesmo valor* – daquele imposto, deixando para as assembleias municipais do município da sua localização a fixação do valor anual da respectiva taxa. No essencial, tratava-se de saber se esta *fixação de limites* da taxa, em vez da *fixação da própria taxa* violava ou não o artigo 106.º, n.º 2, da CRP.

O TC decidiu pela constitucionalidade das normas que consagraram os referidos limites, com os seguintes fundamentos:

1.º – A natureza municipal do imposto;
2.º – Ser relativamente curto o grau de variação entre o mínimo e o máximo da taxa, pelo que a margem de liberdade das assembleias municipais era bastante estreita;
3.º – O poder de modelação das taxas do imposto ter como destinatários as autarquias locais mais importantes – os municípios –, dotadas de personalidade jurídica e de autonomia administrativa.

Dos três argumentos constantes do *Acórdão* é ao segundo que reconhecemos real importância para chegar à decisão de não inconstitucionalidade. Não nos parece que os outros dois possam validamente ser impostos aos particulares sem violação do n.º 2 do artigo 103.º da CRP. A autonomia dos municípios não pode justificar a violação da *obrigação de determinar* um elemento essencial do imposto.

---

140 Publicado no D.R. II série, de 12 de Abril de 1995.

55. A tipicidade e o artigo 112.º do CIMI

Actualmente existem nas alíneas b) e c) do n.º 1 do artigo 112.º do CIMI normas com uma estrutura similar às que foram então apreciadas pelo TC no acima referido *Acórdão n.º 57/95*.

Na parte relevante, o preceito têm a seguinte redacção:

"1 – As taxas do imposto municipal sobre imóveis são as seguintes:
a) ....
b) Prédios urbanos: 0,4% a 0,7%;
c) Prédios urbanos avaliados, nos termos do CIMI: 0,2% a 0,4%;
2 – ....
3 – ....
4 – ....
5 – Os municípios, mediante deliberação da assembleia municipal, fixam a taxa a aplicar em cada ano, dentro dos intervalos previstos nas alíneas b) e c) do n.º 1.
6 – Os municípios, mediante deliberação da assembleia municipal, podem definir áreas territoriais, correspondentes a freguesias ou zonas delimitadas de freguesias, que sejam objecto de operações de reabilitação urbana ou combate à desertificação, e majorar ou minorar até 30% a taxa que vigorar para o ano a que respeita o imposto.
7 – Os municípios, mediante deliberação da assembleia municipal, podem definir áreas territoriais, correspondentes a freguesias ou zonas delimitadas de freguesias e fixar uma redução até 20% da taxa que vigorar no ano a que respeita o imposto a aplicar aos prédios urbanos arrendados, que pode ser cumulativa com a definida no número anterior.
8 – Os municípios, mediante deliberação da assembleia municipal, podem majorar até 30% a taxa aplicável a prédios urbanos degradados, considerando–se como tais os que, face ao seu estado de conservação, não cumpram satisfatoriamente a sua função ou façam perigar a segurança de pessoas e bens."

Como se vê, estas normas do CIMI, para além de fixarem limites de base da taxa com uma amplitude igual ou próxima de 100%, permitem que o montante concreto da taxa a aplicar ao valor patrimonial tributário dos prédios urbanos, possa resultar, ainda, de um conjunto significativo de majorações e reduções. O que, em nosso entender, é susceptível de colocar em causa a *obrigação de determinação* da taxa, constante do n.º 2 do artigo 103.º da CRP. É que, contrariamente ao que ocorreu no *Acórdão n.º 57/95* do TC, a amplitude dos limites resultantes da lei é já de tal modo importante que parece poder colocar em crise a garantia de que os cidadãos saibam antecipadamente com razoável exactidão o quanto vão ser chamados a pagar de imposto.

É, igualmente claro que a *fixação de limites de taxas* em vez da *fixação de taxas* não é uma solução que tenha sido acolhida, de modo evidente, pela CRP. Prova-o a rejeição do projecto de revisão da CRP em 1982, que continha uma solução de *"determinação de limites de taxas"* para o n.º 2 do actual artigo 103.º da CRP. Por isso, só uma fixação de limites muito estreitos e a conjugação com outros princípios constitucionais poderia colocar, indubitavelmente, ao abrigo da inconstitucionalidade, uma solução deste tipo. O que, repetimos, parece não acontecer com o artigo 112.º do CIMI.

Como dissemos antes, o princípio da autonomia administrativa e financeira dos municípios não pode valer contra o texto constitucional. Do mesmo modo, os poderes tributários próprios das autarquias locais hão-de ser exercidos *"nos termos previstos na lei"* (v. art. 238.º, n.º 4, da CRP) a começar pelos constantes na Constituição da República.

56. Relação entre a tipicidade e os princípios da segurança e da igualdade tributárias

É na relação com o *princípio da segurança tributária ou da protecção da confiança* que a tipicidade fiscal encontra o seu limite concretizador: esse grau mínimo de determinação dos elementos dos impostos.

Vimos que, a par da segurança jurídica, o princípio da tipicidade mantém, também, uma importante relação dialética com o princípio da *igualdade tributária*. Os conceitos amplos ou não totalmente determinados são, quase sempre, importantes para assegurar a eficácia da lei tributária nos termos prosseguidos pelo legislador. São um elemento que permite alguma adaptação, em tempo útil, do sistema fiscal ao evoluir da realidade económica e à interessada criatividade dos agentes económicos no seu esforço de evitação fiscal[141].

Por isso, os corolários da *certeza e determinabilidade* resultantes do "tipo" fiscal não devem valer em absoluto, antes devem ser comprometidos com o princípio da igualdade, de tal modo que se não comprometa o essencial de cada um ou de algum deles. Essa é a razão porque concordamos com o *Acórdão n.º 756/95*, do TC (D.R. n.º 74, II série de 27.3.96) quanto ao princípio geral. A discordância respeitaria ao entendimento do que seria um *grau mínimo de determinação e precisão*. O qual, em nosso entender, também não estaria assegurado, relativamente à norma da alínea p) do n.º 2 do artigo 5.º do CIRS, até à inclusão do actual n.º 1 deste preceito.

Os dois exemplos anteriores de articulação entre o *princípio da legalidade*, na sua vertente da *obrigação de tipificar*, com os *princípios da segurança* e com o princípio da *igualdade*, provam bem a necessidade de se entender cada princípio constitucional em relação com cada um dos restantes e com o seu conjunto.

57. A tipicidade e a proibição da analogia (remissão)

Uma das consequências mais importantes do princípio da *tipicidade fechada* de que vimos falando é a proibição da analogia, enquanto actividade intelectual de integração de lacunas da lei. Falaremos do tema adiante, a propósito da interpretação e aplicação da lei fiscal (*infra* n.º 105).

---

141 Também a favor da adopção dos *conceitos jurídicos indeterminados*, desde que o legislador lhes dê um conteúdo técnico que permita a sua determinação indirecta, E. GONZÁLEZ e E. LEJEUNE, *Derecho Tributario* I, Plaza Universitária ediciones, Salamanca, 2003, p. 50.

58. Princípio da igualdade tributária

Com GONZALEZ e LEJEUNE[142] entendemos que a igualdade tributária é um dos vários princípios que se reconduzem à ideia de *justiça na repartição da carga tributária.*

A igualdade tributária é, em concreto, um conceito relacional que atende ao sacrifício patrimonial resultante do imposto e à respectiva *capacidade contributiva* dos particulares.

Evidentemente que este princípio comporta o corolário da *proibição de discriminação* decorrente do princípio geral da igualdade, consagrado, em sede de direitos e deveres fundamentais, no artigo 13.° da CRP. Este proíbe a discriminação positiva ou negativa dos particulares "*...em razão da ascendência, sexo, raça, língua, território de origem, religião, convicções políticas ou ideológicas, instrução, situação económica, condição social ou orientação sexual.*". O *princípio tributário da igualdade* comporta, contudo, ainda outras consequências.

Cabe ao sistema fiscal, nos termos do artigo 103.°, n.° 1, da CRP, efectuar "*uma repartição justa dos rendimentos e da riqueza*". Embora este seja um preceito programático[143], resultam daqui duas conclusões:

> *Primeira* – os impostos devem operar uma redistribuição da riqueza (ver *supra* n.° 4) e tal não seria possível num sistema em que todos, apesar das diferenças de riqueza, pagassem o mesmo valor de imposto;
>
> *Segunda* – uma *repartição justa* só pode ser a que resulte da regra de que as pessoas devem pagar impostos de acordo com a sua capacidade contributiva (*ability to pay)*[144].

Como antes se disse, esta diferenciação em função da capacidade contributiva consegue-se com impostos de taxa progressiva, mas tam-

---

142 *Derecho...* I, cit., p. 63.

143 São *normas-fim* ou *normas-tarefa*, que vinculam o legislador ordinário a agir no sentido da sua realização. V., GOMES CANOTILHO, *Direito Constitucional e Teoria...*, p. 1176; JORGE MIRANDA, *Manual...* II, p. 246.

144 Sobre a evolução do conceito, v. MUSGRAVE e MUSGRAVE, *Public Finance...*, p. 223.

bém com impostos de taxa percentual fixa (impostos proporcionais). A propósito desta posição, veja-se o actual n.º 3 do artigo 104.º da CRP que determina que a "*tributação do património deva contribuir para a igualdade entre os cidadãos*", sem que imponha qualquer progressividade.

Contra a opinião dominante, entendemos que, em sede geral, os impostos proporcionais não são, por si só, incompatíveis com a ideia de que a igualdade tributária é uma *igualdade de sacrifícios.* Do mesmo modo, não fica prejudicada a afirmação de que a igualdade tributária só será um facto debaixo de um pressuposto económico marginalista[145]. Para os economistas *marginalistas* a utilidade de cada uma das unidades de um bem diminui à medida que o seu número total aumenta[146]. Logo, a igualdade tributária realiza-se quando o pagamento dos impostos envolve a mesma perda de utilidade e, por isso, o mesmo sacrifício relativo para todos os contribuintes. O que significa, somente, que os que possuem maior riqueza deverão pagar mais imposto. A medida desse diferencial já não decorre da ideia de igualdade em abstracto, mas da opção igualitária que o legislador constitucional faz relativamente ao sistema de impostos e a cada imposto em particular.

Sem prejuízo do estudo que adiante faremos do artigo 104.º, n.º 1 da CRP e do imposto sobre o rendimento pessoal – o IRS –, a que aquele preceito se refere (v. *infra* n.os. 72 a 76), registamos que a Constituição impõe *a progressividade, a unidade e a pessoalidade* deste imposto. Estas características são instrumentos activos escolhidos pelo legislador constitucional para alcançar a sua concepção de igualdade tributária. Aqui sob a forma de *diminuição das desigualdades.*

A *progressividade* do IRS é, assim, uma forma qualificada de concretização da igualdade tributária, objectivamente assumida pelo texto constitucional, através da aplicação de taxas superiores para rendimentos superiores.

A *unidade* do IRS, é, por um lado, um instrumento de eficácia da sua progressividade, já que quanto maior for o rendimento excluído da

---

145 PAMPLONA CORTE-REAL, *Curso...*, p. 86.

146 Sobre a teoria da utilidade marginal dos bens, ver ÉMILE JAMES, *História Sumária do Pensamento Económico*, II, Coimbra Editora, 1971, p. 99, a propósito da obra de FRIEDRICH VON WIESER.

tabela progressiva de taxas (art. 68.º do CIRS), em virtude da sujeição a taxas liberatórias ou especiais (arts. 71.º e 72.º do CIRS) menor será a redistribuição de riqueza a que alude a Constituição. Por outro lado, a unidade do IRS é também um limite à desigualdade resultante de tratamentos discriminatórios entre diferentes tipos de rendimentos.

Da *pessoalidade* decorre a obrigação de que a tributação resulte não apenas do rendimento auferido, mas também de diferentes aspectos da esfera pessoal de cada um, designadamente, aspectos de natureza familiar, como se verá em seguida, a propósito da igualdade horizontal e igualdade vertical.

59. Igualdade horizontal e igualdade vertical

Há *igualdade horizontal* quando pessoas nas mesmas condições pagam o mesmo imposto. Há *igualdade vertical*, quando pessoas em condições diferentes pagam diferentes impostos, na medida da diferença[147]. Por *pessoas nas mesmas condições* deve entender-se, contudo, as duas vertentes de tal condição: a vertente pessoal – traduzida na mesma composição do agregado familiar e no mesmo montante de despesas dedutíveis, tratando-se de impostos sobre as famílias; e a vertente real – respeitante à mesma matéria tributável.

Note-se, que em impostos como o IRS, a expressão "*mesmas condições*" não significa apenas o mesmo valor da realidade tributável (neste caso, rendimento). O imperativo de *pessoalidade* do IRS transporta o âmbito da igualdade tributária para além da simples comparação dos rendimentos auferidos pela unidade fiscalmente relevante – o sujeito passivo isolado ou o agregado familiar. Considerando algumas despesas suportadas na satisfação das suas *necessidades* (art. 104.º, n.º 1 da CRP), a igualdade horizontal em IRS determina que a *unidades tributárias iguais,* com *iguais rendimentos* e *iguais despesas relevantes,* deve corresponder imposto igual.

---

[147] Ver TEIXEIRA RIBEIRO, *Lições...*, p. 261; MUSGRAVE e MUSGRAVE, *Public...*, p. 223; JOEL SLEMROAD e J. BAKIJA, *Taxing Ourselves: a citizen's guide to the debate over taxes*, The MIT Press, pp. 57 e segs.

60. Princípio da capacidade contributiva e princípio do benefício

Falámos da *capacidade contributiva* enquanto pressuposto da tributação. Historicamente, porém, tem sido apontado também um outro critério para a tributação: o critério do *benefício* que cada um aufere dos bens públicos. Deste modo, a tributação seria uma consequência dessa vantagem e esse seria o critério para aferir da igualdade tributária. Simplesmente, como refere TEIXEIRA RIBEIRO *"...o princípio do benefício não constitui uma base geral de tributação."*[148].

Dentro das razões apontadas pelo ilustre professor para afastar o princípio do benefício, parece-nos que a impossibilidade de determinar, ainda que aproximadamente, o benefício que cada pessoa retira de um bem público, é o mais impressivo. Recorde-se, ademais, que os impostos financiam bens que satisfazem necessidades de satisfação passiva, pelo que não é possível determinar quanto cada indivíduo estaria disponível a pagar por eles. Diferentemente, como vimos (*supra* n.º 1) se passam as coisas em matéria de taxas.

Em matéria de princípio do benefício *versus* princípio da capacidade contributiva, note-se, que o IMI manteve no seu preâmbulo a referência ao *princípio do benefício* que constava no preâmbulo da Contribuição Autárquica e que, mais recentemente, o CISV e o CIUC consagraram, expressamente, como princípio base para a tributação, o *princípio da equivalência*, reportando, no caso, aos custos ambientais, ao desgaste nas infraestruturas viárias e à sinistralidade, causados pelos respectivos veículos. Como se vê, neste último caso, o princípio de tributação não assenta, ainda, no benefício auferido pelo particular, mas, parece querer afastar-se, formalmente, do clássico *princípio da capacidade contributiva.*

---

148 *Lições...* p. 263. Sobre o tema ver, também, CASALTA NABAIS, *O dever fundamental...*, pp. 449 e segs., J. SLEMROD e J. BAKIJA, *Taxing...*, p. 59 e SÉRGIO VASQUES, *O princípio da equivalência como critério de igualdade tributária*, Almedina, 2008.

61. Princípio da segurança tributária ou da protecção da confiança

O *princípio da confiança* ou da segurança tributária que agora tratamos respeita à conformidade da lei relativamente à Constituição. A relação entre os actos tributários praticados e a lei pertence ao âmbito do contencioso fiscal e não é tratada nesta sede.

Porque um dos objectivos gerais do direito é a segurança nas relações jurídicas, não pode a lei pôr em causa os alicerces da confiança dos administrados no Estado. Já vimos que o princípio da legalidade na sua vertente de *auto-tributação* ou *auto-consentimento* é um instrumento da segurança nas relações tributárias. Por isso, segurança e legalidade estão tão ligadas.

Para GONZÁLEZ e LEJEUNE[149] a lei é um veículo de certeza (aspecto positivo do princípio da segurança tributária) e um mecanismo de defesa frente a possíveis arbitrariedades dos órgãos de Estado (aspecto negativo do princípio da segurança tributária). Mas não nos parece que a segurança tributária, que aqui utilizamos como sinónimo de protecção da confiança dos cidadãos na adequada actuação dos órgãos do Estado, se esgote no princípio da legalidade. Uma lei desconforme com os fundamentos e valores intrínsecos de uma ordem jurídica, e, por isso, inconstitucional, pode ter sido aprovada sem violação do princípio da legalidade tributária, quer considerando a sua vertente de *reserva de lei parlamentar*, quer considerando a de *tipificação* dos elementos do imposto.

O princípio da *segurança tributária ou da protecção da confiança* decorre dos artigos 1.º e 2.º da CRP e está ínsito na ideia de *Estado de direito democrático* que resulta daqueles preceitos[150].

O imperativo de que a República Portuguesa se empenhe na *construção de uma sociedade livre, justa e solidária* (art. 1.º da CRP) e a determinação de que a *República Portuguesa é um Estado de direito democrático* (art. 2.º da CRP), impõe a este a obrigação de se abster de

---

[149] *Derecho*... I, p. 35

[150] V. *Acórdão n.º 70/92*, do TRIBUNAL CONSTITUCIONAL, D.R. II série, de 18.08.92.

praticar actos que afectem a confiança dos administrados nos órgãos do Estado.

Existem dois corolários do princípio da segurança ou da confiança tributária, que passaremos a analisar: a *proibição da retroactividade* e a *obrigação de proporcionalidade.*

62. Princípio da segurança tributária ou da protecção da confiança: A) Proibição de retroactividade[151]

Ao ligar a *proibição da retroactividade* da lei fiscal ao *princípio da segurança* afastamo-nos da parte da doutrina que reconhece no princípio da legalidade tributária o fundamento da *proibição da retroactividade* da lei fiscal.[152] Esta proibição, que com maior ou menor amplitude já vinha sendo reconhecida na doutrina e na jurisprudência, foi expressamente consagrado no n.º 3 do artigo 103.º da CRP, após a revisão constitucional de 1997.

De acordo com o artigo 12.º do Código Civil, em geral, a lei só dispõe para o futuro, embora o n.º 2 do mesmo preceito esclareça que, quando a nova lei dispuser directamente sobre o conteúdo de certas relações jurídicas que subsistam à data da entrada em vigor da nova lei, esta abrange as relações já constituídas. Isto é, pode ter, nessa medida, eficácia retroactiva.

Em matéria de impostos, a obrigação de não retroactividade é agora mais evidente e a sua violação concede expressamente aos cidadãos o direito constitucional de resistência[153]. De facto, nos termos do art. 103.º, n.º 3, da CRP:

> *"Ninguém pode ser obrigado a pagar impostos que não hajam sido criados nos termos da Constituição, que tenham natu-*

---

[151] Sobre o tema, ver também, *infra* n.º 106, sobre a aplicação da lei fiscal no tempo.

[152] Por exemplo: PAMPLONA CORTE-REAL, *Curso...*, p. 130 e SÁ GOMES, *Manual...* II, p. 432.

[153] Que para BACELAR GOUVEIA, *A irretroactividade da norma fiscal na Constituição Portuguesa*, CTF n.º 387, DGCI, p. 87, será consequência da inconstitucionalidade reforçada resultante da violação da norma.

reza retroactiva ou cuja liquidação e cobrança se não façam nos termos da lei".

Esclareça-se que, em nossa opinião o direito de resistência não é apanágio apenas da violação do princípio de não retroactividade[154], mas de toda a violação constitucional em matéria de impostos, como decorre do facto de que também a circunstância de a liquidação e cobrança (que não são elementos essenciais do imposto) *se não fazerem nos termos da lei,* conferir expressamente aos cidadãos aquele direito de resistência. Claro que, por maioria de razão, haverá direito de resistência na violação de normas relativas a elementos essenciais do imposto.

A LGT, por seu lado, pretendeu estender a proibição de retroactividade a todas as normas tributárias (n.º 1 do art. 12.º da LGT). Mas tratemos, agora, da norma constitucional.

Para KARL LARENZ, dando conta das decisões do Tribunal Constitucional Alemão, "o *princípio da confiança proíbe em geral uma retroactividade das leis a hipóteses legais já verificadas, tanto quanto e na medida em que o cidadão devesse confiar na permanência da posição jurídica que daí para si deriva*"[155]. A jurisprudência e a doutrina portuguesa, anterior à revisão constitucional de 1997, alinharam pelo mesmo diapasão. Por isso, a Comissão Constitucional e o Tribunal Constitucional, que lhe sucedeu, mantiveram a jurisprudência de que os impostos retroactivos seriam constitucionais, salvo quando a retroactividade fosse intolerável[156].

Com a nova redacção do n.º 3 do artigo 103.º da CRP já não parece possível sustentar, com carácter geral, a constitucionalidade de normas fiscais que imponham tributações retroactivas, designadamente, com o fundamento de que o premente interesse público a elas subjacentes é, de modo evidente, superior à lesão efectiva do princípio da confiança no caso concreto.

---

[154] Como parece concluir BACELAR GOUVEIA, *ibidem.*

[155] "In" *Metodologia da Ciência do Direito*, 3.ª edição, Fundação Calouste Gulbenkian, tradução de JOSÉ LAMEGO, do original alemão *"Methodenlehre der rechtswissenschaft"*, p. 603.

[156] Por todos, ver *Acórdão n.º 11/83*, do TRIBUNAL CONSTITUCIONAL, de 20.10.1983.

Além disso, na aplicação ao caso concreto, não se deveria esquecer que a protecção da confiança não terá a mesma intensidade em todos os casos. Quando os particulares já devessem admitir a alteração subsequente, nomeadamente por a antiga lei violar ostensivamente o princípio da igualdade, ou por ser confusa[157], o interesse público prosseguido pela tributação compara com uma obrigação de protecção da confiança de menor intensidade.

Apesar da nova redacção constitucional, parece ainda fazer sentido distinguir entre diferentes graus de retroactividade. Anteriormente à revisão constitucional de 1997, a jurisprudência e a maioria da doutrina distinguia três graus de retroactividade em função do grau da lesão da confiança dos cidadãos contribuintes[158]. Exemplificando com o IRC por se tratar de um imposto em que o facto tributário é complexo e de formação sucessiva ao longo do período de tributação (art. 8.º, n.º 9, do CIRC) e onde as questões de retroactividade se colocam com maior complexidade, teríamos as seguintes possibilidades de retroactividade:

a) *A retroactividade de 1.º grau,* que ocorre quando o facto tributário que a lei nova pretende regular produziu todos os seus efeitos ao abrigo da lei antiga. É o que sucederia se em Junho de 2011 fosse alterada a taxa do IRC de 25% para 30%, com a estatuição de a nova taxa ser aplicada aos lucros de 2010, apesar de o facto tributário ter-se completado em 31.12.2010 e o prazo para liquidação e pagamento do respectivo IRC ter terminado no último dia do mês de Maio de 2011 (art. 108.º, n.º 1 do CIRC);
b) Na *retroactividade de 2.º grau,* o facto tributário que a lei nova pretende regular ocorreu ao abrigo da lei antiga, mas os seus efeitos, designadamente os relativos à liquidação e pagamento, não estão esgotados. É o que sucederia se em Março de 2011 fosse alterada a taxa do IRC de 25% para 30%, com a estatui-

[157] Embora, em regra, a falta de clareza da norma se resolva através de *lei interpretativa*, de que falaremos adiante.

[158] Por todos, ALBERTO XAVIER, *Manual...*, p. 196.

ção de a nova taxa ser aplicada aos lucros de 2010. Note-se que o facto tributário completou-se em 31.12.2010, mas a liquidação e pagamento do respectivo IRC só terá lugar em Maio de 2011;

c) Na *retroactividade de 3.º grau,* o facto tributário que a lei nova pretende regular na sua totalidade não ocorreu totalmente ao abrigo da lei antiga, antes se continua formando na vigência da lei nova. É o que sucederia se em Março de 2011 fosse alterada a taxa do IRC de 25% para 30%, com a estatuição de a nova taxa ser aplicada aos lucros de 2011. Note-se que o facto tributário completar-se-á (já na vigência da nova lei) em 31.12. 2011.

Seguimos a posição, segundo a qual, a chamada retroactividade de 3.º grau não será uma verdadeira retroactividade. Note-se, contudo, que ALBERTO XAVIER[159] apesar de não reconhecer a esta retroactividade a natureza de verdadeira retroactividade, defende, ainda assim, uma aplicação *pro rata temporis* da antiga e da nova lei, respectivamente, aos rendimentos auferidos na vigência de cada uma.

Tudo visto, falta responder à seguinte questão, colocada pela redacção actual do artigo 103.º, n.º 3, da CRP. Será que também a referida retroactividade de 3.º grau passou a ser constitucionalmente vedada?

Parece-nos que não. Continuamos a pensar que esta não é uma verdadeira retroactividade. Embora possa aparentar algum excesso de formalismo, esta opinião assenta num facto indesmentível: os factos tributários de formação sucessiva, característicos dos impostos periódicos, só estão completos – e, portanto, só existem – no último dia do período de tributação. Como observa BARROS CARVALHO[160] a propósito do facto tributário complexo: "*o acontecimento só ganha proporção para o Direito, mesmo que composto por mil outros factos que se devam conjugar, no instante em que todos estiverem concretizados, na forma legalmente estipulada*". De facto, na mesma linha, também me

---

[159] *Manual...*, p. 202.

[160] *Curso de Direito Tributário*, São Paulo, editora Saraiva, 1985, p. 153.

parece que antes desse instante nada de jurídico existe, em ordem ao nascimento da obrigação tributária.

Não se pode, contudo, concluir que nunca haverá inconstitucionalidade quando uma norma publicada no decurso do período de tributação se destine a vigorar desde o seu início. Pelo contrário, a inconstitucionalidade é possível, não porque tal norma seja retroactiva (que não é) mas quando viole o *princípio da proporcionalidade*, enquanto corolário do *princípio da segurança tributária* ou da *protecção da confiança*. Assim, a inconstitucionalidade poderá verificar-se nos casos em que a alteração introduzida pela lei nova seja de tal modo gravosa e inesperada que ponha em causa aquele princípio constitucional geral, aqui aplicado à tributação.

O tema é muito actual. Está, agora, em julgamento no TC a constitucionalidade do artigo 1.º da Lei n.º 12-A/2010, de 30 de Junho, que altera o artigo 68.º do CIRS aumentando as taxas gerais do IRS. Sabendo-se que o facto gerador de IRS é um facto complexo de formação sucessiva entre o 1.º e o último dia do ano civil, estaremos perante aquilo que designámos por *retroactividade de 3.º grau,* a que não reconhecemos natureza de verdadeira retroactividade.

Em consonância com o acima referido, não nos parece que, por via da *proibição de retroactividade*, exista razão para a declaração de constitucionalidade, mesmo considerando a alteração da redacção do n.º 3 do artigo 103.º da CRP. Aliás, se assim fosse, também o OE para 2010, aprovado pela Lei n.º 3-B/2010, de 28 de Março, seria inconstitucional, porque aplicado a todo o ano de 2010, sendo certo que não foi ventilada tal hipótese.

Também no que respeita à violação do princípio da protecção da confiança não nos parece haver violação dos princípios constitucionais. O aumento das taxas é inferior a 1 ponto percentual[161] e não era inesperado. Aquém, portanto, da zona de intolerabilidade, quando confrontado com a ideia de Estado de direito democrático consagrada no artigo 2.º da CRP.

---

[161] Segundo comunicação do Governo, e como se percebeu da negociação política, este aumento dos valores das taxas seria já, num arremedo de solução *pro rata temporis*, 7/12 do aumento anual pretendido de 1% para os escalões mais baixos e de 1,5% para os restantes.

Por se tratar de um texto constitucional recente (aprovado em 16 de Novembro de 2004) de um Estado da CPLP e por conter uma opção diferente em matéria de aplicação no tempo da legislação fiscal, dá-se conta da solução consagrada pela Constituição da República de Moçambique. De acordo com o n.º 4 do seu artigo 127:

> *"No mesmo exercício financeiro, não pode ser alargada a base de incidência nem agravadas as taxas de imposto".*

Isto significa que qualquer alteração nestes elementos só pode aplicar-se aos factos ocorridos a partir de 1 de Janeiro do ano seguinte, ainda que a alteração respeite a impostos de obrigação única, onde a aplicação da lei nova aos factos futuros, mesmo que dentro do mesmo exercício financeiro, não colocaria problemas de retroactividade.

Já a Constituição Federal do Brasil, no seu artigo 150.º, consagra o *princípio da anterioridade*[162], exigindo que a lei esteja em vigor antes do início do exercício financeiro, mas mitiga esse princípio estabelecendo a sua não aplicação a impostos sobre a importação, exportação, produtos industrializados e operações de crédito, câmbio, seguro, títulos ou valores mobiliários e a impostos lançados por motivo de guerra.

Normas abrangidas pela proibição de retroactividade

No que respeita ao universo de normas abrangidas pela proibição de retroactividade, pensamos que o artigo 103.º, n.º 3, da CRP determina a inconstitucionalidade de todas as normas que, influenciando o montante do imposto a pagar, sejam posteriores ao facto que pretendem regular[163]. E não apenas a inconstitucionalidade das normas que criem impostos novos ou adicionais aos já existentes, como uma interpre-

---

[162] V., NILTON LATORRACA, *Direito Tributário*, Atlas, S. Paulo, 2000, p. 58.

[163] Também para BACELAR GOUVEIA, em " *A irretroactividade*..., p. 94, a proibição de retroactividade respeita unicamente às normas que contribuem para a norma fiscal material, nela se corporizando um acto de tributação.

tação excessivamente presa à letra da lei, poderia concluir. Se a taxa do IRC é aumentada com efeitos retroactivos, a parte do imposto que resulta do aumento é *um imposto que tem natureza retroactiva*. Estão, portanto, abrangidas nesta proibição as normas de incidência – onde se incluem as que designámos de incidência material (*supra* n.º 35) – e as normas definidoras das taxas dos impostos.

Sempre ancorados na conclusão de que a proibição da retroactividade é uma exigência do princípio garantístico da segurança jurídica na relação com os contribuintes, concluímos que aquela não é aplicável relativamente às novas normas que, em concreto, sejam mais favoráveis ao contribuinte. Só assim não será se o procedimento em causa tiver chegado ao fim e transitado em julgado, por força da impossibilidade de recorrer da referida decisão. Aqui, sobrepõe-se um outro princípio vital para o direito e para a vida em sociedade: o direito à estabilidade das situações jurídicas consolidadas após findas as possibilidades legais de discussão.

A retroactividade dos benefícios fiscais e das normas sancionatórias fiscais

Porque não se colocam questões de proibição de retroactividade relativamente às normas que concedem benefícios fiscais, nem às normas sancionatórias fiscais mais favoráveis, remetemos este assunto para o ponto destinado ao estudo da *aplicação da lei fiscal no tempo* (*infra* n.os 106 e 107).

63. A irrelevância do artigo 12.º da LGT

A LGT tratou também da problemática da retroactividade (v. art. 12.º)[164]. Numa parte, repetindo o texto constitucional e o que os

---

[164] Ver um exaustivo comentário a este preceito em Lima Guerreiro, *Lei Geral Tributária anotada*, Rei dos Livros, p. 91, mas com a nossa discordância no que respeita à importância do artigo 12.º da LGT para a questão da retroactividade.

princípios de direito processual já tinham sedimentado (n.º 1 e n.º 3) com a irrelevância decorrente; noutra parte, tomando posição sobre a aplicação da lei nova que entra em vigor no decurso dos factos tributários. A este último propósito dispõe no n.º 2 do citado preceito:

> *Se o facto tributário for de formação sucessiva, a lei nova só se aplica ao período decorrido a partir da sua entrada em vigor.*

Tome-se como exemplo o caso do IRC. Quer aquela norma dizer que, entrando em vigor, a meio do exercício, uma alteração das regras de determinação da matéria colectável, ou da taxa deste imposto, a nova lei pode aplicar-se ao período do exercício corrente que resta? Ou significa, pelo contrário, que a nova lei se aplicará apenas a partir do início do novo período de tributação ou exercício económico?

A doutrina perfilha a primeira interpretação[165]. Deve, contudo, referir-se que:

a) Qualquer daquelas interpretações tem na letra do n.º 2 do artigo 12.º da LGT *"um mínimo de correspondência verbal ainda que imperfeitamente expresso"*, para usar os termos do n.º 2 do artigo 9.º do Código Civil;
b) Uma tributação *pro rata temporis* traduzida, no mesmo período de tributação, na determinação de uma parte do imposto nos termos da lei antiga e de outra parte nos termos da nova lei, poderá, pelo menos nalguns casos, ser impraticável.

Note-se, porém, que, para além das dúvidas suscitadas pela norma do artigo 12.º da LGT, esta é, em grande medida irrelevante, porque:

Primeiro – a LGT não faz interpretação autêntica da Constituição;
Segundo – uma lei que, por exemplo, altere a taxa do IRC no decurso do período de tributação e a mande aplicar à sua totalidade, revoga tacitamente o n.º 3 do artigo 12.º da LGT, pelas razões indicadas a propósito do princípio da legalidade (*supra* n.º 52).

---

165 V. LIMA GUERREIRO, *Lei Geral Tributária...*, p. 91; LEITE DE CAMPOS, BENJAMIM RODRIGUES, LOPES DE SOUSA, *Lei Geral Tributária...*, p. 77.

Em consequência, só o n.º 3 do artigo 103.º da CRP releva para a discussão sobre a retroactividade da lei fiscal. Pelo que, colocada a questão, caberá ao Tribunal Constitucional decidir, essencialmente, em face deste preceito, com a redacção resultante da revisão constitucional de 1997 e restante normativo constitucional, se mantém, ou não, a jurisprudência que vem do *Acórdão de 02.02.72* do STA e *Acórdão n.º 11/83* do TC (publicado no D.R. n.º 242, II série, de 20.10.83), a qual levou a não considerar inconstitucional a chamada *retroactividade de 3.º grau.*

Como dissemos antes, pensamos que este tipo de "retroactividade" não é uma verdadeira retroactividade, atenta a formação progressiva do facto tributário complexo, até ao último dia do período de tributação.

Recordamos que, para nós, tal retroactividade só não será conforme à Constituição nos casos em que a alteração introduzida pela lei nova seja de onerosidade tal, ou aplicada em condições tais, que ponham em causa o princípio da confiança, na vertente da *obrigação de proporcionalidade,* de que trataremos de seguida.

64. Princípio da segurança tributária ou da protecção da confiança: B) O princípio da proporcionalidade

A *obrigação de proporcionalidade* é um dever conformador da actividade dos órgãos e agentes administrativos (art. 266.º da CRP)[166]. A proporcionalidade é, contudo, mais do que isso: é um princípio constitucional (art. 18.º, n.º 2, da CRP)[167] que se estende aos órgãos legislativos e é uma pedra angular do Estado de direito democrático, com óbvios reflexos na área da tributação.

Por força da *obrigação de proporcionalidade,* o legislador fiscal e a Administração tributária estão sujeitos à *proibição do excesso.* Na sua actuação, a lesão do património dos contribuintes não deve exceder o estritamente necessário para a realização do interesse público e deve

[166] V. FREITAS DO AMARAL, *Curso...* II, p. 127

[167] V. GOMES CANOTILHO, *Direito Constitucional e Teoria...*, p. 266.

ser tolerável quando confrontada com os fins públicos prosseguidos e com outros princípios, como o da igualdade. Haverá inconstitucionalidade quando a lei imponha uma tributação desnecessária, ainda que parcialmente, ou desproporcionada. A inconstitucionalidade mais evidente ocorrerá no confisco da propriedade pela via da tributação (ver, ainda o art. 62.º, n.º 2 da CRP)[168].

A obrigação de proporcionalidade não se confunde com os princípios limitadores da actividade legislativa e administrativa que estudámos antes. Imagine-se uma Lei aprovada pela AR que, não padecendo de outros vícios, aumenta a taxa de um imposto para níveis ostensivamente excessivos. Tal Lei é inconstitucional, por violação do *princípio da proporcionalidade*.

Também, como se viu, a proporcionalidade de que aqui falamos não se confunde com a proporcionalidade enquanto característica dos impostos em que a colecta varia proporcionalmente em face da capacidade contributiva reflectida na matéria colectável (v. *supra* n.º 24). A proporcionalidade de que tratamos neste ponto respeita à comparação entre os fins públicos prosseguidos com o imposto e os custos privados necessários para os conseguir.

Note-se, finalmente, que, contrariamente ao que ocorre com outros princípios constitucionais, o princípio da proporcionalidade é igualmente aplicável às taxas ou outras contribuições financeiras para entes públicos. O escopo protector do princípio tem igual aplicação noutros encargos públicos impostos aos particulares[169].

65. O princípio da eficácia tributária

A eficácia de um sistema fiscal é a sua capacidade de alcançar os fins que lhe são legalmente determinados.

---

[168] Sobre a relação entre a propriedade e a tributação e os seus limites, em Espanha, ver CARLOS PALAO TABOADA, *La propriedad privada como limite al poder tributario*, em La Hacienda Pública en La Constitucion Española, IEF, Madrid, 1979, pp. 281-320.

[169] V., *Acórdão n.º 70/92*, do TRIBUNAL CONSTITUCIONAL, D.R. II série, de 18.08.92.

Já vimos que a CRP impõe objectivos ao sistema fiscal no seu todo, sem prejuízo dos objectivos específicos fixados para o IRS, para os impostos sobre o património e para a tributação sobre a despesa, nos termos dos n.os 1, 3 e 4 do artigo 104.º da CRP, respectivamente. O objectivo geral é, porém, o que decorre do seu artigo 103.º, n.º 1:

> *"O sistema fiscal visa a satisfação das necessidades financeiras do Estado e outras entidades públicas e uma repartição justa dos rendimentos e da riqueza."*

Como se vê, esta é uma norma dirigida a dois fins determinados:

a) Um consta da primeira parte do preceito e respeita ao *fim fiscal* tradicional. Isto é, à capacidade do sistema fiscal gerar receitas destinadas à actividade financeira do Estado e de outras entidades públicas. O preceito não obriga, contudo, a que os impostos tenham de cobrir todas as necessidades financeiras públicas[170]. Embora sendo a mais importante das receitas públicas, os impostos não são a única;
b) Outro, o que consta da segunda parte do preceito e respeita aos chamados *fins extrafiscais*, tem em vista o contributo do sistema de impostos para diminuir as desigualdades na distribuição da riqueza e do rendimento[171].

É, pois, claro que o princípio da eficácia tributária tanto respeita à finalidade financeira de arrecadação de receitas como à da prossecução dos outros objectivos constantes da Constituição, a atingir pela via fiscal.

O objectivo fiscal de arrecadação de receitas é, como se vê, um objectivo relativo. Está relacionado com o nível das necessidades financeiras do Estado e demais entidades públicas. A determinação do

---

[170] No mesmo sentido, G. CANOTILHO e V. MOREIRA, *Constituição...*, p. 457.
[171] Sobre as finalidades extra fiscais, ver *supra* n.º 3.

nível óptimo de tributação é, do ponto de vista conceptual, a determinação do nível óptimo de despesas públicas. Infelizmente, como lembram VITO TANZI e HOWELL ZEE[172], a teoria do *regime fiscal óptimo* tem oferecido poucos conselhos práticos sobre o modo de integrar o nível óptimo de receitas fiscais no nível óptimo de despesas públicas. Sobretudo, o que nos parece evidente nos tempos que correm é que o nível de despesas públicas há-de ser, não o óptimo mas o possível, em face do nível possível de receitas públicas arrecadáveis.

Sinal dos tempos é, também, a previsível alteração da estrutura das receitas públicas, por via do efeito de substituição resultante do financiamento por taxas em relação a serviços públicos antes financiados por impostos. São disso exemplo, o aumento das taxas a pagar nos serviços públicos de saúde e das propinas no ensino superior.

Mesmo na estrutura dos impostos, os desenvolvimentos recentes da fiscalidade parecem dar razão aos que anteviram o cenário de uma fiscalidade severa em pontos cada vez mais limitados – os de reduzida ou nula mobilidade, como o trabalho e a propriedade imobiliária – e laxista, ou seja fatalista, no essencial – o essencial dos rendimentos de capitais, lucros das empresas, comércio electrónico, prestações de serviços via *internet*...[173]. Entre nós tudo se está passando conforme o figurino: nos últimos anos, a taxa do IRC baixou de 36,5% para a taxa geral de 25% ou de 20% para as empresas do regime simplificado; no IRS a taxa máxima subiu dos 40% para 45,88%; a tributação sobre os dividendos e sobre os rendimentos da poupança tem registado importantes reduções; os novos IMI e IMT vão determinando, por força da plena aplicação das suas regras após a primeira transmissão posterior à entrada em vigor dos respectivos códigos, um significativo aumento da

---

[172] *In "Tax policy for developing countries"*, Economic Issues n.º 27, january 2002, INTERNATIONAL MONETARY FOUND.

[173] V., ALAIN MINC, *"O dinheiro louco"*, Difel, 1990, pp. 185-188; BRÁS CARLOS, *A União Económica e a equidade fiscal,* semanário Expresso de 13.6.92; MEDINA CARREIRA, *As políticas sociais em Portugal,* Gradiva, 1996, p. 325; Sobre as medidas para a tributação do comércio electrónico, ver MÁRIO ALEXANDRE, *O comércio electrónico na perspectiva da sua tributação em IVA*, Caderno CTF n.º 188, Administração Geral Tributária, pp. 111-152 e VASCO GUIMARÃES, *O conceito de estabelecimento estável e o comércio electrónico, ibidem,* pp. 152-184.

tributação dos prédios; a taxa geral do IVA (na prática, não incidente sobre as aquisições de bens e serviços mais dificilmente detectáveis) passou de 17% para 21%.

O segundo daqueles objectivos – *o objectivo igualitário* – é, à luz da Constituição, uma das *"incumbências prioritárias do Estado no âmbito económico e social"* (art. 81.º, al. b) da CRP), o qual, apesar de dever estar presente no âmbito de outras políticas, tem na política fiscal um instrumento privilegiado. A política fiscal é, aliás, a única política expressamente referida naquele preceito como instrumento de correcção das desigualdades económicas.

Pela relevância que deverá ter em sede de estrutura do IRS, realça-se, ainda, o dever do Estado de *"regular os impostos de harmonia com os encargos familiares"* para *"protecção da família"* (art. 67.º, n.º 2, al. h) da CRP).

Como se vê, os preceitos constitucionais acima referidos determinam uma actuação no sentido da evolução em direcção ao quadro constitucional fixado (não obstante ser de admitir que nunca se venha a reconhecer a sua total concretização). As normas deste tipo designam-se por *normas programáticas (normas-fim ou normas-tarefa)* e caracterizam-se por serem dirigidas ao legislador e à Administração, a quem é concedido o *poder-dever* de agir no sentido da concretização dos referidos fins, de acordo com o tempo e os meios que, em cada momento, entenderem adequados[174].

As normas programáticas são de aplicação diferida[175], não permitindo, por isso, que os cidadãos requeiram junto dos tribunais a sua concretização, no caso, exigindo, designadamente, a criação de um sistema fiscal que opere *uma repartição justa dos rendimentos e da riqueza,* por entenderem não estar o mesmo ainda realizado. Apesar disso, as normas constitucionais programáticas contêm em si um importante efeito de *limite negativo*: tornam materialmente incons-

[174] Sobre o conceito de normas programáticas e sua distinção em face das normas preceptivas, ver Gomes Canotilho, *Direito Constitucional e Teoria da Constituição,* 7.ª edição, Almedina, 2003, p. 1176; e Jorge Miranda, *Manual*... II, p. 244.

[175] Distintas das normas dos n.os 2 e 3 do artigo 103.º da CRP, que se caracterizam por ser de aplicação imediata e, por isso, se designam por *normas preceptivas.*

titucionais as normas que consagrem opções ou critérios em sentido contrário ao do quadro constitucional fixado.[176]

Resta referir que a obrigação constitucional de eficácia fiscal – bem como o da eficiência fiscal que veremos adiante (*infra* n.º 69) – prova que os princípios constantes da CRP não são apenas os que, numa perspectiva de garantia do património dos indivíduos, se traduzem em limitações ao poder de tributar. Estes impõem, também, certos fins e até, como veremos, a adequada utilização dos meios para os atingir.

66. O princípio da eficácia em cada área de tributação – *Remissão*

Para além do princípio da eficácia relativo ao sistema fiscal, o qual se traduz na imposição de objectivos para o conjunto dos impostos, vimos que a Constituição consagra também objectivos específicos para determinados impostos. Assim acontece com o IRS, com os impostos sobre o património e com a tributação sobre a despesa (art. 104.º, n.os 1, 3 e 4, da CRP). Trataremos destes temas, conjuntamente com a análise do n.º 2 do artigo 104.º da CRP, no ponto relativo às normas constitucionais específicas de cada área de tributação.

67. O princípio da eficácia e os limites quantitativos da tributação

Do ponto de vista da arrecadação de receitas, não pode, obviamente, o *princípio da eficácia* valer absolutamente contra os princípios constitucionais tributários da *igualdade, protecção da confiança, proporcionalidade,* que vimos antes. São precisamente estes princípios que limitam materialmente o uso dos poderes tributários na prossecução dos fins que o princípio da eficácia deve assegurar. As necessi-

[176] Interessante é, contudo, a conclusão que retiramos do *Acórdão n.º 48/84* do TRIBUNAL CONSTITUCIONAL, *in* D.R. II série, de 10.7.1984, segundo a qual o que, em face deste tipo de normas programáticas, estaria proibido seria a alteração do cerne dos princípios constantes da Constituição e não qualquer retrocesso face ao nelas disposto.

dades financeiras dos credores do imposto não podem conduzir, designadamente, a uma tributação em montante e modo que se revele inconstitucional. A isso se opõem os limites formais e materiais da tributação contidos na lei fundamental.

Os princípios constitucionais atrás referidos impõem à tributação *limites normativos* de diferentes naturezas. Estes não são, contudo, os únicos a levar em conta pelo legislador fiscal. A eles se devem juntar os *limites económicos*, resultantes da *resposta* dos agentes às alterações da tributação. Com o que obtemos o seguinte esquema:

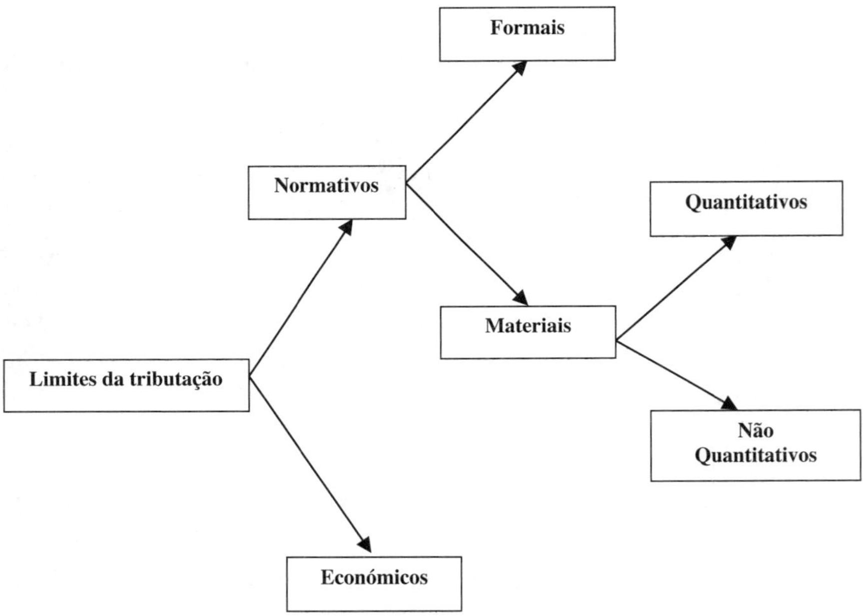

Sem prejuízo de se reconhecer que é com os limites quantitativos à tributação que o princípio da eficácia estabelece uma mais evidente dialéctica, falaremos também dos restantes limites, passando a desenvolver todo o esquema anterior. Assim, começamos por distinguir dois tipos de limites:

a) Os *normativos,* que resultam directamente dos preceitos da Constituição e dos princípios constitucionais fiscais que estudámos antes;

b) Os *económicos*, que decorrem de mecanismos de reacção dos contribuintes, no âmbito das suas opções de gestão, em face da variação da tributação.

Dentro dos limites normativos há que distinguir entre os que respeitam à forma exigida para certos actos em matéria fiscal – os *limites normativos formais* – de que é exemplo a reserva de lei parlamentar; e *os limites normativos materiais,* que respeitam ao conteúdo das normas fiscais.

Por sua vez, os *limites normativos materiais* dividem-se em quantitativos e não quantitativos, conforme respeitem, ou não, ao montante da dívida de imposto. Enquadram-se no primeiro tipo de limites as limitações impostas à tributação pelos *princípios da protecção da confiança e da proporcionalidade.* Já como exemplo de *limite normativo material não quantitativo* temos a *proibição de retroactividade.*

No que respeita aos *limites normativos quantitativos*, recorda-se que a CRP e a ideia de Estado de direito democrático contida no seu artigo 2.º impedem uma tributação que, pelo seu montante, ofenda a previsibilidade e a proporcionalidade da tributação, em face dos fins que prossegue. Por isso, os *limites normativos quantitativos* existem na Constituição, apesar de esta não os expressar numericamente[177].

Cabe à legislação fiscal ordinária concretizar numericamente os limites quantitativos que são corolários do princípio constitucional da proporcionalidade da tributação. É exemplo da concretização numérica destes limites, a salvaguarda do *mínimo de existência* consagrado no n.º 2 do artigo 70.º do CIRS para os rendimentos dos agregados mais numerosos e no n.º 1 do mesmo preceito para os rendimentos predominantemente originados em trabalho dependente. De acordo com aquele preceito:

a) Não se liquida IRS sobre o rendimento dos agregados familiares com 3 ou 4 dependentes quando o seu rendimento colectável for igual ou inferior ao valor anual do salário mínimo nacional acrescido de 60%, ou, no caso de agregados familiares com 5 ou mais dependentes, quando o seu rendimento

---

[177] Sobre este assunto, mas em sentido diverso, ver, CASALTA NABAIS, *Direito...*, p. 161.

colectável for igual ou inferior ao valor anual do salário mínimo nacional[178], acrescido de 120%;

b) Não pode ser liquidado qualquer IRS sobre rendimentos predominantemente originados em trabalho dependente quando, após a aplicação do quociente conjugal (art. 69.º do CIRS) a matéria colectável for igual ou inferior a €1.911;

c) Da aplicação das taxas gerais do IRS (art. 68.º CIRS) não pode resultar para os titulares dos rendimentos predominantemente originados em trabalho dependente, a disponibilidade de rendimento líquido de imposto inferior ao valor anual do salário mínimo nacional, acrescido de 20%.

Sobre os *limites económicos* da tributação, resultantes das "reacções" dos particulares às subidas da tributação (quer por via da subida das taxas, quer pela redução de benefícios ou deduções fiscais) distinguimos entre as que resultam de uma adequação legal da actividade económica às taxas de imposto, ponderados critérios de *custo/benefício*; e as que resultam da maior propensão para o incumprimento das normas fiscais e consequente evasão fiscal, numa ponderação que é, agora, mais de *risco/benefício*. Exemplos de efeitos do primeiro tipo são a deslocalização das actividades, a sua redução e as alterações ao modelo orgânico de exercício da actividade. Efeitos do segundo tipo são os comportamentos infractores e a propensão para práticas mais agressivas de planeamento fiscal. Note-se, contudo, que estes dois efeitos podem coexistir em face de um mesmo aumento da tributação.

Para além da fraude dos contribuintes que permanecem registados, há que contar, também, com o efeito de passagem deliberada de empresas integradas no "sector formal da economia" para a "economia subterrânea ou informal" e, portanto, para a "ilegalidade", livre de impostos. Esta é, também, uma das consequências da tributação excessiva que mais têm sido apontadas por organismos internacionais. Em 2003, o FMI reafirmou: *"raising tax rates too high drives firms into the underground economy, thereby reducing the tax base"*[179].

---

[178] Para o ano de 2010, o valor anual do salário mínimo nacional é € 6.650,00.

[179] FUNDO MONETÁRIO INTERNACIONAL, Washington, 2003, *"An analysis of underground economy and its macroeconomic consequences"*.

A fixação de limites quantificados à tributação tem levado, ao longo dos tempos, à formulação de algumas propostas concretas. PROUDHON, na sua *Theorie de l'Impôt*, fixou em 10% o limite aceitável da tributação do rendimento individual. Ainda na primeira metade do século XX, COLIN CLARK[180] defendeu que a tributação média não deveria exceder, nos países desenvolvidos, 25% da matéria colectável, sob pena de ser um indutor da inflação. Ambas as hipóteses motivaram desde logo apoios e discordâncias, sem que houvesse um suficiente acordo à sua volta. E ambas as hipóteses foram desmentidas pelo tempos seguintes, pelo menos relativamente aos países do Norte da Europa, onde as taxas marginais de tributação superaram os 50%, sem que se colocassem problemas sociais ou de inflação.

O que parece evidente é que os *limites económicos da tributação* hão-de variar no tempo, de país para país e em conformidade com a estrutura económica e social em que se inserem e, designadamente, o volume de bens e serviços que são fornecidos gratuitamente, ou quase, à comunidade. Pelo que, do ponto de vista teórico, não se vê como estabelecer um limite quantificado à tributação, embora se saiba que há um ponto, variável em função do enquadramento económico, social e político, além do qual o excesso de pressão fiscal poderá provocar perturbações graves.

68. Os limites à tributação e a "curva de Laffer"

Sobre a evolução das receitas fiscais por via dos mecanismos económicos de reacção à variação das taxas de imposto superiores a um *ponto óptimo* de tributação, fizeram escola, mais recentemente, a *curva de Laffer*[181] e as propostas de redução de impostos do seu autor. A curva de Laffer apresenta a seguinte forma:

---

180 *Public Finance and Value Money*, Economic Journal, 1945.

181 ARTHUR B. LAFFER foi professor na *University of Chicago* e na *University of Southern California*. É um neo-liberal e foi conselheiro económico de Ronald Reagan durante os seus dois mandatos na presidência dos EUA (1981-1989). Por esse facto, a sua teoria é frequentemente ligada ao maior défice orçamental registado nos EUA fora de períodos de guerra.

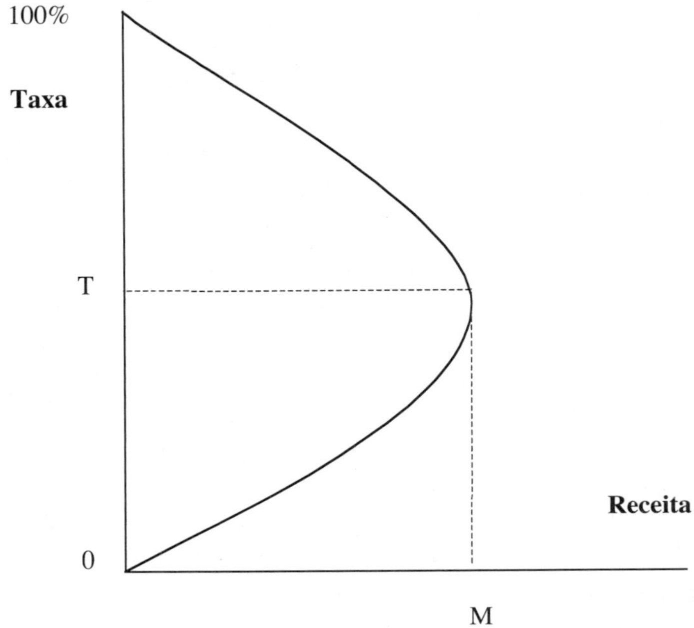

O ponto T representaria o ponto óptimo da taxa do imposto, já que a ele corresponderia o máximo de cobrança do imposto (M). Fixando taxas acima do ponto T o incentivo ao trabalho e à actividade económica em geral diminuiria, reduzindo a base tributável e, consequentemente, a receita fiscal arrecadada. Ao invés, a redução da taxa a partir de um ponto acima do ponto T até este ponto, aumentaria a receita fiscal.

Obviamente que a descida da taxa abaixo do ponto T deverá também comportar algum efeito de incremento da actividade económica, embora a diminuição constante dos encargos e custos associados a uma actividade não determine um permanente aumento desta. Esta depende também de outros factores, de natureza limitada, entre os quais se compreende o nível de procura e a disponibilidade de recursos materiais, humanos e financeiros. Deve entender-se que aquela consequência (incremento da actividade económica por força da descida da taxa abaixo do ponto T) não estará excluída da *teoria de Laffer*. O que estará implícito é que o aumento da actividade económica não compensará a descida na arrecadação de receitas produzida pelo corte na taxa.

A *curva de Laffer* teve o mérito de recordar a existência de limites a uma tributação adequada, estabelecendo uma relação entre as taxas de imposto e as receitas fiscais efectivamente arrecadadas. Mérito, aliás, que LAFFER remete para economistas bastante anteriores, como IBN KALDUN (filósofo muçulmano do séc. XIV) e J. M. KEYNES[182].

LAFFER, recorda também o que vimos antes (*supra* n.os 5 e 6). As alterações das taxas dos impostos produzem um efeito aritmético – o produto da mesma base por diferente taxa, produz um imposto diferente – e um efeito económico – a variação das taxas dos impostos beneficiam ou penalizam as actividades tributadas – de sentido inverso. Com base nesse pressuposto, podemos dizer que até ao *ponto óptimo (T)*, o efeito aritmético sobrepõe-se ao efeito económico, produzindo um aumento de receitas. A partir daquele ponto, o efeito económico sobrepõe-se ao efeito aritmético e as receitas fiscais diminuem, apesar da subida das taxas.

Esta teoria apresenta, contudo, fragilidades evidentes. Não é possível conhecer previamente o *ponto T.* Este é um valor da taxa do imposto que, além de desconhecido, variará de país para país e, dentro de cada espaço tributário, de época para época.

Por outro lado, são inúteis, em nosso entender, as tentativas de caracterizar o *ponto T* como *"o ponto no qual o eleitorado deseja ser tributado"*[183]. O ponto óptimo de tributação não se obtém no respeito pela vontade dos eleitores, porque a vontade de pagamento de impostos de cada cidadão, considerado isoladamente (num sistema que sempre permitirá fugas a alguns) tenderá para zero. Além disso, acreditamos que o ponto de maior eficácia tributária sempre será alcançado para além dos desejos dos contribuintes. Numa zona entre a insatisfação e o conformismo. Tal resultará do facto de o sistema tributário ser assistido de coercibilidade, sendo que, além disso, alguns dos seus mecanis-

---

[182] ARTHUR B. LAFFER *in "The Laffer Curve: Past, Present and Future"*, The Heritage Foundation, Policy Research & Analysis, 2004.

[183] JUDE WANNISKI, citado por ALBANO SANTOS, *Teoria Fiscal*... p. 469.

mos são utilizados de forma pouco ostensiva e anestesiante, como acontece, designadamente, com a retenção na fonte e os pagamentos por conta.

Outra face da mesma dificuldade é o desconhecimento do ponto da curva em que se está em cada momento. Assim, nunca se saberá em que sentido variará a receita em resultado de opções de subida ou de descida de impostos.

Por isso se diz que, com excepção das taxas zero e cem por cento, não há outros números ao longo da Curva[184]. Parece, contudo, que nem essa afirmação é totalmente indiscutível. No que respeita à ideia de que a uma taxa de 100% de um hipotético imposto corresponderia uma receita fiscal de zero, é admissível pensar que, no caso de se tratar de um imposto de menor peso relativo para os contribuintes, sempre haveria quem o pagasse. Do mesmo modo que, coagidos pela coercibilidade do sistema, os particulares pagam certas prestações confiscatórias de baixo peso relativo, ou não podem recusar ser expropriados por entidades públicas, recebendo contrapartidas significativamente mais baixas do que o valor de mercado do bem expropriado.

Apesar das críticas e fragilidades apontadas à Curva de Laffer, ainda hoje, uma parte do mundo das finanças públicas reconhece-lhe dignidade científica. É de admitir, porém, que uma parte importante da sua notoriedade possa residir em razões não científicas.

A simplicidade da "curva de Laffer" é extremamente sedutora. Isto e o seu aproveitamento pelos políticos defensores da baixa de impostos para os mais ricos e para as empresas terão determinado uma parte importante do seu sucesso.

69. O princípio da eficiência fiscal

Há, pelo menos, dois significados para o requisito *eficiência da tributação*: o da *eficiência económica*, entendida como ausência de distorções na afectação de recursos por via dos impostos, de que fala STIGLITZ[185]; e o da eficiência enquanto requisito constitucional de

---

184 *Ibidem*.

185 *Economics...*, p. 438.

"racionalização dos meios a utilizar pelos serviços" (art. 267.º, n.º 5, da CRP). É o último destes sentidos o que agora nos interessa, porque é o único que tem consagração constitucional.

Toda a eficiência é um conceito de relação. No que respeita aos impostos, a eficiência é aferida pela comparação entre as receitas fiscais arrecadadas e os objectivos extra-fiscais prosseguidos, por um lado, e a totalidade dos custos (financeiros e não financeiros) suportados para o efeito, por outro. Enquanto a eficácia tributária respeita unicamente à concretização dos objectivos fiscais e extra-fiscais dos impostos individualmente considerados ou do sistema tributário no seu todo, a eficiência atende à relação entre os objectivos e os custos suportados para a sua prossecução.

Deste princípio da eficiência decorre para a Administração em geral e, portanto, também para a Administração fiscal em particular, um dever de boa administração. Isto é *"um dever de a Administração prosseguir o bem comum da forma mais eficiente possível"*[186].

Neste último sentido, o princípio da eficiência parece respeitar, exclusivamente, ao agir concreto dos órgãos administrativos.

Para além deste imperativo dirigido ao Estado – administrador, há, contudo, uma pergunta que colocamos em sede de princípios constitucionais fiscais: existe, para além do dever de eficiência administrativa, um dever constitucional de eficiência que se impõe também ao legislador fiscal? Um dever que, em sede fiscal, proíba, designadamente, soluções legislativas que, pela sua improdutividade, complexidade, ou outra razão, determinem custos (nomeadamente, de liquidação e controlo) superiores às receitas obtidas?

Esta não parece ser uma questão estudada pela doutrina. Mesmo a *eficiência funcional* de que fala Sá Gomes[187], ligada à "suficiência quantitativa e qualitativa do sistema fiscal", não respeita, verdadeiramente, a esta questão. Pamplona Corte-Real[188], embora mencionando também a *eficiência,* reporta-se, verdadeiramente, à *eficácia tributária,* em exclusivo.

---

[186] Freitas do Amaral, *Curso...*, II, p. 38.

[187] *Manual...* II, p. 224

[188] *Curso...*, p. 99.

Entendemos que uma lei daquele tipo, assim improdutiva, é inconstitucional. Para nós, o princípio da proporcionalidade encerra a ideia de eficiência legislativa. A adequação dos meios em face dos fins, inerente àquele princípio, impõe que a lesão do património dos particulares efectuada pela tributação se restrinja ao necessário para a prossecução dos objectivos constitucionais em matéria fiscal[189], designadamente os da *"satisfação das necessidades financeiras do Estado e outras entidades públicas e uma repartição justa dos rendimentos e da riqueza"* (art. 103.º, n.º 1, da CRP). Se o legislador cria uma solução tributária em que as receitas não superam os custos necessários para as obter, o sacrifício imposto aos contribuintes é inútil. Logo, todo ele excede o necessário à prossecução dos objectivos constitucionais.

Do mesmo modo se coloca o problema, em nosso entender, relativamente aos chamados *custos de cumprimento* impostos aos contribuintes e outros sujeitos passivos, em virtude de uma determinada opção legislativa. Estes custos são os custos em dinheiro (por exemplo, técnicos de contas, consultores, *software*), os custos em tempo e os custos psicológicos (realmente existentes, embora de problemática mensuração), suportados pelos contribuintes[190] para cumprimento das suas obrigações acessórias. Quando os custos impostos pela lei aos particulares, no âmbito de um determinado imposto, forem manifestamente desproporcionados em face do imposto arrecadado ou da sua finalidade extra – fiscal, também neste caso, se colocará, em sede de eficiência, a hipótese de inconstitucionalidade da respectiva legislação.

---

[189] Ver em sede geral de "direitos, liberdades e garantias", o que o artigo 18.º, n.º 2, da CRP dispõe sobre a limitação das restrições ao *"...necessário para salvaguardar os interesses constitucionalmente protegidos"*.

[190] V., CEDRIC SANDFORD, *Administrative and compliance costs of taxation*, Cahiers de droit fiscal internacional, volume LXXIVb, 1989, p. 96; BRÁS CARLOS, *Fiscalidade e Competitividade – A competitividade na perspectiva das administrações tributárias*, V Jornadas Fiscais da Universidade Lusíada, 2001.

70. A simplicidade, elemento da eficiência fiscal

A simplicidade é uma das características do sistema fiscal perfeito[191]. Mas a simplicidade pode, também, reportar-se a um ou outro imposto, considerado individualmente. Da maior simplicidade de um imposto decorrerá, em regra, uma maior facilidade em fazê-lo cumprir e, portanto, um menor nível de custos de funcionamento. De tudo, resultará uma maior eficiência fiscal.

As críticas à complexidade dos impostos não são um exclusivo português. Os exemplos práticos das dificuldades em lidar com essa complexidade, quer pelos funcionários, quer pelos contribuintes, são gerais. Mesmo em relação ao *Internal Revenue Sistem* (IRS) dos Estados Unidos da América, muitas vezes apontado como um modelo de eficiência, a literatura dá conta das conclusões de alguns testes que quase ridicularizam o sistema[192].

São famosos os testes feitos pela revista *Money* a propósito do sistema fiscal norte – americano. Assim, no que respeita aos funcionários, aquela revista concluiu que, tendo, em 2002, colocado através da *"help line"* do *IRS,* um conjunto de questões comuns para o preenchimento dos formulários fiscais, os funcionários responderam correctamente a apenas 75% das questões. Ainda assim, este valor foi francamente melhor do que o registado em 1988, onde apenas 55% das perguntas tinham sido correctamente respondidas. Mas as coisas não são mais fáceis para os peritos e consultores privados. A 46 destes profissionais a *Money* colocou, em 1997, uma questão hipotética de moderada complexidade, solicitando o apuramento do imposto devido. O resultado foi espantoso: obteve 46 respostas diferentes, cujos resultados variavam entre $34,420 e $68,192, quando, de acordo com a interpretação da revista, o resultado seria $35,643. Segundo ela, além da grande variabilidade das respostas, nenhuma resposta estava certa.

---

[191] JOSEPH STIGLITZ, *Economics...*, p. 390. Para este autor, são cinco as propriedades de um bom sistema fiscal: *economic efficiency, administrative simplicity, flexibility, political responsability, fairness.*

[192] JOEL SLEMROD e JON BAKIJA *Taxing...*, p. 157.

Perante a evidência de que é elevado o grau de complexidade dos sistemas fiscais (e não só os dos países desenvolvidos) e crescente a tendência para o seu aumento, tem-se tentado perceber as razões que determinam este facto. SLEMROD e BAKIJA[193] apontam o conjunto das principais causas para este fenómeno. Em nossa opinião, contudo, não têm todas a mesma relevância.

A primeira das razões apontadas por aqueles autores para a complexidade fiscal – "*measuring ability to pay*" – é, também para nós a mais importante. O desejo de equidade e de justiça fiscal conduz, em regra, à consideração de inúmeros elementos de individualização, na procura de uma "mais exacta" medida da capacidade contributiva. Por isso, não temos dúvidas que *"é no ponto de equilíbrio entre equidade e simplicidade que os sistemas fiscais se devem desenvolver"*[194]. Porque a extrema complexidade arrasta consigo a iniquidade. Ou, como já em 1986, concluía o relator geral da XX Assembleia Geral do Centro Interamericano de Administradores Tributários (CIAT), referindo a necessidade de *"buscar o equilíbrio entre a simplicidade desejada e a complexidade necessária para atingir a equidade imprescindível"* e refutando *"a melhor equidade com a complexidade máxima e a maior simplicidade com a iniquidade extrema"*[195].

A segunda razão para a complexidade é incontornável. Resulta do aumento de complexidade da própria actividade económica e do "poder-dever" do legislador de a enquadrar fiscalmente, de modo a impedir procedimentos de elisão fiscal.

Outra razão apontada para a complexidade da legislação é a pressão dos grupos interessados na criação de regimes particulares de tributação, quer os mesmos resultem de benefícios fiscais, em sentido formal, quer de aspectos particulares do regime geral de tributação.

---

[193] *Ibidem*, 157-172; Na mesma linha, ANTÓNIO MARTINS, *A complexidade do sistema tributário: uma inevitabilidade económica?*, Fisco n.º 119-121, Setembro 2005, p. 28.

[194] BRÁS CARLOS, *Rendimentos reais "versus" rendimentos normais*, Jornal de Contabilidade n.º 276, 2000, p. 73.

[195] Em *Simplificacion Tributaria,* Instituto de Estudios Fiscales, Madrid, 1988, p. 231.

Para além destas razões, existe para nós uma outra causa importante de complexidade tributária: a "má legislação", incluindo, também, neste conceito as leis que, ainda que próximas dos modelos em voga ou tecnicamente adornadas, não sejam inteiramente aplicáveis pela Administração existente. Apesar de não ser, normalmente, apontada como tal, sabemos que uma deficiente legislação contribui, designadamente:

Primeiro – para as dúvidas de funcionários e contribuintes, para o aumento da "conflitualidade" procedimental e processual e para o bloqueamento dos serviços;
Segundo – para a necessidade acrescida de interpretações administrativas (a complexidade não respeita apenas à lei, mas a todo o conjunto legislativo, regulamentar e de orientações administrativas);
Terceiro – para a produção de novas alterações legislativas e, portanto, para a instabilidade legislativa.

71. Normas constitucionais específicas de cada área de tributação

No que respeita a cada grande área da tributação, o artigo 104.º da CRP estabelece, nos seus números, as características estruturantes e os objectivos programáticos respectivos.

72. A Constituição e a tributação do rendimento das pessoas singulares

Relativamente à tributação do rendimento das pessoas singulares (IRS), dispõe o n.º 1 do artigo 104.º da CRP:

" *O imposto sobre o rendimento pessoal visa a diminuição das desigualdades e será único e progressivo, tendo em conta as necessidades e os rendimentos do agregado familiar*".

Por seu lado, o artigo 67.°, n.° 2, alínea h), da CRP, determina, em sede de *"protecção da família"*, que deve o Estado *"regular os impostos de harmonia com os encargos familiares"*.

Como se vê, a tributação do rendimento das pessoas singulares[196] há-de, de acordo com a Constituição, fazer-se através de um imposto:

- Único
- Progressivo
- E que faça relevar os rendimentos e as despesas e encargos da unidade tributária *agregado familiar*[197].

Importa fazer, porém, uma distinção. O imperativo de unidade e de progressividade do IRS é de aplicação directa. O comando relativo à diminuição das desigualdades e à consideração das necessidades do agregado familiar é programático[198], no sentido de que impõe ao legislador ordinário a tarefa de concretização daquele objectivo constitucional.

A unidade e a progressividade são elementos da estrutura do imposto que se exigia que estivessem cumpridos logo desde a sua entrada em vigor, em 1 de Janeiro de 1989, já que o preceito constitucional que as impõe é anterior ao imposto. Não seria aceitável que o IRS não fosse, à partida, construído de acordo com o modelo constitucional já ao tempo vigente.

Já no que respeita ao objectivo de diminuição das desigualdades e relevância das necessidades do agregado familiar, o n.° 1 do artigo 104.° da CRP mantém a sua natureza programática, apesar da passagem do tempo do verbo "visar" do futuro *"visará"* para o presente *"visa"*, que teve lugar na revisão constitucional de 1997.

Poderá discutir-se, como faremos, o nível de concretização do modelo constitucional a que o CIRS chegou, mas não se pode ignorar

---

[196] Sobre os antecedentes e as opções estruturais da reforma da tributação do rendimento, ver PITTA E CUNHA, *A Reforma Fiscal*, Dom Quixote, Lisboa, 1989.

[197] Sobre a *unidade, progressividade e pessoalidade* do IRS, enquanto instrumento constitucional da igualdade tributária, ver *supra* n.ºs 58 e 59.

[198] Embora a designação de *normas constitucionais programáticas* seja criticada por GOMES CANOTILHO. Ver *Direito Constitucional e Teoria*... p. 1176.

a natureza programática desta última parte do preceito constitucional. Por outro lado, deve ter-se presente que o CIRS consagrou desde a sua entrada em vigor um sistema de tributação já próximo do quadro constitucional e de tal modo já fechado (no sentido de construído) que o referido *limite negativo das normas programáticas* (impedindo que as alterações ao CIRS sejam em sentido contrário ao do quadro constitucional, antes, pelo contrário, impondo que aquelas conduzam à aproximação a este) determina que, neste caso, a parte final do n.º 1 do artigo 104.º da CRP seja de grande eficácia directa, apesar da sua natureza programática.

73. Unidade e progressividade do IRS

A propósito da unidade e progressividade, deve dizer-se que imposto *único e progressivo* é o que sujeita o rendimento tributável da unidade fiscalmente relevante (o indivíduo ou o agregado familiar, conforme os casos) a um único imposto e, dentro deste, a uma mesma tabela de taxas progressivas[199]. E é neste ponto da análise que frequentemente se questiona: tem o IRS estas características ou é, pelo contrário, inconstitucional[200]?

Esta foi uma questão doutrinariamente muito debatida nos primeiros anos de vigência do IRS, tendo sido então submetida à apreciação do Tribunal Constitucional, no âmbito do Acórdão n.º 57/95 (DR II série, de 12.04.95). Este, embora com seis dos treze conselheiros a votarem vencidos, decidiu não se pronunciar sobre a constitucionalidade das normas que mais buliam com a unidade e a progressividade do imposto – *as taxas liberatórias e as taxas especiais* – com o argumento de que o texto das normas objecto do recurso fora, entretanto, substancialmente alterado.

---

[199] Sobre a distinção entre impostos únicos e impostos parcelares (ou cedulares) e a distinção entre impostos proporcionais, progressivos e degressivos, ver *supra*, n.os 21 e 24.

[200] Como entendem ou entenderam, entre outros, CASALTA NABAIS, *Direito Fiscal...*, p. 163 e MEDINA CARREIRA, *Uma Reforma Fiscal Falhada?*, *ed.* Inquérito, 1989, p. 74 e 114.

É dessa matéria, de conformidade do actual IRS com os imperativos de unidade e progressividade, que passaremos a tratar, ainda que imbuídos da moderação que perpassa pelo *Acórdão n.º 48/84* (DR n.º 158, II série, de 10.7.1984) do Tribunal Constitucional. Neste acórdão[201], o TC pronunciou-se no sentido de que não tem qualquer alteração ao imposto pessoal sobre o rendimento "*...de ser efectuada no sentido de aumentar a sua progressividade e de contribuir para a diminuição das desigualdades (...). O que está constitucionalmente vedado, à mesma luz, serão as alterações que atinjam no seu cerne os princípios reguladores da tributação do rendimento pessoal estabelecidos no n.º 1 do artigo 107.º*" (hoje art. 104.º da CRP).

Não antecipando o veredicto final, é indiscutível que algumas normas, em concreto, consagram excepções à unidade e progressividade do IRS[202]. Estas são de dois tipos:

a) As que subtraem rendimentos à tributação e, consequentemente, à sua progressividade; e
b) As que tributam rendimentos a taxas diferentes das que resultam da tabela progressiva.

a) Excepções que subtraem rendimentos à tributação, e, consequentemente, à sua progressividade

Não se exige que o IRS, ou qualquer imposto único sobre o rendimento, sujeite todos os proventos auferidos pelas pessoas singulares. O IRS deve ser único, mas não necessariamente absoluto. A pretensão de tributar todos os proventos auferidos, quaisquer que eles fossem, seria, aliás, sempre inviabilizada pelo princípio da tipicidade e a tanto não chega o amplo conceito de rendimento *acréscimo patrimonial*[203], cuja influência é, além do mais, menos evidente no IRS do que no IRC.

---

201 Também ele tirado com um importante número de votos de vencido (5).

202 Sobre a progressividade enquanto instrumento de redistribuição de riqueza e de igualdade tributária, ver *supra* n.º 4.

203 O rendimento definido como *acréscimo patrimonial* tem como medida a diferença entre o património no início e o património no final do período de tributa-

Proventos como o subsídio de desemprego, de doença ou os recebidos no âmbito de acções sociais de acolhimento, indemnizações por danos emergentes efectivamente suportados, ou os resultantes da venda do automóvel pessoal de um cidadão, são exemplos dos muitos factos com relevância económica e geradores de capacidade contributiva não compreendidos na incidência do imposto. Diga-se que, no caso dos factos anteriores, a sua não sujeição se tem justificado, respectivamente, pela natureza social dos mesmos, pelo não enriquecimento patrimonial do indemnizado e pelas exigências de escrituração e contabilização (v.g. contabilização das amortizações) que a tributação imporia.

De entre os rendimentos expressamente excluídos da incidência do IRS, há uma exclusão que tem suscitado maiores dúvidas de constitucionalidade: a exclusão tributária da totalidade das mais-valias de acções detidas há mais de um ano[204] e de obrigações, prevista no artigo 10.º, n.º 2, do CIRS. Esta, destinada a incentivar o investimento bolsista e a poupança de médio e longo prazo, é, contudo, comum nos países com normativos constitucionais e fiscais similares ao nosso, sem que se tenha concluído pela sua inconstitucionalidade.

Outras *exclusões tributárias* aparecem formalmente enquadradas no âmbito do apuramento do rendimento líquido da respectiva categoria, mas não deixam de ser verdadeiras exclusões tributárias, já que, ao contrário das deduções ao rendimento, as mesmas não têm ligação a quaisquer custos (ou à presunção de custos) de obtenção dos rendimentos ou ganhos. É o caso da não sujeição parcial de 50% das mais – valias pela alienação de imóveis, pela alienação de propriedade intelectual ou industrial auferidas por titular não originário e pela cessão onerosa de posições contratuais ou direitos relativos a imóveis, todas previstas no artigo 43.º, n.º 2, do CIRS. Tais exclusões têm justificação teórica no facto de aqueles serem rendimentos esporádicos,

ção. O conceito está expressamente consagrado no artigo 3.º, n.º 2, do CIRC, embora seja mitigado em concreto. No CIRS, o conceito de rendimento acréscimo não tem consagração expressa, mas a tributação de rendimentos ocasionais e irregulares como os de actos isolados e as mais valias traduzem a sua adopção.

[204] Desde que as acções não pertençam a sociedades cujo activo seja constituído em mais de 50% por imóveis.

normalmente de grande montante, gerados ao longo do período em que o bem ou direito foi detido. Num imposto progressivo, como o IRS, o englobamento em apenas 50% visará compensar a não possibilidade de reporte da mais-valia a cada um dos anos anteriores à alienação.

Quer a exclusão total, quer a exclusão em 50% que vimos antes, podem ser criticáveis por se discordar do favor fiscal concedido, mas não vejo que sejam inconstitucionais.

Importa, porém, referir que estas não tributações são, verdadeiramente, benefícios fiscais e melhor seria que o legislador ordinário também assim formalmente as tratasse. À semelhança, aliás, do que fez para os não residentes, isentando-os totalmente das mais – valias decorrentes da alienação de valores mobiliários, nos termos do artigo 27.º do EBF.

Os benefícios fiscais são medidas que *tutelam interesses superiores à tributação* (art. 2.º, n.º 1, do EBF) e cabe ao legislador decidir, em cada momento, se a protecção fiscal de certos rendimentos (nomeadamente, por razões sociais ou de fomento da poupança e do mercado bolsista, como vimos) é, no respeito pelo quadro constitucional, de interesse público superior à tributação.

Já a existência de diferentes regras de determinação do rendimento líquido para cada tipo de categorias de rendimentos no IRS é, dentro dos limites do razoável, a simples aplicação do princípio do rendimento fiscal líquido enquanto efectiva medida da capacidade contributiva. As deduções ao rendimento ou respeitam directamente aos custos necessários à sua obtenção (categorias B, excepto regime simplificado, e categorias F e G) ou são uma representação dos mesmos (categoria A e regime simplificado da categoria B).

b) Excepções que tributam rendimentos a taxas diferentes das que resultam da tabela progressiva geral.

Este ponto da questão prende-se com a existência de *taxas liberatórias* (art. 71.º CIRS) e *taxas especiais* (art. 72.º CIRS). Ambas são taxas fixas de cuja aplicação resulta uma tributação proporcional, em desconformidade, portanto, com a exigência constitucional da progressividade.

Taxas liberatórias – As *taxas liberatórias* actuam por retenção na fonte no momento do recebimento do rendimento, transformando tal retenção numa tributação definitiva e liberando o titular dos rendimentos de obrigações declarativas[205].

Começando pelas taxas liberatórias, sabe-se que a excessiva extensão de casos de aplicação destas taxas foi contrária à vontade da própria Comissão de Reforma[206]. Não parece, contudo, que as excepções existentes ao englobamento e à progressividade, provocadas pelas actuais taxas liberatórias, afrontem de modo decisivo o desenho constitucional do imposto pessoal sobre o rendimento[207]. Isto não significa que a CRP "*...apenas proíba que exista uma pluralidade de impostos sobre o rendimento pessoal*"[208], Não se pode ignorar a estrutura interna do único imposto sobre o rendimento – o IRS. Porque o *único imposto* pode não ser *um imposto único*.

Uma parte importante das taxas liberatórias respeita à tributação de não residentes. Ora a retenção definitiva inerente às taxas liberatórias apresenta-se, nestes casos, como a única solução para a tributação e cumprimento dos princípios constitucionais da eficácia e da igualdade.

Razões da mesma natureza, acrescidas da lógica de anonimato subjacente e do facto da retenção ser de valor próximo ao da taxa marginal do IRS e muitas vezes superior ao valor da taxa efectiva, afastaram também o julgamento de inconstitucionalidade para a tributação liberatória sobre os prémios ganhos em jogos, concursos ou sorteios, quando eram tributados em IRS.

Também os juros de depósitos bancários ou similares e os rendimentos resultantes de títulos de dívida auferidos por residentes podem ser tributados por uma taxa liberatória de 20% (art. 71.º, n.º 1,

---

[205] V., Brás Carlos, Irene Abreu, João Durão e Emília Pimenta, em *Guia dos Impostos em Portugal – 2010,* Quid Juris, pp. 186 e segs.

[206] Pitta e Cunha, *A Fiscalidade dos anos 90*, 1996, Almedina, p. 15.

[207] No mesmo sentido, embora reportado ao quadro legislativo de 1996, *Relatório da Comissão de Desenvolvimento da Reforma Fiscal,* Cadernos Ciência e Técnica Fiscal, n.º 191, p. 496.

[208] Como defendeu Manuel Faustino, em *IRS – Teoria e Prática*, Fisco, p. 46.

alíneas a) e b), do CIRS). Uma parte importante dos países da U.E. sujeita também estes rendimentos a taxas liberatórias, numa excepção ao englobamento que se justifica por razões de simplicidade e de eficácia tributárias.

Falemos agora dos dividendos e de outros lucros distribuídos aos sócios. Note-se que a partir de 2002 (Lei n.º 109-B/2001, de 27.12) os rendimentos de acções auferidos por residentes (desde a entrada em vigor do IRS, uma das mais criticadas exclusões à progressividade, porque à ofensa da progressividade acrescia o facto de discriminar entre os lucros de sociedades anónimas e os lucros das restantes sociedades) antes sujeitos à taxa liberatória de 25%, passaram a ser obrigatoriamente englobados e sujeitos à tabela de taxas progressivas.

O D.L. n.º 192/2005, de 7 de Novembro veio, porém, repor a retenção liberatória sobre os lucros das sociedades, desta vez abrangendo também os lucros das sociedades não anónimas. A taxa de retenção definitiva sobre estes rendimentos é agora de 20% (art. 71.º, n.º 1, al. c) do CIRS). Que dizer da constitucionalidade desta medida, agora com uma taxa de retenção ainda mais baixa do que a que vigorou inicialmente?

Também aqui não me parece haver razão para arguir a inconstitucionalidade. Estes rendimentos, se englobados no restante rendimento, só o seriam por 50% do seu valor, em virtude da dedução concedida para atenuar a dupla tributação económica dos lucros distribuídos (art. 40.º-A do CIRS). Sendo a taxa marginal do IRS de 45%, verifica-se que a retenção na fonte definitiva, efectuada sobre a totalidade dos lucros, corresponde a cerca de metade desta taxa. O que, considerando a referida dedução de 50%, evitará, em regra, que quem quiser ser tributado pela retenção definitiva de 20%, contornando assim a progressividade, tenha uma vantagem fiscal. Ou, por outras palavras, ao não englobar os lucros recebidos o contribuinte sujeita-se a uma tributação idêntica à de uma taxa efectiva de 40%, contra uma tributação que, em caso de englobamento, terá, no limite, uma taxa marginal de 45%, embora possa beneficiar da não subida da taxa a aplicar aos restantes rendimentos, em virtude do não englobamento.

Taxas especiais – As *taxas especiais* (v.art.72.º do CIRS) são taxas proporcionais de tributação a aplicar a certos rendimentos anuais declarados, que assim são excluídos do rendimento global sujeito às taxas gerais progressivas do CIRS (art. 68.º do CIRS).

Contrariamente às taxas liberatórias, a aplicação de *taxas especiais* não liberta os titulares de declarar os rendimentos a elas sujeitos. Neste último caso, tudo se passa como se em face da mesma declaração de rendimentos existissem duas liquidações de IRS. Uma relativa ao rendimento sujeito a taxas especiais, dando lugar a *tributações autónomas*, e outra relativa ao restante rendimento a que se aplica a tabela geral de taxas progressivas.

Estas taxas aplicam-se, desde logo, aos rendimentos de não residentes, quando não sejam sujeitos às taxas liberatórias de retenção na fonte (n.os 1, 2, 7 e 8 do artigo 72.º do CIRS).

Fora do universo dos não residentes são aplicáveis as seguintes taxas especiais ou de tributação autónoma[209]:

- De 10% sobre as gratificações auferidas em razão da prestação de trabalho quando não atribuídas pela entidade patronal (art. 72.º, n.º 3, do CIRS);
- De 10% sobre o saldo anual entre as mais e menos valias registado nas operações previstas nas alíneas b), e), f) e g) do n.º 1 do artigo 10.º do CIRS (art. 72.º, n.º 4, do CIRS);
- De 20% sobre os lucros distribuídos por entidades não residentes, quando não sujeitos a tributação por retenção na fonte (art. 72.º, n.º 5 do CIRS).

Na primeira situação, trata-se de rendimentos do trabalho dependente (art. 2.º, n.º 3, alínea g), do CIRS) que até 1998 foram sujeitos às taxas gerais do IRS.

Na segunda situação, a taxa especial de 10% é aplicável às mais-valias resultantes da alienação de valores mobiliários, incluindo acções

[209] Embora a epígrafe "taxas de tributação autónoma" esteja colocada apenas no artigo 73.º do CIRS, o que se verifica é que também o artigo 72.º do CIRS trata de situações de tributação autónoma,

e outras partes de capital; de operações relativas a instrumentos financeiros derivados; de operações relativas a *warrants* autónomos; e de operações relativas a certificados que atribuam ao titular o direito a receber um valor de determinado activo subjacente. Contrariamente à situação anterior, pode o contribuinte optar pelo englobamento.

Na terceira situação, os residentes titulares dos lucros distribuídos por entidades não residentes podem também optar pelo englobamento.

74. São inconstitucionais as taxas liberatórias e as taxas especiais do IRS?

A análise da conformidade de uma norma com a Constituição é global, no sentido da ponderação da totalidade dos interesses por esta garantidos[210]. E, por isso, pelas razões acima indicadas, entendemos que as *taxas liberatórias* actualmente constantes do artigo 71.º do CIRS não são inconstitucionais, apesar de formalmente representarem excepções à unidade e progressividade do IRS.

Vimos que as excepções à unidade e progressividade do IRS que as taxas liberatórias determinam, ancoram-se em preocupações de praticabilidade e eficácia tributárias geradores de maior igualdade tributária. É que também os valores da eficácia e da igualdade tributárias têm consagração constitucional (desde logo no n.º 1 do art. 103.º da CRP) parecendo aceitável a ponderação que a actual lei fiscal faz dos valores em confronto.

Já no que respeita às *taxas especiais*, a conclusão é diferente. Confrontando o regime das taxas especiais com a imposição constitucional de unidade e progressividade para o IRS, deve distinguir-se entre as aplicáveis a não residentes (n.os 1 e 2 do art. 72.º do CIRS) e as restantes.

Na 1.ª edição dissemos que do ponto de vista técnico, a criação das taxas especiais destinadas a não residentes era uma solução aceitá-

[210] Parece-nos ser essa, também, uma consequência da expressão: *"a garantia da constitucionalidade reverte em garantia da Constituição como um todo"*, em Jorge Miranda, *Manual...* VI, p. 47.

vel em face da *obrigação real e limitada* que recai sobre estes[211] e pela circunstância de a lei não admitir por parte destes sujeitos passivos o *englobamento* (art. 22.º, n.º 3, do CIRS) nem, obviamente, os elementos de pessoalidade relativos ao *abatimento* ao rendimento líquido total previsto no artigo 56.º do CIRS ou às *deduções à colecta* (v. art. 78.º, n.º 4 do CIRS). Actualmente, sem que aquela conclusão se altere, o n.ºs 7 e 8 do artigo 72.º do CIRS possibilitam, já, a opção pela tributação à taxa que seria aplicável a residentes na UE e no Espaço Económico Europeu, desde que neste último caso haja intercâmbio de informações em matéria fiscal.

Já a diferença entre a taxa especial de tributação de 25% para a generalidade destes rendimentos e a taxa de 15% aplicável aos rendimentos prediais, não tem uma explicação tão evidente.

Pode, contudo, ainda assim concluir-se que também as taxas especiais destinadas a não residentes se justificam pelas razões de eficácia e igualdade que vimos para as taxas liberatórias.

Inversamente, não há nenhuma razão ponderosa para que os rendimentos sujeitos às taxas especiais destinadas a residentes (n.º 3 e 4 do art. 72.º do CIRS) estejam excluídos do englobamento. Como vimos não podem as razões de praticabilidade e de eficácia, que nos levaram a aceitar as taxas liberatórias sobre alguns rendimentos financeiros, justificar a tributação por uma taxa especial de 10% sobre as gratificações pelo trabalho pagas por quem não é a entidade patronal e sobre as mais valias de valores mobiliários. Não há uma maior certeza quanto à arrecadação do imposto e não existe nenhuma vantagem quanto à simplificação e controlo, porque toda a tributação assenta no acto prévio de declaração do contribuinte, tal qual aconteceria se estes rendimentos fossem sujeitos ao regime geral de englobamento e progressividade.

No caso da taxa especial de 10% sobre as gratificações em razão do trabalho dependente pagas por quem não é a entidade patronal, o facto de, até há algum tempo, a tributação deste tipo de rendimentos ocorrer, na prática, com algum significado, quase unicamente sobre

---

211 Art. 15.º, n.º 2 do CIRS: *"Tratando-se de não residentes, o IRS incide unicamente sobre os rendimentos obtidos em território português"*.

uma classe profissional[212], não é razão para a sua exclusão do regime geral de englobamento e sujeição à tabela geral de taxas progressivas. O mesmo se diga para a tributação segundo este regime, das remunerações auferidas por agentes de forças de segurança pública, quando fora da relação de emprego público prestam serviços de segurança a outras entidades.

No caso das mais-valias, as razões de dinamização do mercado financeiro ou de competitividade dos valores mobiliários ou dos contratos subjacentes que normalmente se avançam para justificar esta taxa especial, também não me parecem justificar essa excepção à progressividade. Seria, contudo, favorável a um hipotético regime de englobamento obrigatório destes ganhos, complementado com uma isenção para contribuintes com valores anuais de transacções de pequeno montante.

Em conclusão, serão inconstitucionais as normas que imponham exclusões à progressividade quando estas se não basearem em princípios ou valores protegidos constitucionalmente, nomeadamente a igualdade e a eficácia tributárias. São, por isso, inconstitucionais as actuais normas dos n.os 3 e 4 do artigo 72.º do CIRS, as quais representaram um retrocesso na progressividade do IRS, já alcançada pela legislação por elas revogada, sem que tal se tenha ancorado na prossecução de valores constitucionais tão ou mais importantes.

75. A pessoalidade do IRS

Vimos que a CRP determina que o IRS tenha em "*conta as necessidades e os rendimentos do agregado familiar*".

A relevância fiscal das necessidades do agregado familiar é um importante elemento de pessoalidade deste imposto. O IRS é, aliás, o único imposto pessoal do sistema fiscal português vigente[213]. Por isso,

---

212 Ao que parece este tipo de tributação incidiu essencialmente sobre as gratificações de alguns trabalhadores dos casinos (v. *Acórdão de 04.11.98*, recurso n.º 22815, do STA, que igualmente concluiu não haver, no caso, violação do princípio da igualdade tributária).

213 V., Brás Carlos, Irene Abreu, João Durão e Emília Pimenta, in *Guia dos Impostos...*, p. 22.

a tributação varia não apenas em função do montante do rendimento, mas também em função de aspectos e despesas relativos aos indivíduos integrados no agregado familiar (v.g. grau de deficiência e montantes de despesas com saúde, habitação, educação...). A tributação depende ainda da composição do seu agregado (vg. existência ou não de casamento, número de dependentes...).

A consagração do agregado familiar, enquanto unidade tributária (art. 13.º, n.º 2, do CIRS) dá conta da opção tomada a favor da tributação conjunta dos cônjuges e dos restantes elementos do agregado familiar, em desfavor da tributação separada de cada um dos indivíduos titulares de rendimentos[214]. Contrariamente ao veiculado frequentemente, uma ou outra opção não é sinal do maior ou menor desenvolvimento do sistema fiscal em causa, já que ambos os regimes se encontram nos sistemas dos países desenvolvidos, sendo que em alguns casos é possível aplicar um ou outro regime, conforme a opção dos sujeitos passivos.

Importa, ainda, referir que, apesar de não existir entre nós a possibilidade de livre opção pela *tributação separada*, o *princípio da tributação conjunta* faz algumas cedências à *tributação separada*. É o caso da tributação separada em caso de *separação de facto* de casados (art. 59.º, n.º 2, do CIRS) e da possibilidade de opção pela tributação separada concedida aos dependentes (art. 13.º, n.º 5, do CIRS).

Por outro lado, o conceito de *agregado familiar*, não faz relevar apenas a existência de casamento, uma vez que abrange também as famílias compostas por solteiros e divorciados, com *dependentes* (art. 13.º n.º 3, alíneas b), c), d), do CIRS).

Finalmente, registamos o mais recente elemento de *ecletismo* do IRS, em matéria de incidência pessoal: a equiparação fiscal dos *unidos de facto* a casados, nos termos do artigo 14.º do CIRS. Deve dizer-se, porém, que esta aparente equiparação, veio colocar os *unidos de facto* numa situação mais vantajosa do que a dos casados. É que, de facto, em virtude do informalismo do vínculo, os primeiros podem optar ao longo do tempo pela situação fiscal que, em concreto, mais lhe convier.

---

[214] Sobre as razões e condicionantes subjacentes a esta opção, ver o n.º 18 do Relatório do CIRS.

Note-se, ainda, que, ao invés, quando um casado opta pela tributação segundo o regime de separado de facto ele é normalmente prejudicado em relação ao regime aplicável aos casados (v. alíneas do n.º 2 do art. 59.º do CIRS).

A propósito do âmbito da unidade fiscal, tem-se frequentemente colocado a seguinte pergunta: será uma futura tributação separada compatível com a Constituição? Em meu entender o texto constitucional comporta também essa solução. Não haverá, pois, problemas de conformidade constitucional se o IRS seguir a via da tributação separada que outros países seguiram[215]. Forçoso é que o imposto tenha em conta as necessidades dos membros do respectivo agregado familiar. Coisa que poderá fazer, mesmo em caso de vir a ser adoptada a tributação separada, no cálculo da dívida de imposto de cada cônjuge[216].

Outro aspecto que também se coteja com a constitucionalidade é o da insuficiente consideração fiscal das despesas ou encargos. Sabe-se que a dedução de algumas dessas despesas ou encargos tem valores limitados (v.g. art.s 82.º a 86.º do CIRS). E outras despesas não são dedutíveis em qualquer montante (v.g. despesas com a prática de actividades artísticas, culturais ou desportivas não incluídas nas despesas com a saúde ou com a educação).

Também neste caso a resposta deve assentar na natureza programática do artigo 104.º da CRP. Assim, parece que apenas haverá inconstitucionalidade se as actuais deduções, desde que relativas às *necessidades essenciais*[217] dos indivíduos, forem eliminadas ou substituídas por outras de valor substancialmente inferior. Nesse caso poderia estar ultrapassado o limite negativo daquela norma programática e haver lugar a inconstitucionalidade.

---

[215] Nomeadamente, Dinamarca, Suécia, Áustria, Holanda, Itália, Finlândia, Reino Unido, Bélgica e Irlanda.

[216] No mesmo sentido, GOMES CANOTILHO e VITAL MOREIRA, *Constituição...*, 2007, p. 1100.

[217] São despesas com necessidades essenciais, as despesas de saúde e educação. Não o serão, designadamente, as despesas com aquisição de material informático ou com seguros.

Em face dos valores de despesas pessoais actualmente permitidos como deduções à colecta em IRS, também não parece haver razão para requerer, nos termos do artigo 283.º da CRP, a *inconstitucionalidade por omissão* das hipotéticas medidas legislativas necessárias ao cumprimento da norma do n.º 1 do artigo 104.º da CRP.

76. A Constituição e a (próxima?) escolha: sistema de imposto único ou sistema dual?

Antes da entrada em vigor do IRS, em 1 de Janeiro de 1989, aprovado pelo Decreto-Lei n.º 442-A/88, de 30 de Novembro, o sistema de tributação pessoal do rendimento não respeitava o modelo constitucionalmente consagrado. O sistema de tributação do rendimento anterior a 1989 era então composto por um conjunto de *impostos cedulares ou parcelares* desligados uns dos outros e com taxas diferentes, criados para tributar o fluxo regular de rendimentos provenientes de cada uma das fontes tendencialmente duráveis. Subjacente a esta tributação estava a *teoria da fonte* e o conceito de rendimento daí resultante era o conceito de *rendimento produto*. Este sistema era coroado com um *imposto complementar*, com a natureza de imposto global de sobreposição, uma vez que incidia sobre a matéria colectável já sujeita no âmbito dos impostos cedulares. O imposto complementar, pela via da dedução de determinados encargos pessoais e da sua taxa bastante progressiva, tinha o objectivo de introduzir no sistema fiscal alguns elementos de pessoalidade e de igualdade vertical.

Concretamente, os impostos cedulares eram: a *contribuição industrial*, que tributava os rendimentos provenientes da actividade industrial e comercial; o *imposto profissional* que incidia sobre os rendimentos do trabalho dependente e independente; o *imposto de capitais*, que sujeitava os rendimentos provenientes da aplicação de capitais; a *contribuição predial*, que tributava as rendas dos prédios arrendados e o valor locativo dos não arrendados; o *imposto sobre a indústria agrícola*, quase sempre suspenso, destinado a tributar os rendimentos da actividade agrícola; e o *imposto de mais – valias*, que ultrapassando a lógica do *rendimento – produto*, tributava ganhos resultantes de algumas, poucas, alienações.

Todos estes impostos tinham diferentes taxas de tributação, conduzindo à discriminação entre os diferentes tipos de rendimento, de modo que famílias com o mesmo rendimento global, mas proveniente de diferentes fontes, pagariam diferente imposto.

Quando o IRS entrou em vigor, a tributação do rendimento das pessoas singulares em Portugal passou a inserir-se na matriz de *imposto único* sobre o rendimento vigente na maioria dos países desenvolvidos. Este era o modelo que, desde a primeira metade do século XX, fora visto como a chave para realizar a igualdade tributária, nos seus conceitos de igualdade horizontal e de igualdade vertical, sujeitando o rendimento global a uma mesma tabela de taxas progressivas e terminando com a discriminação fiscal entre rendimentos, designadamente, entre rendimentos do trabalho e do capital.

Acontece, porém, que desde 1987 e durante a década de 90 os países escandinavos, já com larga experiência de aplicação do modelo unitário de tributação, levaram a cabo um conjunto de alterações com vista a introduzir um *sistema dual* de tributação do rendimento pessoal. Nisso, têm vindo a ser seguidos, de forma mais ou menos mitigada, por alguns Estados membros da UE, de que são exemplo a Áustria, a Itália e a Holanda. Como se vê, poderá dizer-se que a reforma da tributação de 1989 que implementou o *imposto único* sobre o rendimento entrou em vigor quando outros começavam a abandonar tal modelo. Mas deve ter-se presente que o legislador fiscal estava balizado pela regra constitucional do artigo 104.º da CRP.

No essencial, o *sistema dual* consistente na separação do rendimento global em duas bases tributárias: a que respeita aos rendimentos do trabalho e a que inclui os rendimentos do capital, em sentido amplo. Os rendimentos do trabalho são sujeitos a uma tabela de taxas progressivas, ao passo que os rendimentos do capital sofrem uma tributação proporcional. Pode dizer-se, em síntese, que o *sistema dual* introduz elementos da antiga tributação cedular no sistema de imposto único, posicionando-se a meio caminho entre ambos.

Os defensores do *sistema dual*, assinalam a sua inevitabilidade em face da concorrência entre os sistemas fiscais dos países pela captação de capitais, mas não se pode negar o seu efeito de diminuição da igualdade vertical[218].

Apesar de, entre nós, as tributações proporcionais em IRS, resultantes das taxas liberatórias e das taxas especiais aplicáveis a alguns rendimentos do capital, já serem, de facto, uma aproximação ao sistema dual, pensamos que um sistema deste tipo estará em desconformidade com a Constituição.

Ademais, para acautelar o propalado perigo de falta de competitividade do sistema fiscal, não será necessário mergulhar formalmente numa nova reforma fiscal, com os elevados custos de organização e de eficiência que daí resultam. Em nosso entender, o actual sistema comporta uma margem de adaptação e melhoria suficientes para não ser liminarmente abandonado. O país agradecerá que não se embarque em "*modas*", apenas por essa razão. Até porque os próprios regimes fiscais em vigor nos países nórdicos, precursores na adopção do sistema dual, não têm estado isentos de evoluções recentes pouco coerentes com a pureza deste modelo.

77. A Constituição e a tributação do rendimento das empresas (IRC/IRS)

O n.º 2 do artigo 104.º da CRP dispõe: *A tributação das empresas incide fundamentalmente sobre o seu rendimento real.*

Note-se que com a Lei constitucional n.º 1/97, de 20 de Setembro (4.ª revisão constitucional), o verbo *incidir* deixou de estar no tempo futuro *(incidirá)* para passar ao actual tempo presente "*incide*". Parece, assim que a norma deixou de ser programática, para passar a ser de eficácia directa. É nessa qualidade que será estudada.

A primeira questão que o preceito coloca, desde a sua versão original, respeita ao âmbito pessoal da norma. Saber se na sua previsão se compreendem também as empresas em nome individual, sem auto-

---

218 V., Alberto Gago e Fidel Picos, "*Modelo dual de IRPF y equidad: un Nuevo enfoque teorico y su aplicacion al caso espanhol,* Congresso de Economia Pública, Barcelona, 2004.

nomia jurídica e tributária distinta do empresário em nome individual, exige analisar, previamente, o conceito de *empresa.*

Empresa é um conceito oriundo da ciência económica e, nesse sentido, é caracterizada como uma *"organização dos factores de produção (capital e trabalho) prosseguindo um lucro"*[219], ou como consta do artigo 5.º do Código da Insolvência e da Recuperação de Empresas (CIRE), aprovado pelo Decreto-Lei n.º 53/2004, de 18 de Março, *"toda a organização de capital e de trabalho destinada ao exercício de qualquer actividade económica".*

A ciência jurídica tem, contudo, reconhecido outras perspectivas para definir esta realidade. Assim, *empresa* pode ser entendida enquanto *sujeito* (o empresário), *objecto* (o estabelecimento comercial), *actividade* (actividade económica de produção ou distribuição de bens ou serviços) *ou instituição* (a nova entidade criada, *maxime* a sociedade comercial)[220].

De entre estas perspectivas de *empresa* é a de empresa enquanto *actividade* aquela que, de acordo com a generalidade da doutrina, se revela mais adequada em face da riqueza do conceito[221].

Note-se que as características inerentes ao conceito de empresa enquanto actividade económica está tão presente nas empresas constituídas sob a forma de pessoa colectiva (v.g. sociedades comerciais, cooperativas, agrupamentos complementares de empresas...) como nas empresas que não são juridicamente distintas do seu proprietário: o empresário em nome individual.

Assim, para efeitos de enquadramento das empresas em nome individual, verificamos dois aspectos relevantes. Por um lado são empresas e, nessa medida, é-lhes aplicável o n.º 2 do artigo 104.º da CRP, pelo que a sua tributação deve *incidir fundamentalmente sobre o*

---

[219] RODRIGO URIA, *Derecho Mercantil,* 30.ª edição, Marcial Pons, Madrid, 1996, p. 37.

[220] V., sobre os vários sentidos de *empresa*: OLIVEIRA ASCENSÃO, *Direito Comercial*, vol. I, Lisboa, 1986, p. 121; BRITO CORREIA, *Direito Comercial*, vol. I, AAFDL, Lisboa, 1987, p. 213; FERNANDO OLAVO, *Manual de Direito Comercial*, vol. I, p. 165.

[221] Por todos, BRITO CORREIA, *Direito...*, p. 21; RODRIGO URIA, *Derecho...* p. 38

rendimento real, tal como acontece com as empresas constituídas sob a forma de pessoa colectiva. Por outro lado, não são nunca, entre nós, pessoas colectivas e não têm personalidade jurídica-tributária distinta do seu proprietário, pessoa singular, sendo, por isso, o seu lucro tributado em IRS, com sujeição às taxas do artigo 68.º do CIRS e restantes regras de liquidação e obrigações acessórias constantes deste código.

Além disso, o facto de o n.º 2 do artigo 104.º da CRP compreender também as empresas em nome individual não transforma estas em sujeitos passivos distintos do empresário, nem legitima a pretensão para que venham a ser tributadas em IRC. O rendimento destas empresas faz parte do rendimento global do indivíduo que, podendo ter outras fontes de rendimento, é empresário. Aquele rendimento é, por isso, acertadamente, tributado em IRS[222].

Note-se ainda que o Estabelecimento Individual de Responsabilidade Limitada (EIRL), cuja criação foi permitida pelo Decreto-Lei n.º 248/86, de 29.08, não é uma entidade jurídica e tributária distinta do empresário que o constitui. É somente um mecanismo de limitação da responsabilidade do empresário aos bens e direitos afectos ao estabelecimento. Por isso, o lucro apurado no âmbito de um EIRL é sujeito a IRS.

Já os lucros das sociedades unipessoais são objecto de tributação em IRC, uma vez que a sua constituição dá lugar à criação de um ente jurídico distinto do único sócio.

Em conclusão, a base de tributação de todas as empresas, incluindo as em nome individual, deve ser determinada fundamentalmente de acordo com as mesmas regras, quer se tratem de pessoas singulares ou de pessoas colectivas. Imperativo que o CIRS cumpre através do seu artigo 32.º. Os limites aos custos dedutíveis constantes do artigo 33.º do CIRS são normas excepcionais anti-evasão que não afectam aquele princípio e bem se compreendem em face da unidade jurídica e tributária entre empresário e empresa.

---

[222] No mesmo sentido, TEIXEIRA RIBEIRO, *"As opções fiscais da Constituição"*, Boletim de Ciências Económicas, XXVIII, 1985, p. 91. Contra, CASALTA NABAIS, *Direito...*, p. 171.

Aspecto diferente, a merecer reflexão, é o da falta de *neutralidade fiscal*[223] entre a tributação dos lucros das empresas em nome individual e a que recai sobre os lucros das empresas constituídas sob a forma de pessoa colectiva. Desde sempre a limitação dos custos dedutíveis em IRS tem intervindo a favor da opção do exercício da actividade através de pessoas colectivas. Recentemente, a *neutralidade fiscal* piorou devido à progressiva diminuição da taxa de IRC (25% para o regime geral e 20% para as sociedades do regime simplificado) sem que as taxas do IRS acompanhassem tal evolução. Acentuando este afastamento, em 2010 foi aumentada a taxa marginal máxima do IRS, de 42% para 45,88%, actualmente aplicável aos rendimentos colectáveis superiores a €150.000,00.

78. O rendimento real e o rendimento real presumido

Outro desafio que o n.º 2 do artigo 104.º da CRP coloca é o de concretizar o que seja o *"rendimento real"*. Quase instintivamente ligamos este conceito ao lucro apurado num exercício, o qual assentaria na diferença entre os proveitos e custos verificados nesse período. Este saldo, deduzido do imposto sobre os lucros, é evidenciado na contabilidade das empresas na conta 818 do Quadro de Contas do SNC, com a designação de *resultado líquido do período (RLP)*. Daí que se faça a associação entre o *rendimento real (ou lucro real)* e o *RLE,* também designado por *resultado contabilístico,* o qual é a base para a determinação do lucro tributável das sociedades (art. 17.º, n.º 1, do CIRC) e do rendimento líquido das empresas em nome individual com contabilidade organizada (art. 32.º do CIRS).

Embora o RLP seja o ponto de partida para o apuramento do IRC, deve ter-se presente que o *lucro tributável* se alcança somando ou subtraindo àquele resultado as variações patrimoniais que não estando

---

[223] *Neutralidade fiscal* é uma das características do sistema fiscal perfeito que se traduz na ausência de intervenção da fiscalidade relativamente à eficiente alocação dos recursos e, neste caso, à escolha entre as formas possíveis de exercício da actividade.

aí reflectidas, concorrem para o lucro tributável e as correcções fiscais resultantes da lei[224]. Diga-se, correcções resultantes da lei (incluindo nomeadamente o Estatuto dos Benefícios Fiscais e outras leis relativas a sistemas de incentivos fiscais, mas também qualquer outra legislação que imponha tais correcções) e não apenas do CIRC. Pelo que o n.º 1 do artigo 17.º do CIRC peca por defeito ao referir apenas as correcções *"nos termos deste código"*.

Há, contudo, grande consenso à volta da afirmação de que, para efeitos tributários, o conceito de *rendimento real* ou *lucro real* não compreende apenas os lucros evidenciados pela contabilidade organizada de acordo com os princípios contabilísticos, antes se estendendo aos lucros presumidos[225]. Esta posição está, aliás, longe de ser recente. Dentro do *rendimento real,* a dicotomia entre *lucro real efectivo* e *lucro real presumido,* remonta à extinta *contribuição industrial.* A propósito da base de tributação do grupo A deste imposto – *o lucro real efectivo* – e do seu grupo B – *o lucro real presumido* – referia o n.º 7 do preâmbulo do Código da Contribuição Industrial *"...pretende-se que o imposto incida sobre o mesmo rendimento em ambos os casos, ficando a distinção a dever-se, em última análise, apenas à maior ou menor confiança oferecida pelo apuramento dos resultados..."*.

Lucros reais são, portanto, os que se apuram directamente da contabilidade do contribuinte e os que se presumem (precisamos nós) com base em elementos objectivos respeitantes a um contribuinte em concreto. Parece, para além disso, ser despiciendo, neste momento,

---

224 Embora reportado ao Imposto sobre o Rendimento das Pessoas Colectivas (IRPC) de Moçambique, mas totalmente válido também para o IRC dada a coincidência do respectivo preceito legal, ver a relação entre o resultado contabilístico e o lucro tributável, *in* Brás Carlos e Aboobacar Changa, *Manual de Formação em IRPC*, Ministério do Plano e Finanças de Moçambique, 2003, pp. 48 e segs..

225 *Acórdão n.º 26/92* do TRIBUNAL CONSTITUCIONAL, DR. II série, 11.06.92; Gomes Canotilho e Vital Moreira, *Constituição...*, 2007, p. 1100; Teixeira Ribeiro, *Lições ...* p. 307; Alberto Xavier, *Conceito e natureza do acto tributário*, Almedina, 1972, p. 155; Rogério Fernandes Ferreira, *A tributação do lucro real*, 2.ª edição, Lisboa, 1972, p. 314; Sousa Franco, *Finanças...* II, p. 153; Casalta Nabais, *Direito...*, p. 73; Rui Morais, *Apontamentos sobre o IRC*, Almedina, p. 59; A. Brás Carlos, *Rendimentos reais, versus rendimentos normais,* Jornal de Contabilidade, Março 2000, p. 72.

distinguir se a via da presunção do lucro se deve à ocorrência de factos que determinam o termo da *presunção de verdade* das declarações, contabilidade ou escrita do contribuinte (v. art. 75.º da LGT) ou a uma opção prévia que afasta a relevância fiscal da contabilidade, como se passava no regime simplificado de determinação do lucro tributável previsto, também em IRC, antes da sua revogação pela Lei n.º 3-B/2010.

À luz do que vimos, passamos a confrontar com a CRP os métodos vigentes de determinação do rendimento tributável das empresas: o método de apuramento *com base na declaração e contabilidade* do contribuinte e os *métodos indirectos* de determinação da matéria tributável.

79. O apuramento do lucro tributável com base na contabilidade

O regime regra de determinação da matéria colectável das empresas é o chamado *método declarativo*. A matéria colectável apura-se com base na contabilidade e na declaração do contribuinte, sem prejuízo do seu controlo pela Administração fiscal (art. 16.º, n.º 1, do CIRC e art. 32.º do CIRS). Este regime não coloca questões de constitucionalidade apesar do conjunto de correcções fiscais ao resultado contabilístico que o CIRC impõe (v. entre outros o art. 45.º do CIRC). Tais particularidades são em número muito menor do que os factos da vida das empresas em que a fiscalidade não impõe correcções à qualificação e quantificação previamente efectuada pela contabilidade, pelo que são constitucionalmente permitidas em face do advérbio *fundamentalmente* constante do n.º 2 do artigo 104.º da CRP.

Neste regime compreendem-se também as alterações ou correcções de natureza quantitativa efectuadas pela Administração. Estas mais não são do que o reflexo do controlo efectuado pelo *fisco* para fazer cumprir as normas de determinação da matéria tributável e do imposto, constantes da lei (v. art. 16.º, n.º 1, do CIRC).

80. Métodos indirectos de determinação da matéria tributável

Dentro dos métodos indirectos de determinação da matéria tributável, deve distinguir-se entre, por um lado, os métodos de determinação utilizados *em alternativa*, quando não é possível a quantificação directa ou exacta da matéria tributável (v. art. 87.º, alínea b), da LGT) ou não são legalmente aceitáveis os valores evidenciados pelo contribuinte (art. 87.º, alíneas c) e e), da LGT); e, por outro lado, os métodos não directos de determinação da base tributável legalmente aplicáveis, *ab initio,* como regime normal de determinação da matéria tributável (v. art. 87.º, alínea a), da LGT).[226]

No caso dos métodos usados em alternativa para corrigir a matéria tributável declarada estamos perante um desenvolvimento patológico da relação fiduciária fisco-contribuinte, provocado pelo incumprimento de obrigações (v. art. 88.º da LGT), ou pela apresentação de valores inferiores aos que seriam apresentados em condições de normalidade[227], que se traduzem numa determinação da matéria colectável pela Administração[228].

No segundo conjunto de métodos indirectos, onde incluímos o *regime simplificado de determinação do rendimento tributável* do IRS (art. 31.º do CIRS), o contribuinte utiliza um método normal, não correctivo e não supletivo de determinação, legalmente previsto enquanto tal.

Nos métodos de avaliação indirecta que decorrem da impossibilidade de comprovação e quantificação directa e exacta dos elementos indispensáveis à determinação da matéria tributável, a Administração deve basear-se em indicadores aplicáveis ao contribuinte ou à actividade em que se insere para a fixação da matéria tributável (art. 90.º da LGT). Isto é, deve basear-se em indicadores conhecidos para alcançar um rendimento desconhecido. E esta acção mais não é do que presumir.

---

[226] No mesmo sentido, COMISSÃO PARA O DESENVOLVIMENTO DA REFORMA FISCAL, *Relatório...*, p. 297.

[227] São critérios de normalidade os que presidem às alíneas c) a f) do artigo 87.º da LGT, os quais, admitem prova em contrário.

[228] Ver elenco de casos de avaliação indirecta e respectivo regime de reclamação e impugnação, em BRÁS CARLOS, IRENE ABREU, JOÃO DURÃO e EMÍLIA PIMENTA, *Guia...*, p. 591.

Como decorre do artigo 349.º do Código Civil, *presunções* são ilações retiradas de um facto conhecido (a que chamamos indicadores) para firmar um facto desconhecido (neste caso, um lucro, obviamente, presumido).

Apesar de o termo *"presunções"* quase ter desaparecido do nosso ordenamento tributário (mas ver ainda a *"liquidação com base em presunções"* do art. 84.º, n.º 1 do CIVA) para dar lugar, primeiro aos *métodos indiciários* e depois aos *métodos indirectos*, o processo cognitivo de determinação do montante que há-de servir de base à tributação é próprio das presunções[229]. As diferentes exigências de fundamentação e os mecanismos de reacção que a lei possa consagrar para as ditas *presunções* e para os *métodos indirectos*, como aconteceu no passado, são exteriores ao acto de determinação do valor tributável e não põem em causa a semelhança intrínseca existente entre as duas figuras.

A matéria tributável fixada por estes *métodos indirectos* é, pois, um lucro presumido. Como vimos atrás, doutrina e jurisprudência coincidem na conclusão de que este tipo de lucro é ainda um lucro real. Conclusão que inteiramente perfilhamos, porque o processo de fixação do rendimento visa, verdadeiramente, reconstruir o rendimento real, na medida do possível e a partir de indicadores ou outros elementos conhecidos (a começar pelos que, sendo do próprio contribuinte, mereçam confiança). Finalmente, realçando a natureza supletiva dos métodos indirectos, salienta-se que estes apenas podem ser aplicados quando as anomalias relativas ao cumprimento das obrigações do contribuinte foram de molde a inviabilizar o apuramento directo e exacto do lucro tributável.

Note-se, contudo, que, ao invés, não estaremos em presença de um lucro presumido se na sua fixação não for estabelecida uma conexão objectiva com a actividade do contribuinte (ex: valor dos activos, número de empregados, localização, margens médias de lucro do sector, etc.).

Nos restantes pressupostos para aplicação dos métodos indirectos correctivos dos elementos declarados, previstos no art. 87.º, alíneas c)

[229] Afirmação escolhida para marcar o tema central da tese de doutoramento de JOÃO SÉRGIO RIBEIRO, *Tributação presuntiva do rendimento*, Almedina, 2010, p. 16, mas que, por lapso, foi atribuída a RUI DUARTE MORAIS, que a citara em *Apontamentos ao IRC...*, p. 181.

e e), da LGT recai sobre as empresas o ónus de justificar as seguintes divergências:

- Alínea c) – divergência de mais de 30% para menos (ou durante três anos seguidos mais de 15%) entre a matéria tributável declarada e a que resultaria dos indicadores objectivos da actividade. Estes indicadores, contudo, ainda não estão publicados, o que torna inútil o preceito;
- Alínea e) – reiteração de resultados tributáveis nulos ou de prejuízos fiscais durante três anos consecutivos, salvo nos casos de início de actividade em que o prazo se conta a partir do terceiro ano de actividade, ou em três anos no período de cinco.

Se o contribuinte não justificar tais divergências, pode a Administração proceder à avaliação indirecta da matéria tributável.

Será este ónus inconstitucional ou sequer desequilibrado?

Claramente que não. Há um princípio fundamental em matéria de atribuição do ónus da prova que nem sempre tem sido ponderado nas afirmações de inconstitucionalidade que recairam sobre estes casos de pretensa inversão do ónus da prova. Falamos do *critério da normalidade* consagrado em termos gerais nos artigos 342.º e 344.º do Código Civil[230]. Este critério, aplicado ao processo de fixação por métodos indirectos, determina que deve recair sobre a Administração tributária o ónus de provar a verificação dos respectivos pressupostos, porque estes integram o seu direito àquela determinação da matéria tributável. Por outro lado, deve recair sobre o contribuinte o ónus de provar que, no caso em concreto, se justificam os afastamentos entre os valores declarados e os considerados normais pela lei. É o contribuinte que tem interesse em fazer essa prova e é ele que está em melhores condições para a fazer. É ele que, normalmente, possuirá a documentação, os rácios verificados na sua actividade, ou o comprovativo de outros factos justificativos de tais divergências.

---

[230] V., ANTUNES VARELA e PIRES DE LIMA, *Código Civil Anotado*, I, Coimbra, 1982, p. 303 e segs.

Finalmente, refira-se que a avaliação indirecta prevista no artigo 87.º da LGT pode ser utilizada em outros impostos que não o IRC e IRS dos empresários em nome individual[231], e para outros rendimentos que não os empresariais, desde que verificados os respectivos pressupostos. Neste ponto, porém, estudamos a constitucionalidade da tributação dos rendimentos das empresas e, por isso, nos circunscrevemos aos preceitos para isso relevantes.

81. A Constituição e os regimes simplificados de determinação da matéria tributável

A primeira nota respeita à revogação, pela Lei n.º 3-B/2010, do regime simplificado de determinação do lucro tributável em IRC, como aqui vínhamos defendendo[232].

E será também compatível com o n.º 2 do artigo 104.º da CRP a determinação da matéria tributável nos termos do regime simplificado, em IRS, onde o lucro ou rendimento tributável resulta da aplicação de coeficientes ao volume de negócios, completados com a existência de limites mínimos?

Se a determinação da matéria tributável fosse efectuada através dos *indicadores de base técnico-científica determinados para os diferentes sectores de actividade* previstos nos artigos 89.º, n.º 1, da LGT, 31.º, n.º 1, do CIRS, nenhuma questão de inconstitucionalidade se colocaria, pelas seguintes razões:

a) O advérbio *fundamentalmente* (art. 104.º, n.º 2, da CRP) compreenderia, também este regime especial;
b) A aplicação do regime é resultado de um opção do contribuinte, em alternativa ao regime determinado com base na contabilidade;

---

[231] No mesmo sentido, Lima Guerreiro, *Lei geral tributária…*, p. 369.

[232] Que sempre foi de difícil justificação para as sociedades, as quais mantendo as mesmas obrigações de contabilidade organizada impostas pela lei comercial, não teriam qualquer vantagem em termos de cumprimento de obrigações acessórias, optando apenas pelo regime simplificado quando dele resultar menos imposto do que resultaria por aplicação do regime geral.

c) O lucro apurado por esta via seria um lucro presumido, pelas razões indicadas no ponto anterior.

Sabe-se, porém, que apesar de previstos na lei, desde o ano de 2000 (Lei n.º 30-G/2000) tais indicadores não foram ainda publicados. O que determina, no IRS, a actual aplicação, a todos os contribuintes enquadrados neste regime, do coeficiente de 0,20 sobre as vendas de mercadorias e produtos e do coeficiente de 0,70 sobre os restantes rendimentos. Quando se trate de proveitos resultantes de actividades de hotelaria, restauração e bebidas e de subsídios destinados à exploração, o coeficiente é, também, de 0,20, ainda que estejamos perante proveitos que não resultam de vendas. Para efeitos de IRS, os subsídios não destinados à exploração são considerados em fracções iguais, durante cinco exercícios, sendo o primeiro o do recebimento.

Cumpre, então, confrontar também este regime com a Constituição.

Também aqui nos parece não haver qualquer inconstitucionalidade. Em nosso entender, estamos, ainda, no âmbito do lucro presumido, por força da conexão com um elemento objectivo e definidor da actividade daquele contribuinte, em concreto – o valor das vendas e de outros rendimentos. Não se trata do lucro que poderia ser obtido num exercício em *condições normais*, mas de um lucro determinado a partir de um indicador objectivo daquele contribuinte, verificado naquele exercício.

Concorre também para a constitucionalidade do regime a sua natureza opcional.

82. A Constituição e o pagamento especial por conta

Os sujeitos passivos de IRC que exercem a título principal uma actividade de natureza comercial, industrial ou agrícola, são obrigados a efectuar um *pagamento especial por conta*. A base deste pagamento é igual a 1% do volume de negócios do exercício anterior, com o limite mínimo de €1.000. Quando o resultado daquele produto for superior a €1.000 o montante a considerar é igual a esse limite acrescido de 20%

da parte excedente, com o limite máximo de €70.000. O valor do pagamento especial por conta é a diferença entre aquele montante e os pagamentos por conta efectuados no exercício anterior (art. 106.º do CIRC).

Como pagamento por conta que é, este pagamento especial é dedutível à colecta do IRC (art. 93.º, do CIRC) do próprio exercício e dos quatro exercícios seguintes. Se nesses exercícios a colecta for insuficiente para permitir a dedução do pagamento especial por conta efectuado, a parte não deduzida à colecta é reembolsável quando, nos termos do artigo 93.º, n.º 3, do CIRC:

a) A rentabilidade do ano a que respeita o pagamento especial por conta não seja inferior em mais de 10% da média dos rácios de rentabilidade das empresas do sector de actividade em que a empresa se insere[233];
b) A situação que deu origem ao reembolso (insuficiência da colecta durante cinco exercícios) seja considerada justificada por acção de inspecção requerida pelo sujeito passivo.

Será este *pagamento especial por conta* desconforme à Constituição?

A maior parte da fundamentação usada para defender a inconstitucionalidade deste pagamento, não parece colher, pelas seguintes razões:

a) O pagamento especial por conta tem por base o volume de negócios de cada contribuinte em particular e não é um pagamento determinado em completa desconexão com a sua situação tributária;
b) O pagamento especial por conta é feito por empresas que apresentam a situação, que deve reconhecer-se excepcional, de valores reiteradamente muito baixos ou nulos de colecta. Caso contrário, os pagamentos por conta normais que fariam nos termos do artigo 97.º do CIRC seriam suficientes para não ter de efectuar *pagamento especial por conta;*

---

233 Rácios ainda não publicados, o que torna inútil o preceito.

c) O limite mínimo de €1.000 alcança-se com um volume de negócios de €100.000, corresponde a uma matéria colectável de €4.000 e, com a taxa de IRC de 25%, a uma margem de lucro líquida de 4%, o que está, certamente, contido nos limites do princípio da proporcionalidade e da previsibilidade de qualquer empresa. A favor da constitucionalidade do regime acresce o facto de o *pagamento especial por conta* não ser aplicável no exercício de início de actividade e no seguinte, onde são previsíveis as despesas de instalação e maiores despesas de investimento e menores proveitos. Note-se, ainda, que, para valores de pagamentos especiais por conta acima do limite mínimo, a margem de lucro implícita vai diminuindo;

d) Só por razões excepcionais, que o contribuinte poderá comprovar em acção de inspecção por si requerida a fim de obter o respectivo reembolso, o *pagamento especial por conta* não será deduzido à colecta do exercício e de um ou mais dos quatro exercícios posteriores.

Subsistem, contudo, dois aspectos a ponderar:

1.º – A existência de empresas com baixo volume de negócios que, exercendo a actividade exclusivamente em sectores em que os preços de venda são fixados administrativamente, é sabido não terem uma taxa média de lucro líquido de 4%;

2.º – A existência do limite máximo de €70.000.

No primeiro caso, existindo sectores em que haja lugar à fixação administrativa de preços de venda ao público dos quais resulte uma taxa média de lucro inferior a 4%, parece-nos que o seu PEC deveria ser determinado em conformidade.

É certo que os n.ºs 6 e 7 do artigo 106.º do IRC consagram normas que visam atender a alguma especificidade das actividades de revenda de combustíveis, de tabaco, de veículos sujeitos ao imposto automóvel e de álcool e de bebidas alcoólicas. Neles se permite subtrair à base de cálculo do pagamento especial por conta os impostos especiais sobre o consumo e o imposto automóvel, agora ISV, quando incluídos nos proveitos. Mas é diferente a questão de que falámos antes.

Já a existência de um limite máximo de €70.000 para o pagamento especial por conta parece constituir a mais credível hipótese de inconstitucionalidade deste pagamento. Se a percentagem de 1% sobre o volume de negócios é um valor adequado para este pagamento, como o legislador entendeu, não existirão razões para estabelecer limites máximos. Assim, as empresas com maior volume de negócios efectuam pagamentos especiais por conta em valores inferiores a 1% daquele, afrontando o *princípio da igualdade*[234].

83. A Constituição e a tributação do património

Após a Lei constitucional n.º 1/97, de 20 de Setembro (4.ª revisão constitucional), o n.º 3 do artigo 104.º da CRP passou a dispor:

> *"A tributação do património deve contribuir para a igualdade dos cidadãos"*.

Anteriormente o preceito referia-se unicamente ao entretanto revogado imposto sobre as sucessões e doações; e dispunha:

> *"O imposto sobre as sucessões e doações será progressivo, de forma a contribuir para a igualdade entre os cidadãos"*

A anterior redacção do preceito constitucional não contemplaria a extinção do *imposto sobre as sucessões e doações*, que veio a ocorrer. De facto, em 1 de Janeiro de 2004, o código do imposto municipal de sisa e do imposto sobre as sucessões e doações foi revogado, passando as transmissões gratuitas de móveis e de imóveis a ser tributadas em imposto do selo, cujo código – o CIS – foi alterado em conformidade.

---

234 Também admitindo que, a existir inconstitucionalidade, seria por via deste limite, ROGÉRIO FERNANDES FERREIRA, *Fiscalidade e Contabilidade*, Notícias, Lisboa, 2003, pg. 283, aproveitando para denunciar uma certa "*moda da inconstitucionalidade*".

A redacção actual do preceito teria a vantagem de se referir a toda a área da tributação do património e não apenas à tributação em imposto sobre as sucessões e doações, a qual, nem sequer era a mais relevante em termos de receita. O actual n.º 3 do artigo 104.º da CRP, contudo, nada acrescenta aos princípios constitucionais da tributação que vimos para o sistema fiscal em geral. A contribuição *para a igualdade entre os cidadãos*, não é um objectivo específico dos impostos sobre o património mas de todo o sistema fiscal. E, como não se concretiza o instrumento a usar para prosseguir tal igualdade, nem a *igualdade* tributária é sempre sinónimo de aplicação da progressividade ou de outro mecanismo específico, a norma não tem utilidade. Note-se que, na anterior redacção, o instrumento igualitário era a progressividade do imposto sobre as sucessões e doações.

É, ainda, de salientar que apesar de em 1 de Dezembro de 2003 ter entrado em vigor o novo imposto sobre o valor patrimonial dos imóveis – o IMI – e, em Janeiro de 2004, o novo imposto sobre as transmissões onerosas de imóveis – o IMT – nenhum deles é um imposto progressivo, ou contém outros mecanismos de igualdade vertical. Representando estes impostos o essencial da tributação do património e sendo posteriores à nova redacção do n.º 3 do artigo 104.º da CRP, seriam inconstitucionais se considerássemos que o preceito aponta para a progressividade da tributação. Pelo que atrás dissemos e atendendo à evolução da norma constitucional, não nos parece que seja assim.

Por outro lado, já temos dúvidas quanto à constitucionalidade do actual sistema de fixação da taxa do IMI, pelas razões que vimos antes (*supra* n.º 55). Além disso, parece-nos ilegal o actual método de fixação do *valor base* dos prédios urbanos por aplicação de um mesmo valor por metro quadrado fixado em cada ano para todo o país, independentemente da localização ou antiguidade dos prédios, quando o artigo 39.º do CIMI faz reportar tal valor base ao *custo médio de construção* e este aos encargos suportados na construção dos respectivos prédios[235].

---

[235] V., BRÁS CARLOS, *A excessiva tributação dos prédios antigos*, Diário Económico de 29.04.2005.

84. A Constituição e a tributação do consumo

Sobre a tributação do consumo dispõe o n.º 4 do artigo 104.º da CRP:

> *"A tributação do consumo visa adaptar a estrutura do consumo à evolução das necessidades do desenvolvimento económico e da justiça social, devendo onerar os consumos de luxo."*

Esta norma tem em atenção a totalidade da tributação sobre o consumo e não apenas o imposto geral sobre o consumo que é o IVA. De facto, com o desaparecimento da taxa agravada no IVA, em 1995, por força da Sexta Directiva do IVA (Directiva n.º 77/388/CEE, na redacção das Directivas 92/77/CEE e 92/111/CEE) não se vê como este poderia onerar os *consumos de luxo*. Tal objectivo está agora atribuído ao que designamos por *tributações especiais sobre o consumo*[236], em que se incluem os impostos especiais sobre o consumo (IEC)[237] e outros impostos sobre o consumo de certos bens, como o imposto sobre veículos (ISV).

O IVA, mesmo sem taxa agravada, pode, contudo, contribuir para o cumprimento do imperativo constitucional de intervenção na *estrutura do consumo* com objectivos de *justiça social,* desonerando fiscalmente certos serviços e bens, como já faz, por exemplo, através da isenção dos serviços médicos e sanitários ou tributando a uma taxa reduzida (6% no continente e 5% na Madeira e nos Açores) nomeadamente os bens essenciais, de consumo generalizado e os produtos farmacêuticos e similares. Também a tributação à taxa reduzida de bens como os livros, os bens de produção da agricultura, a electricidade e o gás natural; ou a tributação à taxa intermédia (13% no continente e 9% na Madeira e nos Açores) dos utensílios ou alfaias agrícolas, deve ser

---

[236] Pelo que não perfilhamos a ideia de inutilidade desta parte do preceito expressa por CASALTA NABAIS, *Direito...*, p. 180.

[237] A legislação sobre os IEC foi codificada no *Código dos IEC*, pelo D.L. n.º 566/99, de 22.12. Os IEC são: o *imposto sobre o álcool e as bebidas alcoólicas (IABA); o imposto sobre os produtos petrolíferos e energéticos (ISP); e o imposto sobre o tabaco (IT).*

entendido como uma adaptação *às necessidades do desenvolvimento económico.*

85. A inconstitucionalidade

São inválidas as normas jurídicas, incluindo as constantes de regulamentos administrativos, que sejam desconformes à Constituição da República, como decorre do artigo 3.º, n.º 3, da CRP. Tais normas são inválidas porque são ilegais, contrárias à lei. Neste caso, contrárias à lei fundamental do País. A *ilegalidade*, na sua forma de *inconstitucionalidade*, é a fonte da referida invalidade, a qual decorre do primado da Constituição na ordem jurídica nacional. Nos termos do mesmo preceito, são, também, inválidos os demais actos (os actos não normativos) do Estado, das regiões autónomas, do poder local e de outras entidades públicas, desde que não conformes à CRP.

A forma particular de ilegalidade em face da Constituição – a *inconstitucionalidade* – está, porém, reservada às normas jurídicas[238], como resulta dos artigos 277.º[239], 280.º (fiscalização concreta da constitucionalidade e da legalidade) e 281.º (fiscalização abstracta da constitucionalidade e da legalidade) todos da CRP; e ao caso muito particular dos *referendos* (art. 115.º, n.º 8 da CRP). É claro, contudo, que um acto administrativo sobre matéria tributária ou outra que viole a Constituição não pode deixar de ser considerado *ilegal* pelos tribunais administrativos e fiscais e, no caso, declarado nulo, se outra não for a sanção especialmente prevista. A apreciação da legalidade inclui, obviamente, a conformidade com a Constituição.

[238] O que levou Gomes Canotilho e Vital Moreira a afirmar que o sistema de fiscalização da constitucionalidade será sempre imperfeito enquanto não abranger, também, os actos não normativos dos entes públicos (*Constituição...*, 2007, p. 219).

[239] *"São inconstitucionais* ***as normas*** *que infrinjam o disposto na Constituição ou os princípios nela consignados".*

86. Tipos de inconstitucionalidade

Existem vários tipos de inconstitucionalidade[240]. Distinguiremos, porém, apenas entre:

a) inconstitucionalidade por acção e inconstitucionalidade por omissão;
b) inconstitucionalidade orgânica, inconstitucionalidade formal e inconstitucionalidade material.

a) Inconstitucionalidade por acção e inconstitucionalidade por omissão

Na inconstitucionalidade por acção, estamos perante uma norma jurídica (ou um projecto de norma no caso da fiscalização preventiva) que ofende a Constituição. É esta a inconstitucionalidade mais frequente. Na *inconstitucionalidade por omissão*, o que é desconforme ao texto constitucional é a inércia do legislador para tomar as medidas legislativas necessárias ao cumprimento das normas constitucionais.

b) Inconstitucionalidade orgânica, inconstitucionalidade formal e inconstitucionalidade material

A *inconstitucionalidade orgânica* ocorre quando o órgão legislador é *incompetente* para praticar certo acto legislativo, nomeadamente, porque tal matéria está reservada a outro órgão. Seria, por exemplo, o caso de o governo legislar sobre os elementos essenciais do imposto, que, como vimos, estão compreendidos na reserva de lei da AR. Estaremos perante *inconstitucionalidade formal* se, ainda que competente em razão da matéria, o governo escolher uma forma legislativa contrária à Constituição (*vg.* o governo deveria legislar por decreto-lei, mas fê-lo por decreto-regulamentar ou outra forma de regulamento).

---

[240] V., Jorge Miranda, *Manual...* VI, p. 33.

Por seu lado, a *inconstitucionalidade material* respeita ao conteúdo da norma em questão e resulta da sua incompatibilidade intrínseca com os preceitos e princípios constitucionais. Assim, as normas de um diploma emanado do órgão competente e respeitando todos os requisitos formais será, ainda assim, inconstitucional se o seu conteúdo for desconforme ao normativo da CRP. Será, por exemplo, materialmente inconstitucional, por violação do artigo 104.°, n.° 1, da CRP, a Lei da AR que no CIRS revogue todas as deduções respeitantes a despesas essenciais do agregado familiar. Também será, do mesmo modo, inconstitucional a Lei da AR que ponha em causa o *princípio da confiança* ínsito na ideia de Estado de direito democrático, por violação do artigo 2.° da CRP (v. *supra* n.os 61 a 64).

87. Tipos de fiscalização da constitucionalidade

Cabe ao Tribunal Constitucional apreciar e declarar a inconstitucionalidade de quaisquer normas. Também em matéria tributária, pode fazê-lo em três situações:

a) No âmbito da *fiscalização preventiva* da constitucionalidade (art. 278.° da CRP);
b) No âmbito da *fiscalização abstracta* da constitucionalidade (art. 281.° da CRP);
c) No âmbito da *fiscalização concreta* da constitucionalidade (art. 280.° da CRP).

a) Fiscalização preventiva da constitucionalidade

A *fiscalização preventiva* da constitucionalidade (art. 278.° da CRP) tem como objecto preceitos constantes de diplomas legais que nunca vigoraram na ordem jurídica, porque o seu processo de formação está, ainda, em curso. É um controlo prévio à entrada em vigor das normas. Esta fiscalização tem lugar a requerimento do Presidente da República e em presença de norma constante de decreto que lhe foi enviado para promulgação como lei ou decreto – lei, de tratado internacional que lhe foi submetido para ratificação, ou de acordo internacional que lhe foi remetido para assinatura.

Podem, também, os Representantes da República nas regiões autónomas requerer ao Tribunal Constitucional esta fiscalização, relativamente a qualquer norma que conste de decreto legislativo regional, que lhes tenha sido enviado para assinatura.

Quando se trate de lei orgânica que foi enviada ao Presidente da República para promulgação, o pedido de fiscalização preventiva pode igualmente ser efectuado pelo Primeiro-Ministro ou por um quinto dos deputados à Assembleia da República.

b) Fiscalização abstracta da constitucionalidade

No âmbito da *fiscalização abstracta* da constitucionalidade (art. 281.º da CRP), o Tribunal Constitucional aprecia a constitucionalidade de normas que, contrariamente ao que ocorre em sede de fiscalização preventiva, vigoram na ordem jurídica interna, sem prejuízo da sua *nulidade,* com efeitos *ex-tunc* (os efeitos da declaração de nulidade retroagem à data da entrada em vigor da norma declarada nula) em caso de declaração de inconstitucionalidade.

Podem requerer a fiscalização abstracta da constitucionalidade, com *força obrigatória geral*, o Presidente da República, o Presidente da Assembleia da República, o Primeiro-Ministro, o Provedor de Justiça, o Procurador-Geral da República e um décimo dos deputados à Assembleia da República.

Com fundamento em violação dos direitos das regiões autónomas, podem requerer igual fiscalização os Representantes da República nas regiões autónomas, os presidente das Assembleias Legislativas das regiões autónomas, os presidentes dos Governos Regionais e um décimo dos deputados à respectiva Assembleia Legislativa.

O Tribunal Constitucional pode também, por sua iniciativa, apreciar e declarar a inconstitucionalidade, com *força obrigatória geral,* de normas que tenham sido por si julgadas inconstitucionais em três casos concretos. Neste caso, contrariamente às restantes situações de apreciação da constitucionalidade, o Tribunal Constitucional não necessita do impulso processual de outrem (n.º 3 do art. 281.º da CRP).

A *força obrigatória geral* inerente à declaração de inconstitucionalidade, em sede de fiscalização abstracta, significa que tal decisão tem *força de lei*, vinculando o legislador e todos os tribunais, incluindo o próprio Tribunal Constitucional[241], e sendo, em conformidade, publicada na 1.ª série do *Diário da República* (art. 3.º, n.º 2, al. h) da Lei n.º 74/98, de 11 de Novembro). Evidência da força vinculativa da declaração de inconstitucionalidade é a obrigatoriedade de recurso para o Tribunal Constitucional das decisões de tribunais que apliquem norma anteriormente declarada inconstitucional (art. 280.º, n.º 5, da CRP).

c) Fiscalização concreta da constitucionalidade

Na *fiscalização concreta* da constitucionalidade (art. 280.º da CRP), o Tribunal Constitucional intervém como instância de recurso de outro tribunal (independentemente da categoria, hierarquia ou competência) que, no âmbito de um qualquer processo judicial, *em concreto*, tenha recusado a aplicação de qualquer norma com fundamento em inconstitucionalidade, aplicado norma cuja inconstitucionalidade haja sido suscitada durante o processo, ou aplicado norma anteriormente julgada inconstitucional pelo Tribunal Constitucional. No primeiro e terceiro casos o Ministério Público é obrigado a recorrer, mas não nos parece haver razões para impedir que as partes recorram também, tendo em vista, designadamente, que a decisão do Tribunal Constitucional tem uma eficácia dirigida, aliás, exclusivamente dirigida, ao caso dirimido no tribunal recorrido, onde residem os interesses legítimos das partes. No segundo caso, o recurso só é possível pela parte que suscitou o *incidente de inconstitucionalidade* no processo (n.º 4 do art. 280.º da CRP).

Já vimos que uma declaração de inconstitucionalidade em sede de *fiscalização concreta*, vale exclusivamente para o caso onde foi suscitada. Regime diferente, portanto, da declaração de inconstitucionali-

---

[241] Nos termos referidos por GOMES CANOTILHO, *Direito Constitucional e Teoria...*, p. 1012.

dade em sede de *fiscalização abstracta*, a qual tem *força geral obrigatória*.

88. Efeitos da declaração de inconstitucionalidade

Quando a CRP não determina outra consequência para a inconstitucionalidade dos actos normativos, a sanção é a *nulidade*. O texto constitucional não o diz expressamente, mas a doutrina e a jurisprudência têm convergido nesta conclusão[242]. Registe-se que a Constituição estipula, em casos particulares, outros valores jurídicos negativos, como a *inexistência* (art. 137.º e 140.º, n.º 2); a *irregularidade* (art. 277.º); e a *ineficácia jurídica* (art. 282.º).

É da natureza da *declaração de nulidade* que os seus efeitos retroajam à data da entrada em vigor da norma declarada nula (efeito *ex-tunc*). Pode bem dizer-se que, em princípio, o objectivo é repor, com efeitos retroactivos, a ordem jurídica que sempre teria vigorado caso a norma inconstitucional não tivesse existido.

É o que resulta do n.º 1 do artigo 282.º da CRP ao determinar que a declaração de inconstitucionalidade com força obrigatória geral, que é unicamente consequência da fiscalização abstracta, produza efeitos desde a entrada em vigor da norma declarada inconstitucional, repristinando as normas que ela, eventualmente, tenha revogado[243].

Há, porém, algumas *limitações ao efeito retroactivo* desta *declaração de inconstitucionalidade*. Desde logo, ficam ressalvados os *casos julgados*, salvo em matéria penal, disciplinar ou contra-ordenacional quando o regime resultante da nulidade *ex-tunc* e respectiva repristinação resultar, em concreto, mais favorável para o arguido (n.º 3 do artigo 282.º da CRP), ou para o *condenado*, se for o caso. Aqui o princípio do

---

[242] V., GOMES CANOTILHO e VITAL MOREIRA, *Constituição...*, 1993, p. 1039; GOMES CANOTILHO, *Direito Constitucional e Teoria...*, p. 953; JORGE MIRANDA, *Manual...* VI, p. 97, MARCELO REBELO DE SOUSA, *O valor jurídico do acto inconstitucional*, Gráfica Portuguesa, 1998, p. 233; BLANCO DE MORAIS, *Justiça constitucional* I, Coimbra, 2002, p. 243.

[243] Sobre as consequências da inconstitucionalidade, ver também JORGE MIRANDA, *Manual...*, VI, p. 84; GOMES CANOTILHO, *Direito Constitucional...* p. 1079.

tratamento mais favorável para o infractor sobrepõe-se ao princípio da definitividade das decisões após esgotado o prazo para recurso.

O n.º 3 do artigo 282.º da CRP menciona apenas *"o arguido"*, mas deve entender-se que deste regime pode igualmente beneficiar quem cumpra pena por prática de facto ilícito na sequência de sentença transitada em julgado. Nestas circunstâncias, pode o Tribunal Constitucional, no âmbito fiscal, nomeadamente, reduzir ou mandar cessar pena de prisão por crime tributário ou sanção acessória aplicada em caso de crime ou contra-ordenação tributária (v. arts. 16.º e art. 28.º do RGIT). Em teoria, poderá, neste quadro, o Tribunal mandar também devolver multas ou coimas pagas. Não poderá é deixar de ponderar o interesse público, nos termos do n.º 4 do artigo 282.º da CRP, que veremos em seguida.

Para além da limitação relativa aos casos julgados, pode, em geral, o Tribunal Constitucional, limitar os efeitos da declaração de inconstitucionalidade nos termos do n.º 4 do artigo 282.º da CRP, quando *razões de segurança jurídica, de equidade ou de interesse público de excepcional relevo, o exigirem.* Utilizando esta prerrogativa, pode o Tribunal determinar, designadamente, que os efeitos da inconstitucionalidade só se produzam para o futuro, a partir da data da publicação do acórdão em *Diário da República (cfr. Acórdão n.º 1203/96*, do TC, DR I-A de 24.1.1997); ou que sejam limitados a um certo segmento da norma e não aplicados à sua totalidade *(cfr. Acórdão n.º 236/94*, do TC, DR I-A de 7.5.1994).

Ainda no âmbito da limitação dos efeitos da declaração de inconstitucionalidade, uma última referência à sua natureza geralmente repristinatória. Também esta *reentrada em vigor* da norma revogada pela norma declarada inconstitucional pode ser objecto de limitação. É o que se passará se o Tribunal Constitucional considerar inconstitucional a norma que, de acordo com a regra geral, seria repristinada.

89. Fontes de normas fiscais infraconstitucionais

Passemos a falar das fontes de direito fiscal para além das normas e princípios constitucionais. Nestas, encontraremos fontes de direito nacional e fontes de origem externa.

90. O Direito da União Europeia

O sistema de normas da UE compreende o *direito originário* ou *direito constitucional* da União e o *direito derivado ou subordinado*[244].

O primeiro é composto pelos *tratados constitutivos (TCEE, TCECA e TCEEA)*, pelos tratados que nestes introduziram *alterações, aditamentos e revisões* e, ainda, pelos *tratados de adesão* dos Estados Membros. O segundo grupo é constituído, essencialmente, pelos *regulamentos, directivas, decisões, pareceres e recomendações*, elencados no artigo 249.º do TCE, o qual dispõe a propósito de cada um:

> *"(...) O regulamento tem carácter geral. É obrigatório em todos os seus elementos e directamente aplicável em todos os Estados-Membros.*
>
> *A directiva vincula o Estado-Membro destinatário quanto ao resultado a alcançar, deixando, no entanto, às instâncias nacionais a competência quanto à forma e aos meios.*
>
> *A decisão é obrigatória em todos os seus elementos para os destinatários que designar.*
>
> *As recomendações e os pareceres não são vinculativos."*

No que respeita à relação do *Direito da União Europeia* com o direito interno, a introdução do actual n.º 4 no artigo 8.º da CRP, pela Lei Constitucional n.º 1/2004, é mais um elemento a ter em conta na discussão sobre o posicionamento hierárquico do direito comunitário em face do direito interno português e, essencialmente, em face da Constituição. Diz o preceito:

> *"As disposições dos tratados que regem a União Europeia e as normas emanadas das suas instituições, no exercício das respectivas competências, são aplicáveis na ordem interna, nos termos definidos pelo direito da União, com respeito pelos princípios fundamentais do Estado de direito democrático."*

---

244 Terminologia utilizada por ANA GUERRA MARTINS, *Curso de Direito Constitucional da União Europeia*, Almedina, 2004, pp. 371 e segs.

Por parte do Tribunal de Justiça das Comunidades, este tem interpretado o artigo 6.º do Tratado de Roma no sentido da supremacia do direito da União sobre o direito interno dos Estados – membros, sem excluir as respectivas constituições. Esta não é, contudo, uma interpretação pacífica, sendo comum a negação daquele efeito em absoluto e a defesa de um diferente tipo de relacionamento entre a ordem jurídica comunitária e a ordem jurídica de origem estadual.[245]

Antes de tomar posição sobre esta questão, deve, contudo, ter-se em conta que a ocorrência de conflitos entre o Direito da União (quer derive dos Tratados, quer dos seus órgãos) e a Constituição será uma raridade. Para isso contribui, desde logo, a existência de um *lastro de princípios jurídicos fundamentais comuns* aos Estados membros, os quais são, aliás, escrutinados nos respectivos processos de adesão. Por seu turno, a efectiva observância de princípios como o *princípio da subsidiariedade* do direito comunitário e o *princípio da coordenação* ou *da harmonia* contribuirão grandemente para a ausência de conflitos entre as duas ordens jurídicas.

Admitindo, porém, a existência de conflito, resulta da letra do n.º 4 do artigo 8.º da CRP que, no que respeita aos *princípios fundamentais do Estado de direito democrático*, o direito da União Europeia prevalece sobre o direito ordinário interno, mas tem valor infraconstitucional.

Não é fácil, contudo, definir o que sejam aqueles *princípios fundamentais*. Apenas os que resultam dos onze primeiros artigos da CRP, enquadrados no capítulo com idêntica designação? Ou "*...os princípios historicamente objectivados e progressivamente introduzidos na consciência jurídica e que encontram uma recepção expressa ou implícita no texto constitucional*"[246]? Ou todos "*...os princípios da Constituição material.*"[247]?

---

[245] Ver por todos, as críticas àquela posição em JORGE MIRANDA e RUI MEDEIROS, *Constituição Portuguesa Anotada*, I, Coimbra Editora, 2005, pp. 92-95; e também à posição inversa em GOMES CANOTILHO, *Direito Constitucional e Teoria...*, pp. 1372-1377.

[246] GOMES CANOTILHO, *Direito Constitucional e Teoria* ... p. 1165.

[247] JORGE MIRANDA e RUI MEDEIROS, *Constituição*... p. 94.

Para nós, a discussão do posicionamento do Direito da União em matéria fiscal não pode ser desligada da regra da unanimidade que ainda resulta dos Tratados (v. arts. 93.º, 94.º e 95.º, n.º 2 do TCE). Se o Direito da União reconhece a cada Estado membro, naturalmente em resultado da vontade dos Estados, um verdadeiro direito de veto sobre propostas de natureza fiscal, parecer-nos-ia difícil concluir pela prevalência da ordem jurídica comunitária sobre a *Constituição fiscal material* de cada Estado.

No que respeita à importância das normas da U.E. na ordem jurídica tributária, é óbvio que estas influenciam crescentemente a fiscalidade vigente em Portugal e nos restantes Estados membros. De modo a harmonizar a legislação fiscal dentro da União e a criar mecanismos de cooperação entre os Estados membros, a U.E. tem aprovado medidas nas áreas da tributação do consumo e da tributação do rendimento. A intervenção na área dos impostos sobre o consumo tem sido mais evidente e efectiva, como atesta o avançado estado de harmonização em que se encontram o IVA e os IEC. O que bem se entende por se tratarem de impostos vitais para um dos objectivos principais da União: a realização do mercado interno.

Já no que respeita à tributação do rendimento, a harmonização tem sido mais lenta e difícil, apesar dos perigos para as receitas públicas dos Estados membros que daí resultam.

Num espaço de plena liberdade de estabelecimento e de circulação de capitais, sem harmonização fiscal, é normal que a concorrência fiscal entre os países no sentido de captar investimento estrangeiro e de manter o investimento nacional passe também pela diminuição da tributação dos lucros das empresas, o que tem, aliás, vindo a ocorrer nos últimos quinze anos, de forma evidente[248].

Sendo certo que a fiscalidade não é o único instrumento de atracção do investimento externo, ela reveste-se de grande importância entre países geograficamente próximos e com condições de exercício da

---

[248] Já em 1992 me parecia inevitável a descida das taxas de tributação sobre os rendimentos das sociedades e sobre os rendimentos de capitais que tem vindo a ocorrer no seio da União. Ver BRÁS CARLOS, *A União Económica e a equidade fiscal*, Expresso, 13.6.92.

actividade económica cada vez mais alinhadas. Acresce, ainda, ser previsível que tal movimento de descida continue de forma acentuada em face da adesão dos novos Estados membros, já que estes têm taxas muito baixas nestes impostos.

Apesar daqueles problemas, não é de esperar que, no futuro imediato, acelere o ritmo da harmonização da tributação do rendimento. A opção tem passado pela aprovação de Directivas sobre aspectos particulares desta área da tributação, que os Estados foram transpondo para o seu direito interno, de acordo com a flexibilidade de conteúdo e de prazo, permitida por aqueles instrumentos normativos. São exemplo dessa estratégia harmonizadora, a Directiva n.º 90/434/CEE, sobre o regime fiscal comum aplicável às fusões, cisões, entradas de activos e permutas de acções entre sociedades de Estados membros diferentes; a Directiva n.º 90/435/CEE, relativa ao regime fiscal comum das sociedades mãe e sociedades afiliadas de Estados membros diferentes; e, mais recentemente, a Directiva n.º 2003/49/CE, sobre o regime fiscal comum aplicável aos pagamentos de juros e royalties efectuados entre sociedades associadas de Estados membros diferentes.

Esta estratégia de pequenos passos não parece, contudo, ter alternativa enquanto não forem resolvidos dois problemas. Por um lado, o da regra da unanimidade para efeitos de decisão em matéria fiscal, consagrada e mantida nos Tratados da União, o que faz, como vimos antes, com que cada Estado membro tenha um efectivo direito de veto sobre as propostas formuladas nesta área. Por outro lado, o facto de não existirem sinais de harmonização fiscal entre a U.E. e os outros grandes blocos económicos, o que não deixa de legitimar a argumentação (verdadeira, embora muitas vezes hipocritamente utilizada) de que a U.E. não deve acabar com as suas zonas de baixa ou nula tributação, para perder investimentos a favor de Países exteriores à U.E., com territórios de idêntica natureza.

Exemplo acabado desta estratégia e das dificuldades referidas é o *"Código de conduta sobre concorrência fiscal"* publicado no Jornal Oficial de 6 de Janeiro de 1998, após ter ficado claro que não seria possível aprovar uma Directiva global sobre a matéria. Contrariamente às Directivas, este documento é um texto de comprometimento em matéria de concorrência fiscal entre os Estados membros[249]. Mas não é imperativo, por não conter normas jurídicas. É, por isso, um instrumento que não se imporá no âmbito da coercibilidade normativa, mas naquilo que, ao fim ao cabo, tem sido o esteio da construção da U.E: o compromisso político.

91. Convenções internacionais

Como resulta do n.º 2 do artigo 8.º da CRP, as normas constantes dos tratados celebrados por Portugal e as convenções internacionais por si subscritas, desde que regularmente ratificados ou aprovados, vigoram na ordem interna após a sua publicação oficial e enquanto vincularem internacionalmente o Estado Português. Daqui resulta que estas normas, embora tenham valor infraconstitucional, prevalecem sobre o direito ordinário interno.

Em matéria fiscal, são de grande importância os tratados bilaterais para evitar a dupla tributação internacional e a fraude e evasão fiscais. Em Janeiro de 2008, Portugal tinha tratados desta natureza com 49 Países[250].

No essencial, as chamadas *convenções de dupla tributação* estabelecem regras de atribuição de competência para tributar e regras de repartição do poder de tributar entre os Estados celebrantes: o *Estado da fonte*, onde é obtido o rendimento; e o *Estado da residência*, onde se situa a sede, direcção efectiva ou domicílio do sujeito passivo[251].

---

[249] Sobre o tema, ver FREITAS PEREIRA, *Concorrência fiscal prejudicial – O Código de conduta da União Europeia*, CTF, n.º 390, pp. 207-219; e CLOTILDE PALMA, *Código de conduta da fiscalidade das empresas, versus Relatório da OCDE sobre as práticas da concorrência fiscal prejudicial,* Revisores e Empresas, n.º 4, 1999.

[250] Para conhecer a lista de convenções celebradas por Portugal, ver BRÁS CARLOS, IRENE ABREU, JOÃO DURÃO e EMILIA PIMENTA, *Guia dos impostos…*, p. 349.

[251] Para um tratamento sistemático da dupla tributação internacional, ver ALBERTO XAVIER, *Direito tributário internacional*, Almedina, Coimbra, 2007; e MANUEL PIRES, *Da dupla tributação jurídica internacional sobre o rendimento*, Centro de Estudos Fiscais, Lisboa, 1984.

Sem aquelas regras e sem mecanismos unilaterais decorrentes da legislação interna do *Estado da fonte* ou do *Estado da residência* (como os dos art. 81.º do CIRS e art. 91.º do CIRC), os rendimentos obtidos no estrangeiro serão duplamente tributados. Pelo *Estado da residência*, enquanto rendimentos obtidos por residentes, ainda que no estrangeiro, devido à natureza pessoal e ao âmbito mundial da sua obrigação tributária (v. art. 15.º, n.º 1 do CIRS e art. 4.º, n.º 1, do CIRC). Pelo *Estado da fonte,* enquanto rendimentos obtidos no território daquele Estado, por força da natureza real da obrigação tributária para não residentes (v. art. 15.º, n.º 2, do CIRS e art. 4.º, n.º 2, do CIRC)[252].

A entrada em vigor das convenções de dupla tributação internacional compreende os seguintes passos prévios: a negociação e ajuste pelo Governo (art. 197.º, n.º 1, al. b), da CRP); a aprovação pela Assembleia da República (arts. 161.º, al. i) e 165.º, n.º 1, al. i), da CRP); a ratificação pelo Presidente da República (art. 135.º, al. b), da CRP) e a publicação em Diário da República (art. 119.º, n.º 1 al. b) e n.º 2, da CRP).

92. Lei, decreto-lei e decreto legislativo regional

As fontes internas, imediatamente infra – constitucionais, das normas tributárias são: a Lei da Assembleia da República, os decretos-leis do Governo e os decretos legislativos regionais das Assembleias Legislativas das regiões autónomas. São, nos termos do artigo 112.º da CRP, os *actos legislativos.*

Já vimos (*supra* n.os 47 a 49), a propósito do princípio da legalidade, que a intervenção directa ou autorizante em matéria de *elementos essenciais do imposto* está reservada à Lei da Assembleia da República.

Ao Governo compete fazer decretos-leis de execução da lei de autorização legislativa da Assembleia (art. 198.º, n.º 1, al. b), da CRP)

252 Para um maior desenvolvimento das convenções para evitar a dupla tributação internacional, a propósito da aplicação da lei fiscal no espaço, ver *infra*, n.º 113.

ou legislar sobre os elementos a esta não reservados, por não se compreenderem nos elementos essenciais da relação tributária (art. 198.º, n.º 1, al. a), da CRP).

Note-se que apesar de as leis da Assembleia da República e os decretos-leis terem igual valor hierárquico, os decretos-leis publicados no uso de leis de autorização legislativa estão subordinados ao conteúdo destas leis (vd. art. 112.º, n.º 2, da CRP)[253].

Às Assembleias Legislativas Regionais das regiões autónomas compete exercer o seu *poder tributário próprio* e adaptar o sistema fiscal nacional às especificidades da região (art. 227.º, n.º 1, al. i), da CRP).

93. Regulamentos administrativos

O Governo, no exercício de funções administrativas, deve, nos termos da alínea c) do artigo 199.º da CRP, *fazer os regulamentos necessários à boa execução das leis*. Não estamos já no âmbito da competência legislativa do Governo, mas nem por isso os regulamentos administrativos do Governo da República e dos governos regionais deixam de ser fonte de normas tributárias.

Os regulamentos não podem, todavia, como vimos a propósito do princípio da legalidade, nem determinar os elementos essenciais dos impostos, por força do n.º 2 do artigo 103.º da CRP, nem sequer as suas regras de liquidação e cobrança. Neste último caso, não por causa do artigo 8.º, n.º 2, da LGT,[254] mas por força do n.º 3 do artigo 103.º da Constituição, já que (ver *supra* n.º 48) a *"lei"* aí referida é o acto legislativo, por oposição ao acto regulamentar.

Decretos regulamentares, portarias e *despachos normativos* são diferentes formas de regulamentos, que passaremos a desenvolver nos pontos seguintes. De qualquer modo, sem prejuízo das particularidades relativas aos regulamentos independentes, os regulamentos têm em comum a característica de desenvolver regimes ou aspectos particula-

---

[253] Sobre os limites constantes das leis de autorização legislativa, ver *supra*, n.º 51.

[254] Com opinião diferente, CASALTA NABAIS, *Direito Fiscal...*, p. 179

res da lei, nos termos por esta previstos. São publicados na 1.ª série do Diário da República.

94. Idem: Decretos regulamentares

Os decretos regulamentares são a forma mais solene e hierarquicamente superior dos regulamentos do Governo[255]. São actos de todo o Governo. A fórmula legal para estes diplomas (art. 14.º, n.º 1, a), da Lei n.º 74/98, de 11 de Novembro) é: *"Nos termos da alínea c) do artigo 199.º da Constituição e… (segue-se a identificação do acto legislativo a regulamentar), o Governo decreta o seguinte:…"*.

Falamos de *regulamentos complementares ou de execução* quando estes se destinam, como acontece na maioria das vezes, a desenvolver regimes jurídicos mencionados na lei. Estamos perante *regulamentos independentes* quando o governo for livre na definição normativa do seu conteúdo, sem prejuízo da atribuição por lei da competência subjectiva e objectiva para a sua emissão (art. 112.º, n.º 7, *in fine*, da CRP).

Os decretos regulamentares são diplomas promulgados pelo Presidente da República e referendados pelo Primeiro – Ministro.

Como exemplo de decreto regulamentar de execução na legislação tributária destaca-se o Decreto Regulamentar n.º 25/2009, de 14 de Setembro, que, em cumprimento do n.º 1 do artigo 31.º do CIRC, desenvolve o *regime fiscal das depreciações e amortizações* dos bens do activo imobilizado das empresas, em nome individual ou colectivo e de outras pessoas colectivas.

95. Idem: Portarias

As portarias são regulamentos da competência exclusiva de um membro do Governo embora em representação deste, para regulamentar um aspecto particular da lei. Como resulta da *lei formulário* dos

---

[255] V., Esteves de Oliveira, *Direito Administrativo*, Almedina, 1980. p. 130; Freitas do Amaral, *Curso…* I, p. 159.

diplomas (Lei n.º 74/98, de 11 de Novembro) o formulário nas portarias é: "*Manda o Governo pelo ...(indicar o membro ou membros competentes), o seguinte:...*".

As portarias não são promulgadas nem referendadas. Exemplos de portarias em matéria fiscal, são as que, anualmente, em obediência aos artigos 50.º do CIRS e 47.º do CIRC, estabelecem os *coeficientes de desvalorização da moeda* para efeitos de correcção monetária dos valores de aquisição a considerar no cálculo das mais-valias fiscais.

96. Idem: Despachos normativos

Os despachos normativos são actos regulamentares individuais do membro do Governo competente, sem forma solene. Exemplo de despacho normativo em matéria fiscal é o Despacho Normativo 30-A/2004, de 30 de Junho, relativo às normas, termos e condições de venda de imóveis em hasta pública ou por ajuste directo.

97. Jurisprudência com força obrigatória geral

As decisões dos tribunais em matéria fiscal são fonte de normas fiscais, desde que tenham *força obrigatória geral.*

Tradicionalmente as decisões dos tribunais são consideradas fontes mediatas de direito. Isto é, não são já meios de formação de normas, como as que vimos anteriormente, mas meios de revelação das mesmas, efectuada pela actividade interpretativa inerente à decisão judicial. O conceito de fonte de direito que adoptámos, não comporta, contudo, todas as decisões jurisdicionais, mas apenas as que, como dissemos, tenham *força obrigatória geral.*

Com a revogação do artigo 2.º do Código Civil, pelo D.L. n.º 329-A/95, de 12 de Dezembro, findou a possibilidade de o STJ produzir direito sob a forma de *assentos*[256].

---

[256] *Assentos* eram acórdãos proferidos pelo pleno do STJ, para uniformização de jurisprudência, cuja doutrina tinha força obrigatória geral. (v. CASTRO MENDES, em *Recursos,* FDL, 1980, p. 226).

São raros os casos em que decisões dos tribunais podem ser fonte de direito. CASALTA NABAIS[257] indica como fontes de direito fiscal as declarações de inconstitucionalidade e de ilegalidade do TC, as declarações de ilegalidade do STA e dos tribunais tributários e os acórdãos de uniformização de jurisprudência fiscal do STA. A estes acrescem os acórdãos do TJ das Comunidades Europeias, nos termos referidos por aquele autor.

98. Orientações da administração fiscal: Tipos e função

Dentro da chamada *jurisprudência administrativa ou burocrática*[258] deve formalmente distinguir-se entre as *orientações administrativas* em sentido restrito e as *resoluções administrativas*[259]. As *orientações* são genéricas, contendo interpretações de normas desligadas de qualquer caso em concreto; enquanto as *resoluções* são decisões em resposta a situações concretas, sobre as quais a Administração fiscal foi chamada a pronunciar-se e que valem exclusivamente para aquele caso, sem prejuízo de daí se poder inferir uma determinada corrente interpretativa de âmbito geral.

É natural que, no exercício de uma actividade com a complexidade e as implicações na vida dos particulares que tem a actividade tributária, a Administração fiscal emita orientações sobre a interpretação que faz das normas fiscais que suscitam maiores dúvidas. Entre nós tais orientações estão previstas no artigo 55.º, n.º 1, do CPPT e são emitidas através do dirigente máximo do serviço ou do funcionário em quem ele tiver delegado essa competência.

São essencialmente dois os objectivos prosseguidos com a publicação destas orientações:

1. Um *objectivo interno* – de uniformização e celeridade das decisões no seio da Administração fiscal, para mais tratando-se de

[257] *Direito Fiscal...*, p. 184

[258] O termo é usado por SÁ GOMES, *Manual* ... II, p. 323.

[259] *Cfr.* RAFFAELLO LUPI, *Lezione di Diritto Tributário – Parte Generale*, Giuffrè, p. 86, a propósito dos vários tipos de *circolari*.

uma estrutura com um tão elevado grau de desconcentração das decisões e com várias centenas de serviços locais, distritais e centrais;

2. Um *objectivo externo* – de informação aos particulares sobre o entendimento da Administração relativamente à interpretação das normas.

No que respeita à sua força normativa, as orientações administrativas *"não vinculam nem os contribuintes, nem os tribunais"*[260], não sendo, por isso, fonte de direito, entendida como *meio de criação de normas jurídicas*.

Sempre assim foi, mas daí não resultou, nunca, a ausência de legitimidade da Administração para emitir aquelas orientações. Esta tem, como sempre teve, o direito de fazer a sua interpretação das normas, à semelhança dos restantes sujeitos judiciários em matéria tributária (juízes, ministério público, advogados...). Não uma qualquer interpretação, mas uma interpretação que respeitando, obviamente, as regras gerais da interpretação das leis (art. 9.º do Código Civil) seja conforme *"...ao princípio geral da prossecução do interesse público e do respeito pelos direitos e interesses legítimos dos cidadãos que recai sobre a administração pública (art. 266.º da CRP) e que impõe a esta uma actuação igual, proporcional, justa, imparcial e de boa fé."*[261]. Daí que o direito a interpretar as normas seja para a Administração tributária um direito vinculado àqueles interesses e direitos. É um *poder-dever.*

Mas se a Administração fiscal sempre teve legitimidade para poder emitir orientações administrativas, tem actualmente o *dever* de as publicar com regularidade, nos termos da alínea b) do n.º 3 do artigo 59.º da LGT.

Inserida no *dever de colaboração* da administração para com os contribuintes[262] aquela norma impõe " *a publicação, no prazo de seis meses, das orientações genéricas seguidas sobre a interpretação das*

---

260 Alberto Xavier, *Manual...*, p. 140.

261 Brás Carlos, Irene Abreu, João Durão e Emília Pimenta, *Guia...*, p. 576.

262 *Ibidem...*, p. 579.

normas tributárias". Dever que a administração tem, em regra, vindo a cumprir.

Diga-se, aliás, que para além da divulgação das *orientações administrativas* – que, em abstracto, interpretam normas – também no âmbito das *resoluções administrativas* – que são respostas a situações concretas – tem a administração vindo a proceder à sua divulgação, seleccionando e publicando, com a natural omissão dos requerentes, as *informações vinculativas*, emanadas nos termos do artigo 68.º da LGT, que considera com maior interesse geral.

Dentro das orientações administrativas em sentido restrito, emanadas pela Administração fiscal, referimos as *circulares* e os *ofícios circulados*. As primeiras destinam-se a tornar pública a interpretação feita relativamente a uma ou mais normas tributárias e são emitidas pelo director – geral. Os *ofícios circulados* revestem a natureza de instruções aos serviços sobre uma determinada matéria, sem prejuízo de lhes poder estar igualmente subjacente uma actividade interpretativa. São emitidos pelos subdirectores – gerais com competência na área, ou pelos respectivos directores de serviços.

99. Âmbito das orientações administrativas

É sabido que os serviços da Administração pública não têm competência legislativa. Por isso, as orientações administrativas não podem ser mais do que interpretações, ainda que, em geral, muito úteis para os funcionários e particulares. Em consequência, não devem criar normas, nem acrescentar ou diminuir os limites normativos da lei. Como diz LARENZ[263] "*...o que caracteriza o processo de interpretação é que o intérprete só quer fazer falar o texto* (legal), *sem acrescentar ou omitir o que quer que seja."*. Caso uma orientação administrativa exceda, relativamente a uma norma, os limites resultantes das regras e princípios gerais de interpretação das leis, constantes do artigo 9.º do Código Civil, para que remete o artigo 11.º da LGT, os actos praticados em seu cumprimento são ilegais na parte que exceda a lei.

---

[263] *Metodologia...*, p. 441.

É, por isso, incorrecto admitir que a *"orientação administrativa vá preencher o espaço que a previsão legal não ocupou, concretizando as orientações fundamentais da norma..."*[264]. Esse papel de desenvolvimento da lei cabe aos regulamentos. Não às orientações administrativas.

100. Os efeitos externos das orientações administrativas

Apesar de não serem fonte de normas tributárias e, por isso, não vincularem nem os particulares nem os tribunais, as orientações administrativas não deixam de produzir efeitos externos na esfera jurídica daqueles. É que, nos termos do artigo 68.º-A, da LGT, as orientações publicadas são *autovinculantes*, estando o Fisco obrigado a agir de acordo com as que estejam em vigor no momento do facto tributário.

Em face do primado da lei, a conclusão imediata e aparentemente óbvia é a de que a legalidade ou ilegalidade de um acto tributário resulta exclusivamente da relação entre ele e a norma aplicável, sem que a orientação administrativa tenha qualquer relevância em tal julgamento[265]. Esta perspectiva, contudo, é redutora e apenas se pode considerar válida no que respeita à legalidade material restrita do acto tributário. Há, por isso, que ir mais além e ponderar as consequências externas resultantes da autovinculação da administração ao conteúdo das orientações administrativas publicadas nos termos que vimos antes[266].

Para nós, a prática de acto tributário que, apesar de conforme à norma vigente nesse momento, seja contrário à orientação administrativa que vigorava ao tempo do facto tributário, pode gerar dois tipos de efeitos externos:

---

[264] Como faz SALDANHA SANCHES, em *A quantificação da obrigação tributária*, Cadernos da CTF n.º 173, Lisboa, 1995, p. 217.

[265] É esta a conclusão de SALDANHA SANCHES, *A quantificação...* p. 212.

[266] LIMA GUERREIRO em *LGT anotada...*, p. 314, dá mais um passo, não ignorando a questão e parecendo admitir que pode alterar-se a jurisprudência que tem negado efeitos externos às orientações genéricas, mas não concretiza quais devam ser esses efeitos.

1.º – Os contribuintes que actuaram de acordo com as orientações administrativas vigentes no momento do facto tributário devem ser ressarcidos pelos danos resultantes de actuação diferente por parte da Administração. É uma questão de responsabilidade civil dos poderes públicos;

2.º – O acto tributário praticado em oposição de uma orientação administrativa em vigor à data do facto tributário pode, ainda que conforme à norma legal em que se baseia, afectar de tal modo o *princípio da protecção da confiança*, ínsito na ideia de Estado de direito democrático (vd. art. 2.º da CRP), que o torne contrário à Constituição e, por isso, nulo.

Uma referência final para o disposto no n.º 2 do artigo 68.º-A da LGT, que impede a administração tributária de invocar *"perante os contribuintes que tenham agido com base numa interpretação plausível e de boa fé da lei as orientações genéricas que ainda não estavam em vigor no momento do facto tributário"*. Já na edição anterior tínhamos questionado a adequação do antigo n.º 5 do artigo 68.º da LGT, com um conteúdo aproximado àquele preceito. Sobre o n.º 2 do artigo 68.º-A da LGT, parece que a administração não poderá invocar uma orientação que não existia ao tempo, mas pode e deve fazer a interpretação que faria se a orientação não existisse, ainda que venha a ter conteúdo semelhante ao consagrado na orientação.

CAPÍTULO V

INTERPRETAÇÃO E APLICAÇÃO DA LEI FISCAL

101. Interpretação da lei fiscal

Interpretar é buscar o sentido do que sensorialmente apreendemos. Interpretar normas jurídicas é estabelecer o sentido e o alcance com que elas hão-de valer.

No que respeita à interpretação das normas fiscais, estas interpretam-se como as demais normas jurídicas. Isto é, no caso português, de acordo com os princípios constantes do artigo 9.° do Código Civil[267]. De facto, não existem especificidades na natureza das normas fiscais que determinem regras particulares de interpretação. Nem o sacrifício patrimonial dos particulares, que o imposto impõe, justifica o que a doutrina chama de interpretação restritiva das normas impositivas ou um princípio de *in dubio pro* contribuinte; nem o interesse público, que lhe subjaz, legitima uma interpretação funcional[268] ou um princípio de *in dubio pro* fisco.

---

[267] Sobre a interpretação das normas, ver MANUEL DE ANDRADE, *Ensaio sobre a teoria da interpretação das leis*, e FRANCESCO FERRARA, *Interpretação e aplicação das leis*, edição Arménio Amado, Coimbra, 1978; CASTRO MENDES, *Introdução...*, p. 343; OLIVEIRA ASCENSÃO, *O Direito...*, p. 376; KARL LARENZ, *Metodologia...*, p. 439; KARL ENGISCH, *Introdução...*, p. 136.

[268] A interpretação funcional de normas fiscais traduz-se numa teoria ampliadora dos poderes interpretativos no domínio fiscal, que pode pôr em causa o princípio da legalidade, uma vez que se desliga das normas em si, para atender ao objectivo

É esta, a posição dominante na doutrina actual[269] e dela fez eco a LGT, dispondo no n.º 1 do seu artigo 11.º: *"Na determinação do sentido das normas fiscais e na qualificação dos factos a que as mesmas se aplicam são observadas as regras e princípios gerais de interpretação e aplicação das leis"*.

102. Existe interpretação restritiva e interpretação extensiva?

No âmbito dos princípios da interpretação jurídica, diga-se, desde já, que a problemática da adopção de uma interpretação restritiva ou de uma interpretação extensiva da lei fiscal, bem como da lei em geral, é, para nós, desprovida de conteúdo. Bem sabemos que a esmagadora maioria da doutrina distingue no âmbito da interpretação, entre a *interpretação declarativa*, a *interpretação extensiva* e a *interpretação restritiva*[270].

O que aquela doutrina difunde é que há *interpretação declarativa* quando o sentido fixado para a lei cabe dentro da sua letra. E que há *interpretação extensiva* quando o intérprete, concluindo que o legislador disse menos do que queria dizer, fixa um sentido da lei que ultra-

---

económico e às circunstâncias que levaram à sua criação. Concluindo no mesmo sentido, PAMPLONA CORTE-REAL, *Curso...*, p. 118.

[269] Embora SOARES MARTINEZ, *Manual*, p. 136, admita que *"o problema pode considerar-se em aberto"*, ver entre outros, no sentido de que as normas tributárias não têm especificidades interpretativas face aos princípios gerais da interpretação: ALBERTO XAVIER, *Manual...*, p. 171; PAMPLONA CORTE-REAL, *Curso...*, p. 114; DIOGO LEITE CAMPOS e MÔNICA LEITE CAMPOS, *Direito...*, 87; CASALTA NABAIS, *Direito...*, p. 214; SÁ GOMES, *Manual...* II, p. 384; A. BERLIRI, *Principi di Diritto Tributario*, vol. I, Milano, 1952, p. 61; ALFREDO AUGUSTO BECKER, *Teoria Geral do Direito Tributário*, ed. Saraiva, São Paulo, 1963, p. 100; EUSÉBIO GONZÁLEZ e ERNESTO LEJEUNE, *Derecho...*, vol. I, p. 134, com a devida homenagem a *Natura e interpretazione delle leggi tributarie* de EZIO VANONI.

[270] Por todos, OLIVEIRA ASCENSÃO, que dentro da interpretação declarativa distingue, ainda, as interpretações lata, restrita e média, em *O Direito...*, p. 418. Mas ver AMILCAR DE ARAÚJO FALCÃO, *Introdução ao direito tributário*, Rio, 1976, p. 71, para quem, afastando-se da doutrina clássica, *"é erro ou impropriedade falar em interpretação extensiva e em interpretação restritiva"*.

passa o que resultaria estritamente da sua letra (veja-se como o significado do que seja o *"sentido estrito da letra da lei"* e de que a letra da lei ficou aquém do pretendido pelo legislador são já também resultados de uma interpretação). Há *interpretação restritiva* quando o intérprete opta por restringir a letra da lei, após ter concluído que esta contém uma fórmula mais ampla do que pretendia.

Ora, para o intérprete concluir pela parcial desadequação do texto da lei em face do seu sentido, teve, necessariamente, de servir-se de elementos de interpretação (elemento lógico, elemento sistemático, elemento histórico...). Posto isto, fixou o sentido com que a lei há-de valer. Em tudo isto, o que fez foi unicamente interpretar. Isto é, fixar a extensão e o sentido da lei. Não o seu sentido extensivo ou restritivo. Que não existe, *porque só há um sentido e conteúdo da lei.* Aquele que resulta da ponderação de todos os elementos de interpretação relevantes. E exclusivamente destes.

Pelo que, em conclusão, não vemos que se deva falar em *interpretação extensiva* e *interpretação restritiva.* Ambas são sempre e unicamente interpretação. O intérprete não amplia nem restringe o conteúdo da lei. Ainda menos com o argumento da (invocada) consagração da "verdadeira" vontade do "autor da lei"ou da necessidade da sua correcção.

O modo como se usa e abusa das ditas *interpretações restritiva* e *extensiva,* mais parece uma segunda volta interpretativa, levada a cabo perante um prévio resultado interpretativo porventura menos conveniente. Fazendo, além do mais, tábua rasa da norma do n.º 3 do artigo 9.º do Código Civil que impõe ao intérprete que presuma (presunção elidível, mas presunção) *"...que o legislador consagrou as soluções mais acertadas e soube exprimir o seu pensamento em termos adequados".*

Note-se, contudo, que as *normas sancionatórias* das infracções fiscais, ao contrário das restantes normas tributárias, são normas de natureza penal e contraordenacional e, nessa medida, deve a sua interpretação respeitar as particularidades inerentes àquela natureza. Assim, no que a estas normas respeita, deve ser observado o princípio *in dubio pro reo* na sua aplicação, porque esse é um princípio vigente em matéria criminal, e contra-ordenacional (v., também, *infra* n.º 107*).* Mas isso nada tem a ver com uma qualquer *interpretação restritiva.*

103. Interpretação dos termos de outros ramos do direito e prevalência da substância económica

Dispõe o n.º 2 do artigo 11.º da LGT que: *"sempre que nas normas fiscais se empreguem termos próprios de outros ramos de direito, devem ser interpretados no mesmo sentido daquele que aí têm, salvo se outro decorrer directamente da lei"*. Se bem entendemos o objectivo do legislador, este pretende deixar claro que conceitos como, "planos de opções" e "valores mobiliários" (art. 2.º, n.º 3, al. b), al.7), do CIRS), "mútuo" (art. 5.º, n.º 2, al. a), do CIRS) "swaps" (art. 5.º, n.º 2, al. q), do CIRS), "operações do ramo vida" (art. 5.º, n.º 3, do CIRS) "método de equivalência patrimonial" (art. 18.º, n.º 8, do CIRC), "provisões" (art. 39.º do CIRC), "fusões" (art. 73.º do CIRC) e muitos outros que polvilham a legislação fiscal, devem valer nesta legislação com o conteúdo com que foram criados no direito financeiro, civil, contabilístico, comercial ou outro.

Esta opção legislativa é a correcta e sempre assim foi entendido pela doutrina. O que não se vê é como poderia ser de outro modo, nem que outro sentido poderia ser dado a tais conceitos, quando a lei fiscal não os conforma de modo diferente. A esta problemática se liga a natureza de direito de sobreposição reconhecida ao direito fiscal. No essencial, pode dizer-se que aos impostos interessam as consequências económicas, relevantes em termos de capacidade contributiva, as quais resultam de factos que outros ramos de direito previamente conceptualizaram.

Por seu lado, o n.º 3 do artigo 11.º da LGT, ao dispor que *"Persistindo a dúvida sobre o sentido das normas de incidência a aplicar, deve atender-se à substância económica dos factos tributários"*, parece conter dois níveis de consequências:

O primeiro será a consagração, em sede geral, do *princípio da prevalência da substância económica do facto sobre a forma* que este reveste, o qual vigora no direito dos impostos em vista da sua natureza. Na maioria dos casos, *forma e substância* coincidem, mas, quando tal não aconteça, há-de ser o conteúdo económico do acto que determinará a norma de incidência aplicável.

É possível encontrar muitas situações em que o princípio da prevalência da substância sobre a forma determina um diferente enquadramento fiscal. De entre os já reflectidos na lei, exemplificamos com o artigo 39.º da própria LGT, o qual impõe que, em caso de *simulação*, a tributação deve recair sobre o negócio real e não sobre o negócio simulado, independentemente da forma utilizada.

Outro exemplo paradigmático de observância do princípio da substância sobre a forma é o regime fiscal da *locação financeira* e da obrigatoriedade de aplicação para efeitos fiscais da Directriz Contabilística n.º 25 da CNC (Despachos n.os 1677/2002-XV, de 28 de Novembro e 691/2003-XV, de 21 de Março). Em termos gerais, a locação financeira, sendo juridicamente uma locação, é, pelas suas características, fiscalmente tratada como uma aquisição, na linha, aliás, do que as regras contabilísticas já determinavam.

Um outro nível de consequências do n.º 3 do artigo 11.º da LGT, parece ser uma indicação a favor da teoria da interpretação económica[271]. Já não seria um comando para a prevalência da substância económica de um facto a enquadrar nas normas de incidência, mas, de um modo mais amplo, uma obrigação de interpretar os actos dos sujeitos passivos de acordo com a sua motivação económica, para, em confronto com idêntica *ratio* do pressuposto legal, subsumir em si situações ou factos que pela sua estrutura jurídico-formal nele não caberiam. Se assim for, também nos parece que o preceito esvazia significativamente o princípio de observação das regras gerais da interpretação, previsto no n.º 1 do mesmo artigo.

104. Leis interpretativas fiscais

As leis interpretativas fiscais respeitam ao âmbito da *interpretação autêntica*, na medida em que a determinação do sentido de uma norma legal ocorre por força de outra lei. Como refere Francesco Ferrara, *"é interpretativa toda a lei que, por declaração expressa ou*

[271] Nesse sentido, Casalta Nabais, *Direito...*, p. 214 e Lima Guerreiro, *Lei Geral...*, p. 83.

pela sua intenção de outro modo exteriorizada, se propõe determinar o sentido de uma lei precedente, para esta ser aplicada em conformidade[272]".

Além disso, as leis interpretativas relevam também em matéria de aplicação da lei no tempo, em virtude de se integrarem na lei interpretada (art. 13.º, n.º 1 do Código Civil). Por força desta integração, a lei interpretativa retroage os seus efeitos à data da entrada em vigor da lei interpretada, tudo se passando como se a letra da lei interpretativa tivesse vigorado desde a data da entrada em vigor da lei interpretada. O que bem se entende nos casos em que a solução ou entendimento expresso na lei interpretativa não seja inovador, porque a ele se poderia chegar antes, por interpretação da lei antiga.

Já quando a lei, ainda que expressamente designada de *interpretativa,* contenha elementos inovadores, estamos em presença de uma *falsa lei interpretativa* e, como vimos (*supra* n.º 62) perante a possibilidade de uma violação da *proibição de retroactividade* constante no artigo 103.º, n.º 3, da CRP, por via do referido efeito retroactivo das leis interpretativas.

105. Integração da lei fiscal

A realidade é muito mais rica do que a capacidade de previsão do legislador mais visionário. Há, por isso, casos em que o julgador ou outro aplicador do direito (como a Administração tributária) é confrontado com a ausência de norma a que possa subsumir o caso em análise. Está, então, perante uma lacuna legal. Não lhe sendo permitido não julgar, mesmo com o argumento de que não há norma em que possa enquadrar os factos em apreciação, a lei determina que faça uma de duas coisas:

---

272 "*Interpretação...*", p. 132. Ver, ainda, sobre leis interpretativas fiscais: *Acórdão* de 6 de Maio de 1998, do SUPREMO TRIBUNAL ADMINISTRATIVO; e sobre leis interpretativas em geral, na doutrina portuguesa, OLIVEIRA ASCENSÃO, *O Direito...*, p. 560; e MARCELO REBELO DE SOUSA e SOFIA GALVÃO, *Introdução ao Estudo do Direito,* Lex, 2000, p. 99.

a) Se há caso análogo regulado pela lei, deve aplicar esta lei ao caso omisso (art. 10.º, n.º 1 do Código Civil).
b) Se não há caso análogo, impõe a lei geral que crie mentalmente a norma que criaria se houvesse que legislar dentro do espírito do sistema (n.º 3 do art. 10.º do Código Civil).

Na primeira situação estamos perante a integração analógica, sendo que *"há analogia sempre que no caso omisso procedam as razões justificativas da regulamentação do caso previsto na lei"* (art. 10.º, n.º 2, do Código Civil). Na segunda hipótese, estamos perante uma integração em face dos fundamentos do sistema *(integração de sistema)*.

Desde há muito, contudo, que se entende que a actividade de integração das lacunas legais sofre grandes limitações em matéria fiscal. Embora sob a epígrafe *interpretação,* o n.º 4 do artigo 11.º da LGT, dispõe no mesmo sentido, estipulando como segue sobre a integração das normas tributárias: "*As lacunas resultantes de normas tributárias abrangidas na reserva de lei da Assembleia da República não são susceptíveis de integração analógica*".

Deste preceito se retira que é proibida a integração analógica no que respeita aos elementos essenciais do imposto (*incidência, benefícios fiscais, taxas e garantias dos contribuintes*), o que bem se compreende, em face da reserva absoluta de lei parlamentar que vimos *supra* (n.os 47 e 53). Além disso, também as normas que tipificam as sanções pela prática de infracções tributárias serão insusceptíveis de analogia, dada a sua natureza penal ou contraordenacional.

Note-se, contudo, que, apesar de a LGT apenas mencionar a proibição da *integração analógica*, uma das consequências mais importantes do princípio da legalidade e da tipicidade fechada (*supra* n.º 53) é a proibição não só da analogia, mas de toda a actividade de integração de lacunas da lei, em geral. Assim, quanto aos aspectos referidos, não só este tipo de integração está vedado, mas qualquer tipo de integração, porque em qualquer dos casos se trata de criar uma norma sem intervenção da Assembleia da República.

Um aspecto frequentemente referenciado é o da dificuldade prática de distinção entre a *interpretação extensiva* e a *integra-*

ção[273]. Como se vê, mesmo para quem defende a existência de uma *interpretação extensiva,* a distinção entre interpretação e integração é de meridiana clareza no plano dos princípios. Na interpretação, ainda que designada por extensiva, existe norma prévia, a qual deverá ser interpretada e aplicada de acordo com os princípios gerais de interpretação das leis. Na integração não existe norma directamente aplicável, cabendo ao julgador aplicar a norma que cabe a caso análogo ou criá-la mentalmente para que, com base nela, julgue. Poderá haver dificuldades práticas na distinção entre a interpretação e a integração, mas a maior ou menor dificuldade não afasta uma evidência: a distinção entre a *interpretação*, qualquer que ela seja, e a *integração* existe, e deve fazer-se com base nos critérios acima referidos.

106. Aplicação da lei fiscal no tempo

As leis fiscais obedecem às mesmas regras de início e cessação da vigência que constam nos artigos 5.º e 7.º do Código Civil e do artigo 2.º da Lei n.º 74/98, de 11 de Novembro, para os actos legislativos em geral.

No que respeita à sua eficácia, é da natureza das leis que, em geral, apenas disponham para o futuro. Os seus comandos normativos aplicam-se, em regra, a factos que lhe são posteriores (art. 12.º do Código Civil).

Também na fiscalidade a regra é a de que a lei dispõe para o futuro. Nos termos do artigo 12.º, n.º 1, da LGT e em linha com n.º 3 do artigo 104.º da CRP: *"As normas tributárias aplicam-se aos factos posteriores à sua entrada em vigor, não podendo ser criados quaisquer impostos retroactivos".*

Quanto aos impostos em que o *facto tributário é de formação sucessiva*, recordamos o que dissemos antes *(supra* n.º 63*)* a propósito do teor do n.º 2 do artigo 12.º da LGT dispondo que: *"... a lei nova só se aplica ao período decorrido a partir da sua entrada em vigor".*

No que respeita aos graus de retroactividade, atente-se, ao que foi dito em sede de princípio da segurança tributária (*supra*, n.º 62).

---

[273] CASTRO MENDES, *Introdução...*, p. 379; OLIVEIRA ASCENSÃO, *O Direito...*, p. 436.

Já vimos que, em face dos limites decorrentes da proibição da retroactividade dos impostos, a utilização de *leis interpretativas fiscais* reveste interesse particular. Em matéria de efeitos retroactivos das leis interpretativas fiscais remete-se para o n.º 104, *supra*.

No que concerne à aplicação da lei no tempo das normas sobre *benefícios fiscais*, dispõe o n.º 1 do artigo 11.º do EBF:

> *"As normas que alterem benefícios fiscais convencionais, condicionados ou temporários, não são aplicáveis aos contribuintes que já aproveitem do direito ao benefício fiscal respectivo, em tudo o que os prejudique, salvo quando a lei dispuser o contrário".*

Assim, quando a lei nada disser em contrário, o benefício fiscal de natureza convencional, condicionado ou temporário, será usufruído, no mínimo, por todo o prazo concedido ao abrigo da lei antiga, podendo se for caso disso, beneficiar de um prazo superior ao anterior se tal resultar da nova lei.

Pode dizer-se que a lei nova respeita os direitos adquiridos pelo beneficiado ao abrigo da lei anterior.

Já assim não será no caso de benefícios fiscais não condicionados ou permanentes, como acontece, por exemplo, com as isenções de IRC previstas nos artigos 9.º a 11.º do CIRC.

107. Aplicação no tempo da lei sancionatória fiscal mais favorável

Também em sede de lei penal fiscal vale o princípio de que *"ninguém pode ser sentenciado criminalmente senão em virtude de lei anterior que declare punível a acção ou a omissão..."* (art. 29.º n.º 1, da CRP). Sobre o mesmo assunto dispõe, porém, o n.º 4 do mesmo artigo 29.º da CRP:

> *"Ninguém pode sofrer pena ou medida de segurança mais graves do que as previstas no momento da respectiva conduta ou da verificação dos respectivos pressupostos, aplicando-se retroactivamente as leis penais de conteúdo mais favorável ao arguido."*

Ora, apesar de as normas respeitantes às contra-ordenações tributárias não terem natureza criminal, este princípio de aplicação retroactiva da lei mais favorável é plenamente aplicável no âmbito das infracções fiscais, quer elas tenham a forma de crime, quer tenham a forma de contra-ordenação. Assim é, expressamente, no que respeita aos crimes, por força do artigo 29.º da CRP e do n.º 4 do artigo 2.º do Código Penal; e no que respeita às contra-ordenações, por força do n.º 2 do artigo 3.º do D.L. n.º 433/82, de 27 de Outubro – que instituiu o ilícito de mera ordenação social – actualizado pelo D.L. n.º 244/95, de 14 de Setembro[274].

O regime do ilícito de mera ordenação social é aplicado subsidiariamente às contra-ordenações e respectivo processamento, nos termos da alínea b) do artigo 3.º do RGIT, tal como o Código Penal e o Código de Processo Penal são subsidiariamente aplicados aos crimes tributários e seu processamento (alínea a) do artigo 3.º do RGIT).

O princípio da aplicação retroactiva da lei sancionatória posterior em concreto mais favorável ao agente, também em matéria fiscal *"assenta numa ideia de superveniência da desvalorização ético-social de certas condutas"*[275]. Na 1.ª edição desta obra, dissemos que aquela ideia cedia ao valor da estabilidade das situações jurídicas, uma vez que, quer para crimes, quer para contra-ordenações, o princípio apenas valeria se não tivesse, entretanto, havido condenação com trânsito em julgado e, expressamente para as contra-ordenações (v. n.º 2 do artigo 3.º do D.L. n.º 433/82) se esta não tivesse sido já executada.

Após a entrada em vigor da Lei n.º 59/2007, de 4 de Setembro e da Lei 48/2007, de 29 de Agosto, o artigo 2.º, n.º 4, do Código Penal e o artigo 371.º-A do Código de Processo Penal, passaram a permitir, porém, que o condenado antes de terminada a execução da pena, possa

---

[274] Embora se entenda que a aplicação deste princípio a crimes e a contra-ordenações fiscais não necessita de ser expressa em lei ordinária. A favor da aplicação da lei posterior mais favorável também no âmbito das contra-ordenações fiscais, mesmo contra o artigo 2.º do D.L. n.º 20-A/90, de 15 de Janeiro (instituiu o RJIFNA, entretanto revogado), ver o *Acórdão* de 24 de Abril de 1991, processo n.º 13.156 do SUPREMO TRIBUNAL ADMINISTRATIVO, comentado no mesmo sentido por FERNANDA PALMA, em Fisco n.º 34, 1991, p. 25.

[275] BRÁS CARLOS, *Infracções fiscais*, Fisco n.º 23, 1990, p. 53.

requerer a reabertura de sentença para que lhe seja aplicada o novo regime. Neste caso, cessarão os efeitos penais logo que a parte da pena que se encontra cumprida atinja o limite máximo da pena prevista na lei posterior mais favorável. Tais normas têm plena aplicação no caso de crimes fiscais punidos com prisão, pelas razões acima indicadas.

108. Aplicação da lei fiscal no espaço

As leis estaduais aplicam-se na jurisdição territorial do Estado que as emana. Porque aí se exerce o seu, e não outro, poder político. Isto é, aí se exerce a sua soberania[276]. A qual se afirma como limite à soberania de outros Estados, determinando o surgimento dos conceitos de *ordem jurídica interna* e de *ordem jurídica externa.*

Com a soberania fiscal passa-se o mesmo. A lei fiscal apenas se aplica aos factos ou pessoas que estejam em conexão com o território, entendido como o âmbito espacial de uma determinada ordem jurídica. Nisso consiste o *princípio da territorialidade* e dele decorrem duas consequências: as leis fiscais estrangeiras não se aplicam no território nacional *(vertente negativa do princípio da territorialidade)* e as leis fiscais nacionais aplicam-se em todo o território nacional, incluindo aos não nacionais *(vertente positiva do princípio da territorialidade).*

O princípio alternativo ao princípio da territorialidade, para definição da base de tributação, seria o *princípio da nacionalidade*, o que determinaria a tributação por impostos portugueses de cidadãos portugueses residentes no estrangeiro e a não tributação de não nacionais detentores de património ou rendimento em Portugal. Contudo, no primeiro caso, não teria o Estado meios coercivos para fazer executar a sua lei fiscal no país estrangeiro; e, no segundo caso, o País transformar-se-ia num pleno e incondicional paraíso fiscal para os não residentes. Por isso não tem sido este o critério base para a definição da extensão da obrigação de imposto.

A *territorialidade* de um imposto exige que a lei desse Estado estabeleça *elementos de conexão* que permitam saber da existência

---

[276] Sobre o conceito de soberania, JORGE MIRANDA, *Manual...* III, p. 171.

relevante de ligação entre uma situação da vida com elementos de natureza internacional e a respectiva jurisdição espacial. Se o elemento de conexão escolhido coloca aquela situação na jurisdição espacial de um imposto, a lei fiscal desse Estado será aplicável.

O princípio da territorialidade comporta várias acepções, as quais se revelam fundamentais para delinear o alcance do conceito *territorialidade*[277]. Passaremos a distinguir os conceitos de *territorialidade em sentido real* e *territorialidade em sentido pessoal*, por um lado; e os de *territorialidade em sentido material* e de *territorialidade em sentido formal*, por outro.

109. Territorialidade em sentido real e territorialidade em sentido pessoal. Crise do *princípio da territorialidade*?

Fala-se de *territorialidade em sentido real* quando os elementos de conexão que colocam os factos em ligação com o território são de natureza objectiva. Ou, por outras palavras, a definição da jurisdição espacial do imposto é feita através de elementos reais. Tal ocorre quando o elemento de conexão é o *lugar de produção do rendimento* (art. 15.º, n.º 2, do CIRS e art. 4.º, n.º2, do CIRC), o *lugar da situação dos bens* (art. 1.º do CIMI, art. 4.º, n.º 3, do CISelo), ou o *lugar da localização das transmissões de bens* no momento em que se inicia o transporte ou expedição, ou não havendo nenhum destes, no momento da colocação dos bens à disposição do adquirente (art. 1.º, n.º 1, al. a) e art. 6.º, n.º 1, do CIVA).

Estamos perante a *territorialidade em sentido pessoal* quando a jurisdição espacial de um imposto é definida através de elementos de conexão de natureza pessoal ou subjectiva. Diz-se, então, que a territorialidade é pessoal. Assim acontece quando, para definir a extensão do imposto, a lei utiliza como elementos de conexão a *residência* das pessoas singulares (art. 15.º, n.º 1, do CIRS), a *sede* das pessoas

---

[277] Sobre o tema, por todos, ALBERTO XAVIER, *Manual...*, pp. 204-208 e *Direito Tributário Internacional*, Almedina, 2007, pp. 22-30.

colectivas (art. 4.º, n.º1, do CIRC) ou a *sede* e o *domicílio* do prestador de serviços (art. 1.º, n.º 1, al. a) e art. 6.º, n.º 4, do CIVA).

Como se vê dos exemplos retirados dos códigos dos principais impostos a jurisdição espacial dos impostos em Portugal é definida com recurso a elementos de natureza real e a elementos de natureza pessoal. Assim é, também, no artigo 13.º da LGT. O seu n.º 1 estabelece o âmbito espacial de aplicação dos impostos com base na ligação dos factos tributários ao *território* em sentido físico: *"...as normas tributárias aplicam-se aos factos que ocorram em território nacional"*. Por seu lado, o n.º 2 do artigo 13.º da LGT, acrescenta àquele âmbito *"...os rendimentos obtidos pelo sujeito passivo com domicílio, sede ou direcção efectiva em território português, independentemente do local onde sejam obtidos"*.

É comum afirmar-se a crise do princípio da territorialidade[278]. O que nos parece é que este continua sendo um conceito operacional desde que entendido simultaneamente no sentido de *territorialidade real* e no sentido de *territorialidade pessoal*. Assim o "território" será a "jurisdição espacial" de aplicação do imposto e não apenas a que decorre do conceito de "território" enquanto condição de existência do Estado, a par do "povo" e do "poder político"[279]. Mesmo quando a tributação alcança rendimentos obtidos fora das fronteiras físicas do Estado fá-lo por referência a um território – o território português. O rendimento obtido no estrangeiro é tributado porque auferido por pessoas residentes no território nacional.

Ademais não estamos convencidos que os conceitos *Estado da fonte* (local onde os rendimentos são obtidos ou o património se situa) e *Estado da residência* (local onde se situa a residência das pessoas singulares ou sede das pessoas colectivas) usados nas convenções de dupla tributação internacional, possam ser alternativos ao princípio da territorialidade. Os critérios da "fonte" e da "residência" são essencialmente critérios de repartição do poder de tributar entre Estados

---

[278] *Ibidem*. Ver também as reflexões sobre a adopção do princípio da territorialidade, de ALFREDO BECKER, *Teoria Geral do Direito Tributário*, Saraiva, São Paulo, 1972, p. 256.

[279] Sobre o conceito de "Estado", ver JORGE MIRANDA, *Manual*... III, pp. 89 e segs.

quando o mesmo facto se situa numa parcela do âmbito de aplicação tributária que é comum aos dois. Sem a prévia consideração da territorialidade não poderia haver aquela repartição do poder tributário. Não se pode repartir o que não existe ou não está definido.

110. Territorialidade em sentido material e territorialidade em sentido formal.

Quando a lei de um Estado, através dos referidos elementos de conexão, define o âmbito de aplicação de um imposto, está a delimitar a sua *territorialidade em sentido material.* A simples formulação do âmbito de um imposto por uma lei interna não afecta a soberania de outro Estado a cujo território se estenda também esse âmbito. O legislador nacional não encontra limites espaciais para a sua legislação. Já o Estado, pelo contrário, estará impossibilitado de aplicar coercivamente tais normas no que respeita aos factos ocorridos no estrangeiro, como se verá a propósito da *territorialidade em sentido formal.*

O sentido de *territorialidade em sentido formal* apela à possibilidade de execução coerciva do crédito tributário. Vejamos o que se passaria se o Estado português escolhesse como elemento de conexão para efeitos fiscais a *nacionalidade.* A territorialidade material sujeitaria a imposto os rendimentos e o património dos nacionais residentes no estrangeiro, aí auferidos e localizados, respectivamente, mas, em caso de incumprimento, o Estado português não poderia executar aquela dívida de imposto. Porque não teria soberania sobre aquele território. Por isso, os elementos de conexão têm sido escolhidos de molde a evitar estas situações de ausência de coercibilidade em face dos factos tributários seleccionados[280].

Deve, contudo, assinalar-se que o aumento da cooperação entre Estados em matéria tributária, faz antever uma importante aproximação da *territorialidade em sentido formal* à *territorialidade em sentido material,* com a concomitante desvalorização do conceito.

---

[280] Não obstante, ver argumentos a favor do princípio da tributação segundo o critério da nacionalidade, MANUEL PIRES, *Da dupla tributação jurídica internacional sobre o rendimento*, Centro de Estudos Fiscais, 1984, p. 255.

Um prenúncio muito claro daquela mudança é a inclusão na Convenção Modelo da OCDE do artigo 27.° relativo à *"assistência em matéria de cobrança de impostos"*, para além do artigo 26.° respeitante à *troca de informações*. Portugal regista já algumas convenções em que foi adoptada uma cláusula de *assistência na cobrança de impostos* (por exemplo, convenções com Holanda, Índia, Suécia e Argélia). De raiz comunitária e sem prejuízo das normas sobre *troca de informações*, refira-se o D.L. n.° 296/2003, de 21 de Novembro, que transpondo para o direito nacional a Directiva n.° 2001/44/CE, do Conselho, de 15 de Junho, e a Directiva 2002/94/CE, da Comissão, de 9 de Dezembro, veio estabelecer as regras relativas à cobrança e adopção de medidas cautelares num Estado-membro, relativamente a créditos tributários constituídos noutro Estado-membro, a pedido deste.

111. A dupla tributação internacional

Vimos que os factos tributários podem estar em conexão com diferentes soberanias fiscais. Vejamos o exemplo de uma sociedade com sede em território português, que obtém rendimentos em Espanha.

Tal sociedade, por força do n.° 1 do artigo 4.° do CIRC, (*"o IRC incide sobre a totalidade dos seus rendimentos, incluindo os obtidos fora desse território")* será tributada em IRC pelos rendimentos obtidos em Portugal e pelos rendimentos obtidos em Espanha, porque, tratando-se de uma pessoa colectiva residente, são tributáveis em Portugal tanto os rendimentos de fonte interna como os de fonte externa – *princípio da universalidade, da obrigação pessoal ou ilimitada*, ou do *world-wide-income*. Porque em Espanha (à semelhança do que se passa na generalidade dos Estados) no que respeita aos rendimentos auferidos por não-residentes, existe uma norma idêntica à do n.° 2 do artigo 4.° do CIRC, segundo a qual as entidades não residentes ficam sujeitas a imposto sobre o rendimento desse país relativamente aos rendimentos obtidos nesse território – *princípio da obrigação tributária limitada ou da obrigação real* – os rendimentos obtidos em Espanha pela sociedade com sede em Portugal são sujeitos a dupla tributação internacional.

Para haver dupla tributação internacional tem de existir *identidade do facto tributário* e *pluralidade de normas de sujeição* pertencentes a ordenamentos jurídico – tributários diferentes[281].

A identidade do *facto tributário,* por seu lado, exige que entre as duas (ou mais) tributações exista: *identidade do objecto – v.g.* o lucro do exercício; *identidade do sujeito*; *identidade do período tributário*; e *identidade do imposto*. A propósito desta última identidade, diz-se que há identidade do imposto quando, em ambos os ordenamentos, o imposto tem idêntica natureza substancial. Haverá, por exemplo, identidade de imposto entre impostos que, em Estados diferentes, tributem os lucros das sociedades, ainda que apresentem, como é natural, designações diferentes, diferentes regras de determinação da matéria tributável, diferentes taxas, etc.

Podemos, então, em síntese, afirmar que haverá dupla tributação internacional quando em dois ou mais ordenamentos tributários forem pagos mais do que um imposto com a mesma natureza, sobre a mesma realidade, pela mesma entidade, relativamente ao mesmo período de tributação.

112. Medidas unilaterais para eliminar a dupla tributação internacional

Para eliminar a dupla tributação internacional e obviar às consequências negativas que a mesma representa para o desenvolvimento da actividade económica internacional, os Estados dispõem de instrumentos de dois tipos: medidas *unilaterais* e medidas *bilaterais*.

Os mecanismos *unilaterais* são, como o nome indica, mecanismos internos de eliminação da dupla tributação internacional adoptados por cada Estado sem a necessária correspondência em outros ordenamentos. Estes mecanismos podem agir relativamente à *matéria colectável* auferida no estrangeiro, isentando-a, ou em relação ao *imposto* ali pago, permitindo a sua dedução ao imposto a pagar no país da residência.

---

[281] V., ALBERTO XAVIER, *Direito Tributário Internacional...*, pp. 31 e segs; MANUEL PIRES, *Da dupla tributação...*, pp. 34 e segs.

Quando o Estado da residência concede uma isenção a um rendimento auferido no estrangeiro, sem que a tal esteja obrigado, está a utilizar uma medida do primeiro tipo. E pode fazê-lo isentando o rendimento sem demais consequências – *isenção integral* – ou acompanhando a isenção da exigência de os rendimentos isentos se adicionarem aos rendimentos não isentos para efeitos de apuramento da taxa que se há-de aplicar a estes últimos – *isenção com progressividade*. Já se viu que a exigência de englobamento para este efeito só é relevante em sede de impostos de taxa progressiva, como o IRS. Pode, actualmente, dizer-se que de entre os casos em que o Estado português mantém esta via unilateral para eliminar a dupla tributação internacional, o faz, em regra, através da *isenção com progressividade*.

São exemplos de medidas unilaterais de *isenção integral* as isenções concedidas aos não residentes, relativamente às mais – valias resultantes da transmissão onerosa de partes sociais e de outros valores mobiliários emitidos por residentes em território português e negociados em mercados regulamentados de bolsa, bem como de instrumentos financeiros derivados negociados em bolsa (art. 27.º do EBF). Por outro lado, são *isenções com progressividade*, designadamente, as isenções de IRS concedidas aos rendimentos auferidos: ao serviço de organizações estrangeiras ou internacionais (art. 37.º, n.º 1, b) e n.º 3, do EBF); em missões de salvaguarda de paz (art. 38.º, n.º 1 e n.º 2, do EBF); no âmbito de acordos de cooperação (art. 39.º, n.ºs 1, 2 e 4 do EBF); em empreitadas e arrematações de obras das infra-estruturas comuns NATO (art. 40.º do EBF).

Ainda no que respeita a estas isenções, como se vê, mais do que medidas de eliminação da dupla tributação, elas são *medidas de prevenção* da dupla tributação, já que, neste caso, não chega a existir duplicação de impostos para eliminar.

No que respeita às medidas unilaterais que consistem na concessão de uma dedução à colecta de imposto – também designada por *crédito de imposto*[282] – para eliminar a dupla tributação internacional,

[282] Note-se que apesar da epígrafe do artigo 91.º do CIRC ter adoptado a expressão "crédito de imposto" pode a dedução determinada não ser verdadeiramente um "crédito". Basta pensar que nos exercícios em que não há colecta de IRC, esta

o artigo 81.º do CIRS e o artigo 91.º do CIRC são, entre nós, medidas deste último tipo. Em ambos os casos, permite-se à pessoa singular ou colectiva residente deduzir à colecta do seu IRS ou do IRC, respectivamente, a menor das seguintes importâncias:

a) O imposto sobre o rendimento pago no estrangeiro;
b) A fracção do IRS ou do IRC, calculado antes da dedução, correspondente aos rendimentos que no país em causa possam ser tributados, líquidos dos custos ou perdas directa ou indirectamente suportados para a sua obtenção.

Exemplificando[283]:

A sociedade X, Lda., auferiu em 2010 rendimentos no montante ilíquido de €3.500,00, em país estrangeiro e suportou €500,00 de custos para a sua obtenção. O imposto pago nesse país foi €600,00. Sabendo que a referida sociedade teve um resultado líquido do exercício de €10.000,00 e abstraindo das restantes correcções fiscais, a dedução à colecta será assim determinada:

Resultado líquido do exercício	10.000,00
Imposto pago no estrangeiro (não dedutível, art. 68º, nº 1 CIRC)	+ 600,00
Lucro Tributável	10.600,00
Colecta do IRC (10.600,00 × 12,5%)	1.325,00
Dedução à colecta (*)	– 375,00
IRC a pagar	950,00

(*) Cálculo do IRC correspondente aos rendimentos obtidos no estrangeiro: (3.500,00 – 500,00) × 12,5% = 375,00. Como o imposto pago no estrangeiro (600,00) é menor, é esse o valor dedutível.

dedução à colecta não pode ser utilizada nesse exercício, nem, após a Lei n.º 39-A/2005, de 29 de Julho, pode ser utilizada em exercícios futuros.

283 Adaptado do exemplo de aplicação do artigo 91.º do CIRC *in* Brás Carlos, Irene Abreu, João Durão e Emília Pimenta, *Guia dos impostos…*, p. 312.

No exemplo, o montante da dedução à colecta do imposto sobre o rendimento é igual ao imposto pago no estrangeiro. Neste caso, há eliminação total da dupla tributação internacional, mas nem sempre é assim.

Pode não haver eliminação total da dupla tributação internacional, desde logo, porque o montante da colecta pode não comportar o valor da dedução à colecta. E, mesmo comportando, o nível da eliminação à colecta depende do valor da taxa de tributação efectiva que incidiu sobre os rendimentos no *país da fonte*. Se esta for inferior ou igual à taxa do imposto português, haverá eliminação total da dupla tributação. Caso contrário, não. A limitação da dedução à colecta ao valor do IRC correspondente aos rendimentos obtidos no estrangeiro (e obviamente integrados no resultado líquido da sociedade) impede que o fisco português suporte uma *despesa fiscal* superior à receita gerada por aqueles rendimentos.

Como se vê, no caso de existirem apenas medidas unilaterais para eliminar a dupla tributação, é o *Estado da residência* que suporta, na totalidade, o custo do estímulo fiscal à internacionalização das actividades económicas dos seus residentes. A eliminação da dupla tributação internacional é feita à custa da sua receita fiscal.

É de referir, contudo, que as *medidas unilaterais* de que falámos podem aplicar-se conjuntamente com as *medidas bilaterais* resultantes das convenções para evitar a dupla tributação internacional que limitem a tributação no país da fonte (ou origem) do rendimento a uma taxa inferior à normal. A consequência é a de que a dedução à colecta do imposto português não pode ser superior ao imposto pago no estrangeiro nos termos previstos na convenção (art. 91.º, n.º 3 do CIRC).

113. Medidas bilaterais: convenções para eliminar a dupla tributação internacional. Normas de reconhecimento e de limitação da competência para tributar

As convenções bilaterais para eliminar a dupla tributação internacional são quase as únicas medidas não unilaterais exclusivamente dirigidas a este objectivo, que se conhecem. Como exemplo de convenção multilateral com esta finalidade, apenas se conhece a Convenção Nórdica sobre a tributação do rendimento e do património, celebrada em 1983 entre a Dinamarca, a Finlândia, a Islândia, a Noruega, e a Suécia e modificada em 1987, 1989 (tendo nesta versão passado a integrar as Ilhas Faroe) e 1996[284]. Seria admissível que no âmbito de espaços com elevado grau de integração económica, como a União Europeia, se tivesse produzido uma convenção multilateral nesta matéria, que se impusesse a todos os Estados membros. Tal não aconteceu, porém, sem prejuízo da "vinculação" a, sempre que entendam necessário, os Estados estabelecerem negociações para eliminar a dupla tributação, em benefício dos seus cidadãos (art. 220.º do Tratado CE).

Note-se, ainda, que, para nós, a implementação de medidas de eliminação de dupla tributação, pela via da transposição das directivas comunitárias, parece integrar-se, mais correctamente, no âmbito das medidas unilaterais, devido à liberdade material e temporal concedida aos Estados para efeitos da sua concretização no direito interno.

Estas "convenções" para eliminar a dupla tributação internacional são *tratados internacionais* celebrados entre dois Estados – o *Estado da fonte* e o *Estado da residência* – através dos quais estes regulam entre si o modo de tributar factos que, por força dos elementos de conexão utilizados, se compreendem no âmbito de aplicação tributária de ambos os Estados, de modo a eliminar a dupla tributação.

A extinta Sociedade das Nações, a ONU, que lhe sucedeu, e a OCDE produziram modelos indicativos de convenções de dupla tributação do rendimento e do capital, sem prejuízo dos trabalhos desenvolvidos nesta área por outras organizações, como o Conselho da Europa, a Comunidade Europeia, a Associação Europeia de Comércio Livre e a Câmara de Comércio Internacional[285]. De entre aqueles modelos, tem sido a Convenção Modelo da OCDE (CM-OCDE) a que mais tem influenciado o conteúdo dos tratados para evitar a dupla tributação do rendimento e do património celebrados por Portugal. Esta

[284] *"Modelo de convenção fiscal sobre o rendimento e o património"*, tradução de TERESA CURVELO e SALOMÉ REBELO, Cadernos de Ciência e Técnica Fiscal, n.º 197, OCDE – Centro de Estudos Fiscais, Lisboa, 2005, p. 27.

[285] MANUEL PIRES, *Da dupla tributação...*, pp. 495-501

convenção modelo, tem, aliás, sido utilizada em grande parte dos tratados celebrados em todo o mundo e influenciou, também, de modo significativo, o modelo de convenção da ONU de 1980.

As normas constantes da convenção modelo da OCDE dividem-se em dois grandes grupos[286]:

a) normas de *reconhecimento de competência* para tributar;
b) normas de *limitação de competência* para tributar.

Através das normas de *reconhecimento de competência* para tributar responde-se ao problema de saber se, em face de certo tipo de rendimento ou património, ambos os Estados contratantes têm competência tributária, ou esta é conferida apenas a um deles. No caso de esta competência ser atribuída exclusivamente a um dos Estados o problema de dupla tributação fica, desde logo, resolvido. Se a competência para tributar é atribuída a ambos os Estados, serão as normas de *limitação de competência* para tributar que resolverão a questão.

Vejamos, pois, o que, a propósito de cada tipo de rendimento e do património, está consagrado na CM-OCDE. Deve avisar-se, porém, que, dentro das convenções celebradas por Portugal, foram, por vezes, consagradas soluções que se afastam das preconizadas pela Convenção Modelo. Pelo que o estudo, em concreto, de uma situação envolvendo outro Estado com o qual há convenção não dispensa a análise do respectivo texto[287].

---

[286] ALBERTO XAVIER, *Direito tributário...*, p. 419.

[287] Sobre cada uma das convenções celebradas por Portugal, ver *Convenções para evitar a dupla tributação celebradas por Portugal*, Cadernos de Ciência e Técnica Fiscal, n.os 193, 194 e 195, Centro de Estudos Fiscais, Lisboa, 2004; MANUEL PIRES, *Da dupla tributação...*, pp. 580 e segs; ALBERTO XAVIER, *Direito tributário...*, pp. 607 e segs; MARGARIDA MESQUITA, *As convenções...*, pp. 379 e segs; GRAÇA CARVALHO, *Aplicação das convenções sobre a dupla tributação*, Rei dos Livros, 2000; BRÁS CARLOS, IRENE ABREU, JOÃO DURÃO, EMÍLIA PIMENTA, *Guia dos Impostos...*, pp. 349-350.

Rendimentos de imóveis

A solução resultante do artigo 6.º da CM-OCDE, é a de que os rendimentos de imóveis podem ser tributados no Estado da situação do imóvel – *Estado da fonte* – sem qualquer limitação, cabendo, como vimos, ao *Estado da residência* eliminar a dupla tributação que daí resultará.

Lucros das empresas

A propósito dos *lucros das empresas*, o artigo 7.º da CM-OCDE, começa por dispor no seu n.º 1: *"Os lucros de uma empresa de um Estado Contratante só podem ser tributados nesse Estado"* mas continua *"...a não ser que a empresa exerça a sua actividade no outro Estado Contratante através de um estabelecimento estável aí situado..."*. Neste último caso, *"...os seus lucros podem ser tributados no outro Estado, mas unicamente na medida em que sejam imputáveis a esse estabelecimento estável"*. Portanto, a norma em questão embora começando por consagrar a regra da tributação exclusiva dos lucros de empresas no *Estado da residência*, permite a tributação pelo *Estado da fonte* do lucro imputável a estabelecimento estável neste situado. O que, na prática, leva à tributação dos lucros do estabelecimento estável pelo *Estado da fonte* e à obrigação de eliminar a dupla tributação por parte do *Estado da residência*.

Lucros provenientes da exploração de navios, barcos ou aeronaves

Um exemplo de reconhecimento de competência exclusiva para tributar, respeita aos *lucros provenientes da exploração de navios ou aeronaves* no tráfego internacional e de *lucros provenientes da exploração de barcos* na navegação interna. Estes, nos termos do n.os 1 e 2 do artigo 8.º da CM-OCDE *"só"* podem ser tributados pelo Estado onde estiver a direcção efectiva da empresa. Note-se que são, porém, pouco frequentes as normas, como esta, de reconhecimento de competência exclusiva, em absoluto, a um dos Estados, designadamente porque, relativamente a outros rendimentos, a uma norma deste tipo, sucedem-se, frequentemente, muitas excepções.

Empresas associadas

Sob a epígrafe "empresas associadas", o artigo 9.º da CM-OCDE permite que, no caso de uma empresa de um Estado contratante participar, directa ou indirectamente, na direcção, no controlo ou no capital de uma empresa do outro Estado contratante, ou quando as mesmas pessoas participem, directa ou indirectamente, na direcção, no controlo ou no capital de uma empresa de um Estado contratante e numa empresa do outro Estado contratante (situações reportáveis ao conceito de *relações especiais*, para efeitos de *preços de transferência*, conforme art. 63.º, n.º 4, do CIRC), e as empresas estabeleçam entre si relações comerciais e financeiras diferentes das que seriam estabelecidas entre empresas independentes, podem os lucros que, por isso, não foram incluídos na base tributável, ser tributados pelo Estado contratante. Quando tal aconteça, o outro Estado deverá proceder ao *ajustamento correlativo* relativamente ao montante de imposto aí pago, de modo a evitar a dupla tributação. Note-se que, o ajustamento primário do lucro tributável devido por *"preços de transferência"* já se encontra previsto, com carácter geral, no artigo 63.º do CIRC. Já o ajustamento correlativo relativamente a relações com empresas não residentes apenas é obrigatoriamente efectuado por Portugal quando houver convenção internacional que o imponha (n.º 11 do artigo 63.º do CIRC)[288].

Dividendos

Quer o *Estado da fonte,* quer o *Estado da residência,* mantêm o poder de tributar os dividendos e outros lucros. Mas, como decorre do

---

288 V. MARIA DOS PRAZERES LOUSA, *Preços de transferência e acordos de dupla tributação*, Cadernos CTF, n.º 187, Centro de Estudos Fiscais, pp. 219-243.

n.º 2 do artigo 10.º da CM-OCDE, o *Estado da fonte* está limitado na sua tributação, não podendo esta exceder a percentagem máxima de 5% dos dividendos se estes resultarem de uma participação directa de pelo menos 25% no capital da sociedade detida; e não podendo exceder a percentagem máxima de 15% dos rendimentos brutos, nos restantes casos. Sobre as taxas máximas de tributação no Estado da fonte, acordadas por Portugal, *ver quadro seguinte* que engloba tais taxas relativamente a dividendos, juros e royalties.

Note-se, contudo, que, no âmbito da U.E., por força do artigo 14.º, n.º 3 e do artigo 95.º do CIRC (resultantes da transposição da Directiva n.º 90/435/CEE, de 23 de Julho) não haverá em Portugal *(Estado da fonte)* qualquer tributação sobre os lucros distribuídos por uma sociedade residente a uma sociedade de outro Estado-membro que detenha, há pelo menos um ano, uma participação no capital igual ou superior a 10%, ou cujo valor de aquisição não seja inferior a €20.000.000. Por outro lado, Portugal *(Estado da residência)* permite a dedução à base tributável do montante dos dividendos recebidos de sociedades de outro Estado-membro, nos termos do artigo 51.º, n.º 5 e n.º 8, do CIRC.

Juros

No que respeita a *juros,* o artigo 11.º da CM-OCDE prevê, igualmente, a possibilidade de tributação pelo *Estado da fonte.* A Convenção limita, porém, esta tributação a 10% do montante dos juros. Há, contudo algumas convenções celebradas por Portugal em que aquele limite é de 15% e de 12%. Sobre as taxas máximas de tributação no Estado da fonte, em cada convenção celebrada por Portugal, *ver quadro seguinte.*

Mas, também neste caso, a *medida unilateral* de isenção dos rendimentos dos títulos de dívida, pública e não pública, consagrada no D.L. n.º 193/2005, de 7 de Novembro, se sobrepõe ao disposto na convenção que possa ter sido celebrada, na medida em que determina, com carácter geral, a isenção dos juros desta natureza pagos por entidades residentes em Portugal a não residentes. O mesmo se passa com a tributação dos *juros e royalties* pagos a uma sociedade de outro Estado-membro da UE, a qual, por força do artigo 87.º, n.º 2, g) e artigo 96.º, do CIRC (em cumprimento da Directiva n.º 2003/49/CE, do Conselho, de 3 de Junho) foi de 10% até 01.07.2009, será de 5% até 30.06.2013 e de 0% a partir dessa data, sobrepondo-se, assim, a tributações mais elevadas previstas nas respectivas convenções.

Royalties

O artigo 12.º da CM-OCDE prevê para estes rendimentos a tributação exclusiva pelo *Estado da residência.* Atendendo, porém, à sua qualidade predominante de importador dos direitos e demais situações jurídicas geradoras de *royalties*, nas convenções celebradas por Portugal, é reconhecido ao *Estado da fonte* o poder de tributar os rendimentos desta natureza ali obtidos. Mas também esse poder é limitado. No cômputo das convenções em que Portugal é parte, verifica-se que o limite máximo de tributação na fonte é, conforme os casos, de 5%, 10% e 12%. Sobre as taxas máximas de tributação no Estado da fonte em cada convenção celebrada por Portugal, ver o *quadro seguinte*, actualizado a 30.07.2009, pela Direcção de Serviços das Relações Internacionais da DGCI

TABELA PRÁTICA DAS CONVENÇÕES PARA EVITAR A DUPLA TRIBUTAÇÃO CELEBRADAS POR PORTUGAL

PAÍSES (ordem alfabética)	DIPLOMA LEGAL	TROCA DOS INSTRUMENTOS DE RATIFICAÇÃO / ENTRADA EM VIGOR	REDUÇÃO DE TAXAS					
			DIVIDENDOS		JUROS		ROYALTIES	
			Art.º	Taxa	Art.º	Taxa	Art.º	Taxa
ÁFRICA DO SUL	Resolução Assembleia da República n.º 53/08 de 22 de Setembro	Aviso n.º 222/2008 publicado em 20-11-2008 EM VIGOR DESDE 22-10-2008	10º	10% *m)* 15% *b)*	11º	10%	12º	10%
ALEMANHA	Lei 12/82 de 03 de Junho	Aviso publicado em 14-10-1982 EM VIGOR DESDE 08-10-1982	10º	15%	11º	10% *a)* 15% *b)*	12º	10%
ARGÉLIA	Resolução Assembleia da República n.º 22/06 de 23 de Março	Aviso n.º 579/2006 publicado em 05-05-2006 EM VIGOR DESDE 01-05-2006	10º	10% *m)* 15% *b)*	11º	15%	12º	10%
ÁUSTRIA	DL n.º 70/71 de 08 de Março	Aviso publicado em 08-02-1972 EM VIGOR DESDE 28-02-1972	10º	15%	11º	10%	12º	5% *b)* 10% *c)*
BÉLGICA	DL n.º 619/70, 15 de Dezembro Convenção Adicional (Res. Ass. Rep. n.º 82/00 de 14 de Dezembro)	Aviso publicado em 17-02-1971 EM VIGOR DESDE 19-02-1971 Convenção Adicional em vigor desde 05-04-2001	10º	15%	11º	15%	12º	10%
BRASIL *d)*	Resolução Assembleia da República n.º 33/01 de 27 de Abril	Aviso publicado em 14-12-2001 EM VIGOR DESDE 05-10-2001 com efeitos a 01-01-2000	10º	10% *m)* 15% *b)*	11º	15%	12º	15%
BULGÁRIA	Resolução Assembleia da República n.º 14/96 de 11 de Abril	Aviso n.º 258/96 publicado em 26-08-1996 EM VIGOR DESDE 18-07-1996	10º	10% *e)* 15% *b)*	11º	10%	12º	10%
CABO VERDE	Resolução Assembleia da República n.º 63/00 de 12 de Julho	Aviso n.º 4/2001 publicado em 18-01-2001 EM VIGOR DESDE 15-12-2000	10.º	10%	11.º	10%	12.º	10%
CANADÁ	Resolução Assembleia da República n.º 81/00 de 6 de Dezembro	Aviso publicado em 17-10-2001 EM VIGOR DESDE 24-10-2001	10º	10% *m)* 15% *b)*	11º	10%	12º	10%
CHILE	Resolução Assembleia da República n.º 28/06 de 6 de Abril	Aviso n.º 243/2008 publicado em 29-12-2008 EM VIGOR DESDE 25-08-2008	10º	10% *f)* 15% *b)*	11º	5% *r)* 10% *r)* 15% *b)*	12º	5% *r)* 10% *r)*
CHINA	Resolução Assembleia da República n.º 28/2000 de 30 de Março	Aviso n.º 109/2000 publicado em 02-06-2000 EM VIGOR DESDE 08-06-2000	10º	10%	11º	10%	12º	10%
COREIA	Resolução Assembleia da República n.º 25/97 de 08 de Maio	Aviso n.º 315/97 publicado em 27-12-1997 EM VIGOR DESDE 21-12-1997	10º	10% *e)* 15% *b)*	11º	15%	12º	10%
CUBA	Resolução Assembleia da República n.º 49/01 de 13 de Julho	Aviso n.º 187/06 publicado em 23-01-2006 (e Aviso n.º 279/05 de 29-07-2005) EM VIGOR DESDE 28-12-05	10º	5% *f)* 10% *b)*	11º	10%	12º	5%
DINAMARCA	Resolução Assembleia da República n.º 6/02 de 23 de Fevereiro	Aviso n.º 53/2002 publicado em 15-06-2002 EM VIGOR DESDE 24-05-2002 a produzir efeitos após 01-01-03	10º	10%	11º	10%	12º	10%
ESLOVÁQUIA	Resolução Assembleia da República n.º 49/04 de 13 de Julho	Aviso n.º 191/04 publicado em 04-12-2004 EM VIGOR DESDE 02-11-2004 a produzir efeitos após 01-01-05	10º	15% *b)* 10% *m)*	11º	10%	12º	10%

TABELA PRÁTICA DAS CONVENÇÕES PARA EVITAR A DUPLA TRIBUTAÇÃO CELEBRADAS POR PORTUGAL

PAÍSES (ordem alfabética)	DIPLOMA LEGAL	TROCA DOS INSTRUMENTOS DE RATIFICAÇÃO / ENTRADA EM VIGOR	REDUÇÃO DE TAXAS					
			DIVIDENDOS		JUROS		ROYALTIES	
			Art.º	Taxa	Art.º	Taxa	Art.º	Taxa
ESLOVÉNIA	Resolução Assembleia da República n.º 48/04 de 10 de Julho	Aviso n.º 155/04 publicado em 31-08-2004 EM VIGOR DESDE 13-08-2004 a produzir efeitos após 01-01-05	10º	5% *f)* 15% *b)*	11º	10%	12º	5%
ESPANHA	Resolução Assembleia da República n.º 6/95, de 28 de Janeiro	Aviso n.º 164/95 publicado em 18-07-1995 EM VIGOR DESDE 28-06-1995	10º	10% *f)* 15% *b)*	11º	15%	12º	5%
ESTADOS UNIDOS DA AMÉRICA	Resolução Assembleia da República n.º 39/95 de 12 de Outubro	Aviso n.º 35/96 publicado em 09-01-1996 EM VIGOR DESDE 01-01-1996	10º	5% *g)* 10% *g)* 15% *b)*	11º	10%	13º	10%
ESTÓNIA	Resolução Assembleia da República n.º 47/04 de 08 de Julho	Aviso n.º 175/04 publicado em 27-11-2004 EM VIGOR DESDE 23-07-2004 a produzir efeitos após 01-01-05	10º	10%	11º	10%	12º	10%
FINLÂNDIA	DL n.º 494/70 de 23 de Outubro	Aviso publicado em 22-08-1980 EM VIGOR DESDE 14-07-1971	10º	10% *f)* 15% *b)*	11º	15%	12º	10%
FRANÇA	DL n.º 105/71 de 26 de Março	Aviso publicado em 13-11-1972 EM VIGOR DESDE 18-11-1972	11º	15%	12º	10% *h)* 12% *b)*	13º	5%
GRÉCIA	Resolução Assembleia da República n.º 25/02 de 4 de Abril	Aviso n.º 85/2002 publicado em 24-09-2002 EM VIGOR DESDE 13-08-2002 a produzir efeitos após 01-01-03	10º	15%	11º	15%	12º	10%
GUINÉ-BISSAU	Resolução Assembleia da República n.º 55/09, de 30 de Julho	Falta Aviso *s)*	10º	10%	11º	10% *r)*	12º	10%
HOLANDA	Resolução Assembleia da República nº 62/00 de 12 de Julho	Aviso n.º 177/2000 publicado em 24-08-2000 EM VIGOR DESDE 11-08-2000	10.º	10%	11.º	10%	12.º	10%
HUNGRIA	Resolução Assembleia da República nº 4/99 de 28 de Janeiro	Aviso n.º 126/2000 publicado em 30-06-2000 EM VIGOR DESDE 08-05-2000	10º	10% *e)* 15% *b)*	11º	10%	12º	10%
ÍNDIA	Resolução Assembleia da República n.º 20/2000 de 6 de Março	Aviso n.º 123/2000 publicado em 15-06-2000 EM VIGOR DESDE 05-04-2000	10º	10% *m)* 15% *b)*	11º	10%	12º	10%
INDONÉSIA	Resolução Assembleia da República n.º 64/2006 de 6 de Dezembro	Aviso n.º 42/2008 publicado em 04/04/2008 EM VIGOR DESDE 11-05-2007	10º	10%	11º	10%	12º	10%
IRLANDA	Resolução Assembleia da República n.º 29/94 de 24 de Junho Protocolo que Revê CDT - Res. Ass. Rep. N.º 62/2006, de 06-12-2006	Aviso n.º 218/94 publicado em 24-08-1994 EM VIGOR DESDE 11-07-1994 Aviso n.º 45/2008 publicado em 17.04.2008 - Protocolo que Revê CDT EM VIGOR DESDE 18-12-2006	10º	15%	11º	15%	12º	10%
ISLÂNDIA	Resolução Assembleia da República n.º 16/02 de 8 de Março	Aviso n.º 48/2002 publicado em 08-06-2002 EM VIGOR DESDE 11-04-2002 a produzir efeitos após 01-01-03	10º	10% *m)* 15% *b)*	11º	10%	12º	10%

TABELA PRÁTICA DAS CONVENÇÕES PARA EVITAR A DUPLA TRIBUTAÇÃO CELEBRADAS POR PORTUGAL

PAÍSES (ordem alfabética)	DIPLOMA LEGAL	TROCA DOS INSTRUMENTOS DE RATIFICAÇÃO / ENTRADA EM VIGOR	REDUÇÃO DE TAXAS					
			DIVIDENDOS		JUROS		ROYALTIES	
			Art.º	Taxa	Art.º	Taxa	Art.º	Taxa
ISRAEL	Resolução Assembleia da República n.º 02/08 de 15 de Janeiro	Aviso n.º 94/2008 publicado em 13-06-2008 e rectificado pelo Aviso n.º 129/2008 publicado em 22.07.2008 EM VIGOR DESDE 18-02-2008	10º	5% *r)* 10% *r)* 15% *r)*	11º	10%	12º	10%
ITÁLIA	Lei n.º 10/82 de 01 de Junho	Aviso publicado em 07-01-1983 EM VIGOR DESDE 15-01-1983	10º	15%	11º	15%	12º	12%
LETÓNIA	Resolução Assembleia da República n.º 12/03 de 28 de Fevereiro	Aviso n.º 138/2003 publicado em 26-04-2003 EM VIGOR DESDE 07-03-2003	10º	10%	11º	10%	12º	10%
LITUÂNIA	Resolução Assembleia da República n.º 10/03 de 25 de Fevereiro	Aviso n.º 123/2003 publicado em 22-03-2003 EM VIGOR DESDE 26-02-2003	10º	10%	11º	10%	12º	10%
LUXEMBURGO	Resolução Assembleia da República n.º 56/00 de 30 de Junho	Aviso n.º 256/2000 publicado em 30-12-2000 EM VIGOR DESDE 30-12-2000	10.º	15%	11.º	10% *n)* 15% *b)*	12.º	10%
MACAU	Resolução Assembleia da República n.º 80-A/99 de 16 de Dezembro	Aviso n.º 72/2001 publicado em 16-07-2001 EM VIGOR DESDE 01-01-1999	10º	10%	11º	10%	12º	10%
MALTA	Resolução Assembleia da República n.º 11/02 de 25 de Fevereiro	Aviso n.º 33/2002 publicado em 06-04-2002 e rectificado em 30-04-2002 EM VIGOR DESDE 05-04-2002 a produzir efeitos após 01-01-03	10º	10% *m)* 15% *b)*	11º	10%	12º	10%
MARROCOS	Resolução Assembleia da República n.º 69 -A/98 de 23 de Dezembro	Aviso n.º 201/2000 publicado em 16-10-2000 EM VIGOR DESDE 27-06-2000	10º	10% *e)* 15% *b)*	11º	12%	12º	10%
MÉXICO	Resolução Assembleia da República n.º 84/00 de 15 de Dezembro	Aviso n.º 49/01 publicado em 21-05-2001 EM VIGOR DESDE 09-01-2001	10º	10%	11º	10%	12º	10%
MOÇAMBIQUE	Resolução Assembleia da República n.º 36/92 de 30/12 - Protocolo que Revê CDT (Res. As. Rep. 36/2009, de 08.05)	Aviso n.º 55/95 publicado em 03-03-1995 EM VIGOR DESDE 01-01-1994	10º	15%	11º	10%	12º	10%
NORUEGA	DL n.º 504/70 de 27 de Outubro	Aviso publicado em 15-10-1971 EM VIGOR DESDE 01-10-1971	10º	10% *f)* 15% *b)*	11º	15%	12º	10%
PAQUISTÃO	Resolução Assembleia da República n.º 66/03 de 2 de Agosto	Aviso n.º 6/08 publicado em 21/01/2008 EM VIGOR DESDE 04-06-2007	10º	10% *m)* 15% *b)*	11º	10% *o)*	12º	10% *p)*
POLÓNIA	Resolução Assembleia da República n.º 57/97 de 09 de Setembro	Aviso n.º 52/98 publicado em 25-03-1998 EM VIGOR DESDE 04-02-1998	10º	10% *e)* 15% *b)*	11º	10%	12º	10%
REINO UNIDO	DL n.º 48497 de 24 de Julho de 1968	Aviso publicado em 03-03-1969 EM VIGOR DESDE 20-01-1969	10º	10% *f)* 15% *b)*	11º	10%	12º	5%

TABELA PRÁTICA DAS CONVENÇÕES PARA EVITAR A DUPLA TRIBUTAÇÃO CELEBRADAS POR PORTUGAL

PAÍSES (ordem alfabética)	DIPLOMA LEGAL	TROCA DOS INSTRUMENTOS DE RATIFICAÇÃO / ENTRADA EM VIGOR	REDUÇÃO DE TAXAS					
			DIVIDENDOS		JUROS		ROYALTIES	
			Art.º	Taxa	Art.º	Taxa	Art.º	Taxa
REP. CHECA	Resolução Assembleia da República n.º 26/97 de 09 de Maio	Aviso n.º 288/97 publicado em 08-11-1997 EM VIGOR DESDE 01-10-1997	10º	10% *e)* 15% *b)*	11º	10%	12º	10%
ROMÉNIA	Resolução Assembleia da República n.º 56/99 de 10 de Julho	Aviso nº 96/99 publicado em 18-08-1999 EM VIGOR DESDE 14-07-1999	10º	10% *m)* 15% *b)*	11º	10%	12º	10%
RÚSSIA	Resolução Assembleia da República n.º 10/02 de 25 de Fevereiro	Aviso n.º 32/2003 publicado em 30-01-2003 EM VIGOR DESDE 11-12-2002 a produzir efeitos após 01-01-03	10º	10% *m)* 15% *b)*	11º	10%	12º	10%
SINGAPURA	Resolução Assembleia da República n.º 85/00 de 15 de Dezembro	Aviso nº 45/01 publicado em 11-05-2001 EM VIGOR DESDE 16-03-01	10º	10%	11º	10%	12º	10%
SUÉCIA	Resolução Assembleia da República n.º 20/03 de 11 de Março	Aviso n.º 3/2004 publicado em 02-01-2004 e Aviso n.º 32/04, de 10-04-2004 EM VIGOR DESDE 19-12-2003 com efeitos após 01-01-2000	10º	10%	11º	10% *q)*	12º	10%
SUIÇA	DL n.º 716/74 de 12 de Dezembro	Aviso publicado em 26-02-1976 EM VIGOR DESDE 18-12-1975	10º	10% *f)* 15% *b)*	11º	10%	12º	5%
TUNÍSIA	Resolução Assembleia da República n.º 33/2000 de 31 de Março	Aviso n.º 203/2000 publicado em 16-10-2000 EM VIGOR DESDE 21-08-2000	10º	15%	11º	15%	12º	10%
TURQUIA	Resolução Assembleia da República n.º 13/06 de 21 de Fevereiro	Aviso n.º 2/2007 publicado em 10-01-2007 EM VIGOR DESDE 18-12-2006	10º	5% *m)* 15% *b)*	11º	10% *p)* 15% *b)*	12º	10%
UCRÂNIA	Resolução Assembleia da República n.º 15/02 de 8 de Março	Aviso n.º 34/2002 publicado em 11-04-2002 e rectificado em 30-04-2002 EM VIGOR DESDE 11-03-2002 a produzir efeitos após 01-01-03	10º	10% *m)* 15% *b)*	11º	10%	12º	10%
VENEZUELA	Resolução Assembleia da República n.º 68/97 de 05 de Dezembro	Aviso n.º 15/98 publicado em 16-01-1998 EM VIGOR DESDE 08-01-1998	10º	10% *i)* 15% *j)*	11º	10%	12º	10% *k)* 12% *l)*

NOTAS:

a) Quando pagos por entidades bancárias.

b) Em todos os outros casos.

c) Quando a sociedade controla 50% ou mais do capital social.

d) Entre 01-01-1972 e 31-12-1999 vigorou uma CDT entre Portugal e o Brasil aprovada pelo DL n.º244/71 de 2 Junho e que veio a ser denunciada unilateralmente pelo Brasil. A taxa reduzida para dividendos, juros e royalties era de 15%, podendo ainda ter sido aplicada, no caso de royalties, uma taxa de 10%, sempre que se tratasse de obras literárias, científicas ou artísticas, cuja aplicação era regulada pela Circular n.º 17/73, de 19/10.

e) Quando o beneficiário efectivo for uma sociedade que durante um período consecutivo de 2 anos anteriormente ao pagamento dos dividendos, detiver 25% do capital social da sociedade pagadora, a taxa não poderá exceder 10% do montante bruto dos dividendos pagos depois de 31-12-1996.
No entanto, nos termos do art.º 28º ou 29º das respectivas convenções, esta taxa reduzida de 10% só será aplicável, porque se trata de imposto devido na fonte, às situações cujo facto gerador do imposto surja em ou depois de 1 de Janeiro do ano imediato àquele em que a Convenção entrou em vigor.

f) Quando o beneficiário efectivo for uma sociedade que controla 25% ou mais do capital social.

g) Quando o sócio for uma sociedade que durante dois anos consecutivos antes do pagamento dos dividendos, detiver directamente 25% ou mais do capital social, a taxa é de 10% entre 01-01-1997 e 31-12-1999 e 5% para depois de 31-12-1999.

h) Para as obrigações emitidas em França depois de 01-01-1965.

i) A partir de 01-01-1997. No entanto, nos termos do art.º 29º, n.º 2, alínea a) da Convenção celebrada com a Venezuela, esta taxa reduzida de 10% apenas será aplicável, porque se trata de imposto devido na fonte, às situações cujo facto gerador do imposto surja em ou depois de 01-01-1999.

TABELA PRÁTICA DAS CONVENÇÕES PARA EVITAR A DUPLA TRIBUTAÇÃO CELEBRADAS POR PORTUGAL

j) Até 31-12-1996, conforme previsto no art.º 10.º, n.º 2 da Convenção com a Venezuela. No entanto, dado que esta Convenção apenas entrou em vigor em 08-01-1998, esta taxa reduzida de 15% nunca foi, nem será, aplicada.

k) Taxa para assistência técnica.

l) Taxa para *royalties* em geral.

m) Quando o beneficiário efectivo dos dividendos for uma sociedade que, durante um período ininterrupto de dois anos anteriormente ao pagamento dos dividendos, detenha directamente pelo menos 25% do capital social da sociedade que paga os dividendos.

n) Se os juros forem pagos por uma empresa de um Estado Contratante, em cuja titularidade os juros são considerados despesas dedutíveis, a um estabelecimento financeiro residente do outro Estado Contratante.

o) Contudo, os juros provenientes de um Estado Contratante serão isentos nesse Estado, ao abrigo e se cumpridas as condições previstas as alíneas a), b) ou c) do nº 3 do art. 11º da CDT com o Paquistão.

p) Esta taxa reduzida de 10% é ainda aplicável a "remunerações por serviços técnicos", nos termos e com a abrangência prevista nos nºs 4 e 5 do art. 12º da CDT com o Paquistão.

q) Contudo, os juros só poderão ser tributados no Estado Contratante de que o respectivo beneficiário efectivo é residente se cumprida uma das condições previstas nas alíneas a) a d) do nº 3 do art. 11º da CDT com a Suécia.

r) Consultar o artigo respectivo.

s) Por não estar ainda publicado o aviso do Ministério dos Negócios Estrangeiros que publicita a troca dos instrumentos de ratificação entre os dois Estados Contratantes, esta convenção ainda não entrou em vigor.

OBSERVAÇÃO IMPORTANTE:

As Convenções para Evitar a Dupla Tributação (CDT'S) celebradas por Portugal, de acordo com o modelo da OCDE, apenas deverão ser aplicadas quando as entidades pagadoras dos rendimentos estiverem na posse dos **formulários** próprios para execução das mesmas, devidamente preenchidos e autenticados pela respectiva autoridade fiscal,em conformidade com o disposto no art. 90º-A do Código do IRC e art. 18º do DL nº 42/91, de 22 de Janeiro, aprovados pelo Despacho nº 4743-A/2008, do Ministro de Estado e das Finanças, publicado no D.R. nº 37, II.ª Série, de 21 de Fevereiro de 2008, tendo em conta a Rectificação n.º 427-A/2008, publicada no D.R. n.º 43, de 29.02.2008.

Mais-valias

No que respeita às mais valias de *imóveis*, o n.º 1 do artigo 13.º da CM-OCDE consagra uma solução idêntica à referida para os rendimentos resultantes destes bens. Isto é, a possibilidade de tributação, sem limitações, no Estado da situação do bem. Já quanto às mais valias de bens *móveis*, a regra é a de que só podem ser tributados no Estado da residência do alienante, com as seguintes excepções:

a) Os ganhos provenientes de bens que integram o activo de um estabelecimento estável situado no território do outro Estado contraente, podem ser aqui tributados, à semelhança do que vimos para os lucros obtidos por esse estabelecimento estável;
b) Os ganhos resultantes da alienação de navios ou aeronaves explorados no tráfego internacional, de barcos utilizados na

navegação interna e de bens móveis afectos à sua exploração, só podem ser tributados no Estado da direcção efectiva da empresa, à semelhança do que vimos para os lucros obtidos nestas actividades;

c) Os ganhos resultantes da alienação de acções que retirem, directa ou indirectamente, mais de 50% do respectivo valor de bens imóveis situados no outro Estado contraente – o *Estado da Fonte* – podem ser tributados por este Estado.

Relativamente às mais – valias auferidas por não residentes em resultado da alienação onerosa de partes sociais e valores mobiliários emitidos por residentes, é, ainda, de notar que o artigo 27.º do EBF e o D.L. n.º 193/2005, de 7 de Novembro, consagram a sua isenção em IRS e IRC, pelo que Portugal, enquanto *Estado da fonte,* não fará qualquer tributação, verificadas que estejam as condições destes preceitos, independentemente da existência de convenção para eliminar a dupla tributação.

Rendimentos de profissões independentes

No que respeita aos rendimentos de *profissões independentes,* o enquadramento é similar ao que vimos para os lucros das empresas. Isto é, tributação exclusiva no *Estado da residência,* excepto relativamente aos rendimentos obtidos pelo profissional através de instalação fixa situada no outro Estado. Neste caso, o *Estado da fonte* poderá tributar os rendimentos imputáveis a essa instalação. Actualmente a CM-OCDE não contém qualquer preceito expressamente referido à tributação das profissões independentes. O seu artigo 14.º foi suprimido em 29 de Abril de 2000, passando os rendimentos destas profissões a ter enquadramento idêntico ao dos lucros das empresas (art. 7.º), na sua qualidade de lucros de actividade económica.

Rendimentos do trabalho dependente

Já os rendimentos do *trabalho dependente* exercido fora do Estado da residência, por força do artigo 15.º da CM – OCDE com a epígrafe *rendimentos do emprego*, são, em regra, tributados no *Estado do exercício da actividade*, excepto se, cumulativamente:

a) O trabalhador permanecer neste Estado menos de 183 dias no ano fiscal em causa;
b) As remunerações não forem pagas por, ou por conta, de uma entidade patronal residente no Estado do exercício;
c) As remunerações não forem suportadas por um estabelecimento estável que a entidade patronal tenha no Estado do exercício.

Cumpridas aquelas três condições, pode o *Estado da residência* tributar.

Remunerações a membros de conselho de administração ou de conselho fiscal

Nos termos do artigo 16.º da CM-OCDE, as percentagens, senhas de presença e outras remunerações similares obtidas por um residente de um Estado contraente, na qualidade de membro do conselho de administração ou do conselho fiscal de uma sociedade residente no outro Estado contraente, podem ser tributadas sem limitação neste Estado do *exercício da actividade ou da fonte*.

Artistas e desportistas

Os rendimentos de profissionais de espectáculos, bem como de desportistas, provenientes das suas actividades pessoais exercidas noutro Estado que não o da residência, podem ser tributados naquele outro Estado – o *Estado da fonte*. É esta a solução preconizada pelo artigo 17.º da CM-OCDE.

Pensões

As pensões pagas a um residente num Estado em consequência de um emprego anterior, só podem ser tributadas nesse *Estado da residência* (art. 18.º da CM-OCDE). Tratando-se, porém, de pensões pagas por um Estado em consequência de serviços anteriores prestados a esse Estado, só podem ser tributadas neste Estado – o *Estado pagador* – excepto se forem pagas a um residente e nacional do outro Estado contratante, caso em que tais pensões "públicas" só podem ser tributadas neste último Estado – o *Estado da residência* do pensionista (art. 19.º, n.º 2, da CM-OCDE).

Remunerações públicas

De acordo com o artigo 19.º, n.º 1, a), da CM – OCDE, as remunerações pagas por um Estado a uma pessoa em consequência de serviços prestados a esse Estado, só podem ser tributadas por este Estado – o *Estado pagador*. Se o prestador do serviço é, porém, nacional e residente no Estado onde são prestados os serviços, não se tendo tornado residente unicamente para efeitos desta prestação de serviços, só este Estado pode tributar tais rendimentos.

Estudantes e estagiários

As importâncias recebidas para fazer face às despesas com a sua manutenção, estudos ou formação, por estudantes e estagiários que são ou foram residentes no outro Estado contratante, imediatamente antes da sua permanência no Estado onde estudam ou estagiam, não são tributadas neste Estado – *o Estado da residência temporária* – desde que tais importâncias provenham de fontes situadas fora deste Estado. Condição para esta não tributação pelo Estado da residência temporária é que a permanência neste Estado tenha como único fim aí prosseguir os seus estudos ou a sua formação (art. 20.º da CM-OCDE).

Outros rendimentos

O artigo 21.º da CM-OCDE contém a regra segundo a qual cabe exclusivamente ao *Estado da residência* o poder de tributar os rendimentos auferidos por um residente, quando em relação a estes a Convenção nada dispuser. É um poder residual de tributação exclusiva.

Note-se, porém, que se o direito ou a propriedade geradora dos referidos rendimentos estiverem efectivamente ligados a estabelecimento estável situado no outro Estado contraente, são aplicáveis as disposições do artigo 7.º da CM-OCDE (v. *supra*, "lucros de empresas").

Património

O *património imobiliário* propriedade de um residente de um Estado contratante e situado no outro Estado contratante pode ser tributado neste Estado – *o Estado da situação do imóvel*. O *património mobiliário* que faz parte de um estabelecimento estável que uma entidade residente tem noutro Estado contratante pode também ser tributado neste último Estado. Já o património constituído por *navios ou aeronaves utilizados no tráfego internacional, ou por barcos utilizados na navegação interna*, bem como pelos *bens móveis afectos à sua exploração*, só pode ser tributado no Estado da direcção efectiva da empresa. Este último caso é, à semelhança do que vimos para os lucros obtidos nestas actividades, um caso de atribuição exclusiva do poder de tributar.

Todo o *restante património* só pode ser tributado no Estado da residência do seu proprietário (art. 22.º, n.º 4, da CM-OCDE).

114. Métodos utilizados nas convenções para eliminar a dupla tributação internacional

Importa referir, desde já, que no caso de atribuição de competência a ambos os Estados é, normalmente, ao *Estado da residência* que cabe eliminar a dupla tributação internacional. Recorde-se que é, também, ao Estado da residência que a CM-OCDE atribui o poder residual de tributar. Isto é, os rendimentos auferidos por um residente relativamente aos quais nada se disponha em contrário, só podem ser tributados no Estado da sua residência (art. 21.º da CM-OCDE). Bem se entende que assim seja, em face do âmbito mundial da extensão da obrigação de imposto que este Estado impõe aos residentes, de que decorre um conhecimento da situação fiscal total e da maior permanência da sua ligação ao contribuinte. Sobre os métodos a aplicar para eliminar a dupla tributação em caso de competência cumulativa para tributar, falaremos depois de vermos como essa atribuição e limitação se fazem.

As convenções celebradas por Portugal prevêem dois métodos de eliminação da dupla tributação em caso de atribuição da competência para tributar a ambos os Estados contratantes: o *método de isenção* e o *método de imputação*[289]. O primeiro age sobre o rendimento ou património e o segundo sobre o imposto.

Como o método da imputação se desdobra nas modalidades de *imputação por referência ao imposto pago* e na *imputação independente do imposto pago*, com lógicas distintas, iremos estudar estes métodos de acordo com a seguinte divisão:

a) O método de isenção;
b) O método de imputação por referência ao imposto pago;
c) O método de imputação independente do imposto pago.

Destes métodos e das modalidades que cada um contém, resulta, do ponto de vista do *Estado da residência,* o seguinte esquema:

[289] Sobre as vantagens e inconvenientes de cada método ver: Klaus Vogel, *Double taxation conventions*, Kluwer, Dewenter, 1997, pp. 1131 e segs.; Manuel Pires, Da *dupla tributação*..., pp. 343, 354 e 370 e segs.

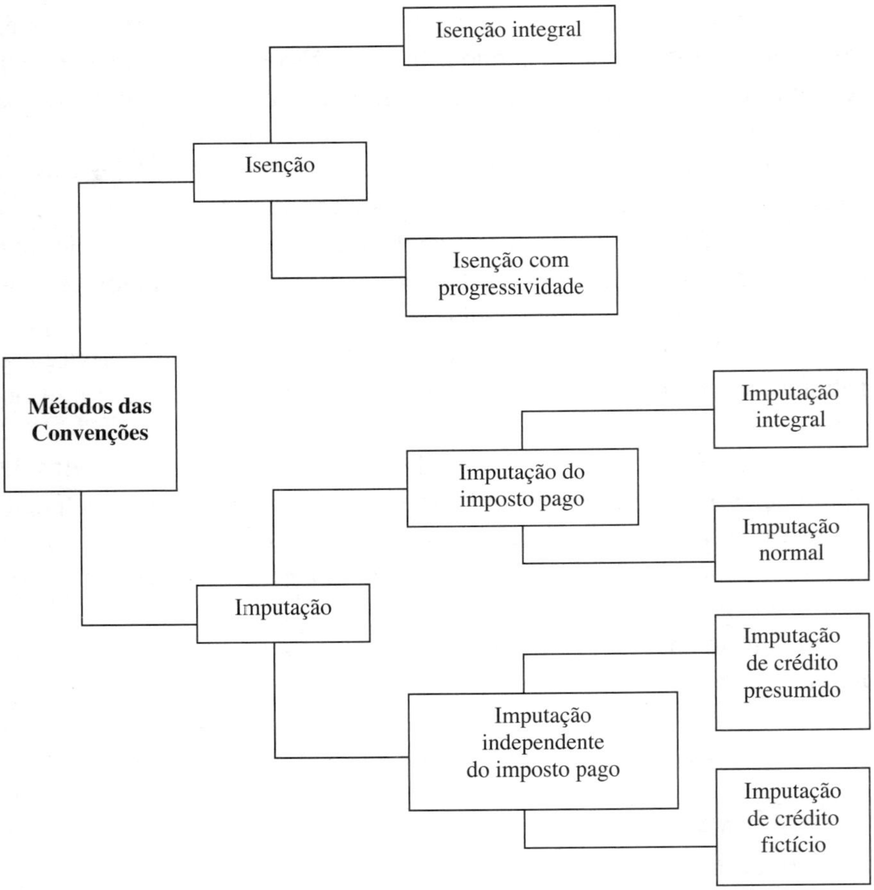

Esquema que passamos a desenvolver.

Método de isenção

De acordo com o método da isenção (art. 23.º-A da CM-OCDE) o Estado da residência elimina a dupla tributação isentando o rendimento ou património que será tributado no Estado da fonte. Pode fazê-lo através de uma *isenção integral* ou através de uma *isenção com progressividade*. Na *isenção integral* o rendimento ou património isento não relevam para a tributação do rendimento ou património não isento. Na *isenção com progressividade*, o cálculo do montante do imposto sobre o rendimento ou património não isento desse residente, deve ter em conta para efeitos de taxa, o rendimento ou o património isentos.

Como se vê, este método de isenção é idêntico às medidas unilaterais de isenção integral e de isenção com progressividade, que vimos *supra* (n.º 112). A diferença é que aqui essa medida de eliminação da dupla tributação internacional resulta de uma obrigação de direito internacional assumida por um Estado perante o outro Estado contratante.

Método de imputação do imposto pago

No *método de imputação do imposto pago* (v. art. 23.º-B da CM-OCDE) o Estado da residência mantém o direito de tributar o rendimento ou o património global do contribuinte, mas permite a dedução ao seu imposto de um valor relativo ao imposto pago no Estado da fonte. Quando a dedução ao imposto do Estado da residência é de montante igual ao do imposto pago no Estado da fonte pelo rendimento ou património aí obtido, estamos perante a *imputação integral*. Assim, a tributação total sobre um rendimento obtido no Estado da fonte traduz-se pelas seguintes expressões:

Tributação no Estado da fonte

$$If = (Rf \,.\, Tf)$$

Tributação no Estado da residência $Ir = [(Rf+RR)\ Tr] - If$

Legenda:

If – Imposto pago no Estado da fonte
Ir – Imposto pago no Estado da residência
Rf – Rendimento obtido no Estado da fonte
Tf – Taxa de tributação no Estado da fonte
RR – Restante rendimento
Tr – Taxa de tributação no Estado da residência

Quando a dedução do valor do imposto pago no Estado da fonte ao imposto do Estado da residência estiver limitada à fracção do imposto do Estado da residência que for imputável ao rendimento ou património proveniente do Estado da fonte, estamos perante uma *imputação normal ou ordinária.* Assim, de acordo com a *imputação normal*, se o Estado da residência tem uma taxa de tributação de 30% e o rendimento obtido no estrangeiro for de €10.000, o crédito de imposto a conceder não pode ser superior a €3.000. Esta é a fracção do imposto do Estado da residência imputável aos rendimentos de origem estrangeira incluídos na sua base tributável. O Estado da residência não concede uma dedução superior ao imposto que os €10.000 de rendimento aí produzem. Como se vê este método de *imputação normal* é similar ao utilizado na medida unilateral de concessão dos "créditos de imposto" previstos nos artigos 81.º do CIRS e 91.º do IRC (v. n.º 112, *supra,* para cujo exemplo se remete).

Com o método de *imputação normal ou ordinária*, a tributação total sobre um rendimento obtido no Estado da fonte traduz-se, de outra maneira, pelas seguintes expressões:

Tributação no Estado da fonte

$$If = (Rf \cdot Tf)$$

Tributação no Estado da residência

$$Ir = [(Rf+RR)\ Tr] - If$$

Ou, se inferior

$$Ir = [(Rf+RR)\ Tr] - Rf \cdot Tr$$

Legenda:

If – Imposto pago no Estado da fonte

Ir – Imposto pago no Estado da residência

Rf – Rendimento obtido no Estado da fonte

Tf – Taxa de tributação no Estado da fonte

RR – Restante rendimento

Tr – Taxa de tributação no Estado da residência

Embora nunca tivesse sido utilizado nas convenções celebradas por Portugal, deixa-se aqui nota de um outro modo de determinação da fracção do imposto do Estado da residência que é imputável ao rendimento proveniente do Estado da fonte. Apurado o quociente entre o rendimento obtido no Estado da fonte e o rendimento total, aplica-se tal percentagem ao imposto total do Estado da residência. Para esta modalidade de imputação ordinária, ALBERTO XAVIER propõe a designação de *imputação ordinária proporcional*[290], por contraponto com a *imputação ordinária efectiva* que, utilizando a taxa do imposto do Estado da residência, exemplificámos antes.

Além da dedução do imposto pago no *Estado da fonte* ao imposto a pagar no *Estado da residência*, há convenções mais recentes que, no caso de dividendos ou outros lucros, permitem também deduzir ao imposto do sócio a pagar no Estado da residência a parte do imposto pago pela sociedade participada implícita nos dividendos distribuídos. Trata-se da *imputação do imposto subjacente* ou *underlying tax credit*.

Método de imputação do imposto não pago

Vimos que na imputação integral e na imputação normal o imposto a deduzir ao imposto do *Estado da residência* refere-se ao imposto efectivamente pago no *Estado da fonte*. Algumas convenções, apresentam, contudo, um outro método de imputação que permite a dedução ao imposto do *Estado da residência* de um valor de imposto previamente fixado ou, existindo benefício fiscal no Estado da fonte, do montante do imposto que aí seria pago sem este benefício.

A imputação do imposto não pago pode, então, fazer-se por duas modalidades: pelo *método do crédito presumido (matching credit)* ou pelo *método do crédito fictício (tax sparing credit).*

No *método do crédito presumido,* o montante do crédito concedido pelo Estado da residência é uma certa percentagem do rendimento em causa, previamente fixada, independentemente da taxa de tributação que incidiu sobre o rendimento gerado no outro Estado. É o que se passa na convenção entre Portugal e a Alemanha, na qual este Estado

290 *Direito Tributário...*, p. 751.

considera para efeitos de imputação, que o valor do imposto português sobre dividendos, juros e royalties é, em qualquer caso, de 15%, ainda que, designadamente devido a isenções, esta não tenha sido a taxa de retenção na fonte que incidiu sobre estes rendimentos.

No *método do crédito fictício (tax sparing credit)* está subjacente o pressuposto de que o *Estado da fonte* concedeu um benefício fiscal àquele rendimento (normalmente como incentivo ao investimento externo), determinando sobre ele uma não tributação ou uma tributação reduzida. Utilizando este método, o *Estado da residência* concede um crédito igual ao montante do imposto que seria pago no caso de não existirem benefícios fiscais.

Pode dizer-se que este método de imputação do imposto não pago se encontra, normalmente, embora com algumas excepções, em convenções celebradas por Estados que apresentam entre si diferenças significativas nos respectivos níveis de desenvolvimento. Assim Alemanha, Áustria, Bélgica, Coreia do Sul, Finlândia, França, Itália, Noruega, Reino Unido e Suiça, concederam este regime a Portugal, de modo genérico ou relativamente a alguns tipos de rendimento. Por sua vez Portugal começou por conceder este regime a Moçambique, para o consagrar, posteriormente, quase sempre em regime de reciprocidade, nas convenções com a Coreia do Sul, Macau, Índia, China, Tunísia, Cabo Verde, Malta, Argélia e Cuba.

Sobre as modalidades da *imputação de imposto não pago*, enquanto instrumento de eliminação da dupla tributação internacional, algumas notas finais:

1.ª – O que designamos por imputação do imposto não pago é um método de eliminação da dupla tributação internacional?[291] É claro que a parte do crédito concedido pelo *Estado da residência* que excede o imposto pago no *Estado da fonte* não elimina qualquer dupla tributação, porque ela não existe. Mas nos casos de concessão de crédito de imposto fictício, quando a tributação no *Estado da Fonte* tenha sido apenas reduzida e nos casos de crédito de imposto presumido, a

[291] Questão formulada e respondida negativamente por MANUEL PIRES, *Da dupla tributação...*, p. 368.

dupla tributação existe e é eliminada, total ou parcialmente, pela concessão daquele crédito. Apesar desta dupla possibilidade, não vemos vantagem em estabelecer uma nova subdivisão formal dentro destes métodos e preferimos entender que estes se incluem também nos métodos de eliminação da dupla tributação, embora, nalguns casos, o crédito possa ser superior ao imposto pago no *Estado da fonte.*

2.ª – O método do *crédito de imposto fictício (tax sparing credit)* tem a vantagem de evitar que a despesa fiscal suportada pelo Estado da fonte, quando este (designadamente com objectivos de atracção de investimento externo) isenta o rendimento ou património, se traduza num benefício exclusivo a favor do Estado da residência. Sem este crédito de imposto o *Estado da residência* tributará o rendimento obtido no *Estado da fonte* e não suportará qualquer dedução ao seu imposto.

3.ª – A consagração do regime do *crédito de imposto fictício* tem suscitado algumas reticências por parte da OCDE[292], nomeadamente no que concerne à sua utilização abusiva por parte de investidores estrangeiros, o que leva alguns autores a prever que, nas convenções existentes, tais cláusulas possam ser renegociadas ou simplesmente revogadas e que, em convenções futuras, os Estados possam conjugá-las com normas antiabuso e delimitar o seu âmbito e duração[293].

115. A dupla tributação económica internacional

Como antes dissemos, os pressupostos da dupla tributação internacional são, para além da pluralidade de normas de tributação em ordenamentos jurídico – tributários diferentes, a *identidade do objecto, a identidade do sujeito, a identidade do período tributário e a identidade do imposto* (v. *supra* n.º 111). Para a doutrina o que diferencia a dupla tributação internacional da *dupla tributação económica* é a circunstância de esta última não exigir a *identidade do sujeito* pagador

292 OCDE, *Tax sparing: a reconsideration*, Paris, 1998.

293 Margarida Mesquita, *As convenções...*, p. 296.

do imposto[294]. E, nessa medida se diz que a dupla tributação internacional é, por oposição à dupla tributação económica, uma dupla tributação *jurídica* em virtude de recair sobre a mesma entidade jurídica.

Parece, contudo, que também o *período tributário* não precisa de ser o mesmo para que estejamos perante uma *dupla tributação económica*. Vejamos o que se passa com o exemplo paradigmático de dupla tributação económica: a tributação dos lucros de sociedades distribuídos aos seus sócios. A sociedade é tributada em imposto sobre o rendimento (IRC) no exercício N pelo lucro apurado nesse exercício. Quando, no exercício N+1, a sociedade distribui aos sócios os correspondentes lucros, estes são tributados novamente em imposto sobre o rendimento (em IRS se os sócios são pessoas singulares ou em IRC se os sócios são pessoas colectivas). Como se vê, a mesma realidade – o lucro – é tributado em impostos iguais ou correspondentes, mas em períodos de tributação diferentes. Porque são factos geradores que pertencem a períodos de tributação distintos.

Definida a *dupla tributação económica*, como classificar a situação de distribuição de lucros por uma sociedade com sede e direcção efectiva no estrangeiro a sócios residentes? Dupla tributação económica ou dupla tributação internacional?

Embora havendo *identidade do objecto* e *identidade do imposto,* não existe *identidade do pagador do imposto*, nem do *período de tributação:* Estamos, pois, perante um caso de dupla tributação económica, que apenas se diferencia do exemplo anterior pelo elemento de estraneidade decorrente do facto de a sociedade participada estar sedeada no estrangeiro. Por isso, a norma do n.º 5 do artigo 51.º do CIRC, que permite a dedução da totalidade dos lucros distribuídos por sociedades residentes em outros Estados membros a sociedades residentes em Portugal, que obedeçam aos requisitos do artigo 2.º da Directiva n.º 90/435/CEE, é uma norma de eliminação de dupla tributação económica e não de dupla tributação internacional[295].

---

294 Teixeira Ribeiro, Lições..., pp. 326 e 353; Alberto Xavier, Direito Tributário..., p. 36; Juan Rubio, *Los princípios básicos de la fiscalidad internacional y la doble imposición internacional*, "in" Manual de fiscalidad internacional, Instituto de Estudios Fiscales, Madrid, 2004, p. 66.

295 Em sentido contrário, Freitas Pereira, *Fiscalidade...*, p. 215.

CAPÍTULO VI

EFEITOS MICROECONÓMICOS DOS IMPOSTOS

116. Efeitos microeconómicos dos impostos

Quando falámos das finalidades extrafiscais dos impostos (*supra* n.º 5) referimos, designadamente os efeitos de estabilização macro-económica que deles poderão decorrer. Mas os impostos produzem igualmente efeitos microeconómicos, no restrito âmbito das empresas individualmente consideradas e dos que com elas se relacionam.

Destes efeitos dos impostos a doutrina[296] refere, normalmente, os seguintes quatro:

a) A repercussão;
b) A amortização;
c) A remoção;
d) A difusão.

Além destes efeitos estudaremos também:

e) A influência dos impostos na estrutura do capital das empresas.

---

[296] ASSIS TAVARES, *Curso de Fiscalidade da empresa*, Livraria Clássica Editora, 1982, pp. 33 e 327 e segs; TEIXEIRA RIBEIRO, *Lições...*, pp. 374 e segs; SOUSA FRANCO, *Finanças Públicas*...II, pp. 208 e segs.

117. Idem: A) Repercussão

O efeito de repercussão traduz-se na transferência do imposto que legalmente incide sobre um sujeito passivo, para outrem com quem este tem relações económicas. É o que se passa quando o vendedor A transfere para o comprador B o imposto suportado na sua actividade, considerando-o na fixação do preço de venda dos bens ou dos serviços, à semelhança do que faz com os restantes encargos e custos. Por isso se diz que para além do *contribuinte de direito* (na circunstância, o vendedor A) existe um *contribuinte de facto* (no exemplo, o comprador B) que economicamente suporta o imposto. Do mesmo modo se diz que a par da *incidência legal* do imposto, que define o contribuinte de direito, existe uma *incidência material*[297], que se reporta ao contribuinte de facto.

Note-se que, naturalmente, do ponto de vista teórico, a repercussão do imposto ocorre, quer quando este sobe, quer quando desce.

A repercussão do imposto para os adquirentes dos bens ou serviços, de que falámos, designa-se por *repercussão para diante* ou *repercussão progressiva.* Ao invés, quando a criação ou alteração do imposto é repercutida para quem está a montante no circuito económico, temos a *repercussão para trás* ou *repercussão regressiva.* Exemplo deste tipo de repercussão é a que ocorre quando, em face de um aumento das contribuições para a segurança social, as empresas subtraem parte ou a totalidade deste acréscimo de encargos ao aumento de salários que ocorreria sem aquele agravamento. Deste modo, as empresas repercutem para os trabalhadores parte ou a totalidade do aumento de tributação.

Note-se que a repercussão, sendo um fenómeno que ocorre normalmente, nem sempre se verifica. Veja-se o caso das empresas que, por razões de conquista ou de manutenção de quota de mercado, decidem manter os preços de venda que se registavam antes da subida de impostos, ou aumentar os preços em valor inferior ao aumento de impostos. Preferem, assim, reduzir a sua margem de lucro, a perder quota de mercado.

---

[297] Preferimos qualificar esta incidência económica de *incidência material*, em vez de *incidência real,* porque no sentido jurídico tributário mais comum, esta é uma parte da incidência legal: a que respeita à definição legal dos factos sujeitos a imposto.

118. Idem: B) Amortização

A *amortização do imposto* consiste na redução de valor que os bens duradouros sofrem em virtude da existência de um imposto futuramente incidente sobre o valor desses bens ou sobre os seus rendimentos[298]. Os bens têm um valor bruto e, em virtude do imposto, têm um valor líquido dos efeitos da tributação. A *amortização do imposto* corresponde à diferença entre aqueles dois valores.

O valor do bem que o mercado considera é o valor líquido de tributação e não o seu valor bruto. Mas não só. O mercado releva o valor do bem líquido de impostos, considerando o tempo que estima ainda ter este de vida útil, quando se trate de impostos sobre a posse ou fruição dos bens (ex: o IMI); bem como os rendimentos líquidos de impostos que dele pode obter se o bem for destinado a locação. Releva-se, ainda, a natureza transitória ou permanente daqueles impostos.

Naturalmente que a concessão de uma isenção ou a redução dos impostos, quer incidam sobre o próprio bem (ex: o IMI, o IMT e o imposto do selo sobre as transmissões gratuitas) quer incidam sobre o respectivo rendimento (IRS ou IRC), aumentam o valor de mercado do bem, enquanto que a criação ou o aumento dos impostos sobre o bem ou o seu rendimento, diminuem aquele valor.

119. Idem: C) Remoção

A *remoção* do efeito do imposto está ligada ao *efeito-rendimento* e ao *efeito-substituição* que referimos a propósito da função de equilíbrio macroeconómico dos impostos *(supra,* n.º 5). Se é criado ou aumentado um imposto sobre o rendimento, o contribuinte pode tomar uma de duas atitudes: aceita ficar com menos rendimento, ou aumenta a sua actividade trocando *lazer* por *rendimento*, repondo total ou parcialmente os meios de riqueza anteriores à nova tributação. A este aumento de matéria colectável destinado a remover os *efeitos delapi-*

298 V., Teixeira Ribeiro, *Lições...*, p. 375.

dadores do imposto na economia de cada um, chama-se *remoção do imposto*.

120. Idem: D) Difusão

Como a expressão indica, a *difusão do imposto* é um efeito que se estende para além do fenómeno de repercussão para o contribuinte de facto que vimos antes. A *difusão* é o efeito indirecto que se reflecte ao longo da cadeia económica em que se insere o sujeito passivo onerado.

Quando se aumenta o imposto sobre o consumo de determinados bens, uma consequência verosímil é a redução do consumo destes bens, sem prejuízo das limitações à elasticidade da procura e dos efeitos *rendimento* e *substituição* que vimos *supra* n.º 5[299]. Com a redução do consumo daqueles bens, virá, *ceteris paribus*, a contracção das vendas dos respectivos produtores e a consequente diminuição dos seus rendimentos. E assim, sucessivamente, em relação aos prestadores de serviços, aos fornecedores das respectivas matérias primas e aos restantes operadores a montante no circuito económico.

121. Idem: E) A influência dos impostos na estrutura do capital das empresas

Entre outras variáveis, a fiscalidade determina, também, as opções de gestão das empresas. É evidente que esta constatação se faz reconhecendo a violação do princípio da neutralidade fiscal. Mas, verdadeiramente, o *sistema fiscal neutro* é um modelo que, na circunstância, parece servir apenas para graduar a dimensão do afastamento dos sistemas fiscais, em concreto, em face do mesmo.

---

[299] Sobre a difusão de um imposto específico sobre um produto num mercado em regime de concorrência, nas hipóteses: custos de produção constantes (rendimentos constantes), custos de produção crescentes (rendimentos decrescentes) e custos de produção decrescentes (rendimentos crescentes), ver ASSIS TAVARES, *Curso...*, p. 330.

Além dos efeitos microeconómicos constantes das alíneas anteriores, existe um efeito classicamente tratado pela ciência das finanças empresariais, mas menos tratado pela doutrina fiscalista: *a influência dos impostos sobre o rendimento das empresas na estrutura do seu financiamento e do respectivo capital próprio.*

Sobre a relação entre o valor da empresa e a sua estrutura de capital, MODIGLIANI e MILLER,[300] em 1963, concluíram, perante a dedutibilidade fiscal dos juros da dívida, que, havendo imposto sobre os lucros das empresas, estas deveriam financiar, o mais possível, os seus investimentos com recurso a capitais alheios. Em síntese, tal prescrição assentou no facto de os juros da dívida serem fiscalmente dedutíveis, o que se traduziria na redução do custo do capital[301]. Ou por outras palavras, o valor da empresa endividada é superior ao da empresa não endividada, em virtude do acréscimo induzido no valor actual da dedutibilidade fiscal dos juros da dívida. De tal modo, que, teoricamente, a estrutura óptima de capital seria aquela em que este fosse constituído por 100% de dívida.

O modelo teórico conduziria àquela estrutura de capital, mas rapidamente se percebeu que existiam problemas inerentes ao excesso de endividamento, que determinavam a modelação daquela proposição. Aqueles problemas traduzem-se nos custos decorrentes de uma empresa enfrentar dificuldades financeiras e poder entrar em processo de falência (*financial distress costs*). De tal modo que o valor da empresa endividada define-se do seguinte modo:

> Valor da empresa endividada = Valor da empresa não endividada + valor actual da poupança fiscal relativa aos juros da dívida – valor actual dos custos de *financial distress*

---

300 F. MODIGLIANI e M. MILLER, *"Corporate income taxes and the cost of capital: a correction"*, American Economic Review, vol. 53, n.º 3, 1963, pp. 433-443.

301 Para mais desenvolvimentos, na perspectiva das finanças empresariais, GOMES MOTA, JOÃO NUNES e MIGUEL FERREIRA, Finanças *Empresariais – Teoria e Prática*, Publisher Team, 2004, pp. 149-164; e JOSÉ ESPERANÇA e FERNANDA MATIAS, *Finanças Empresariais*, D. Quixote, 2005, pp. 217-226.

São vários os efeitos negativos para o valor da empresa, resultantes do endividamento excessivo. Com um elevado endividamento:

a) A probabilidade de falência é maior, o que, em face do maior risco, determinará uma maior remuneração dos detentores da dívida e a exigência de uma maior remuneração pelos accionistas;
b) Haverá quebra de confiança de clientes, fornecedores e credores em geral, na continuação da empresa;
c) Ocorrerão elevados custos de agência da dívida, com a possibilidade de conflitos de interesses entre accionistas e detentores da dívida.

Há, no entanto, concordância quanto ao entendimento de que a vantagem fiscal de substituir capital próprio por capital alheio não é totalmente anulada pelos custos de *financial distress*. Por isso, mantendo dentro de certos limites a relação entre dívida e custos de *financial distress* (empiricamente sabe-se que os rácios de dívida, em face do valor do activo, variam nas empresas, em regra, entre 50% e 60%) pode dizer-se que, quanto mais alta for a taxa do imposto sobre o lucro das empresas, maior será a vantagem fiscal associada aos juros e maior deverá ser o peso da dívida.

Finalmente, um aspecto que não pode ser ignorado: nem todos os juros de dívida suportados pela empresa são fiscalmente dedutíveis. A título de exemplo, referimos a não dedução fiscal de juros decorrentes das regras sobre preços de transferência (art. 63.º CIRC), os juros pagos em situação de excesso de endividamento (art. 67.º CIRC) e os juros pagos a sócios, na parte que excede a taxa Euribor a 12 meses acrescida de 1,5 pontos percentuais (art. 45.º, n.º 1, j) do CIRC) e Portaria n.º 184/2002, de 4 de Março.

CAPÍTULO VII

INDICADORES DE CARGA FISCAL

122. Alguns indicadores de carga fiscal

No que respeita à quantificação da tributação, passamos a referir três dos indicadores da *"carga fiscal"*[302] mais utilizados para caracterizar os sistemas fiscais:

a) Nível de Fiscalidade;
b) Estrutura Fiscal;
c) Taxa de tributação implícita.

Note-se, contudo, que, estes rácios, embora de grande utilização, não deixam de ser indicadores bastante sintéticos, incapazes de reflectir a estrutura particular de cada sistema tributário e as suas determinantes de evolução, bem como os sistemas de redistribuição directa vigentes em cada país.

123. Idem: A) Nível de fiscalidade

O *nível de fiscalidade* é o indicador mais utilizado para aferir da *"carga fiscal global"*, medindo a percentagem da riqueza produzida

---

[302] Utilizamos a terminologia da OCDE em *"Fiscalité et économie: Analyse comparative des pays de l'OCDE"*, 2001.

pelo País que é transferida, por via tributária, para o Estado e demais credores tributários. Resulta da seguinte fracção:

Impostos cobrados + Contribuições para a segurança social / PIBpm[303]

Desde 1965 o *nível de fiscalidade* cresceu significativamente em Portugal[304] e nos restantes países da OCDE, como se pode ver no quadro seguinte, reflectindo, designadamente, o aumento do papel do Estado na economia e o grande incremento das políticas sociais registado neste período.

União Europeia, EUA e Japão – Receitas fiscais e contribuições para a Segurança Social em percentagem do PIB a preços de mercado

(por ordem decrescente do último ano)

Estados	1965	1990	1995	2000	2005	2007
Dinamarca	29,9	46,5	48,8	49,4	50,3	48,7
Suécia	35,0	52,7	48,1	52,6	50,7	48,3
Bélgica	31,1	42,0	43,6	44,9	45,4	43,9
França	34,5	42,0	42,9	44,4	44,1	43,5
Itália	25,5	37,8	40,1	42,3	41,0	43,5
Finlândia	30,3	43,5	45,7	47,2	44,0	43,0
Áustria	33,9	39,6	41,1	42,6	42,1	42,3
Hungria	-	-	41,3	38,0	37,2	39,5
Holanda	32,8	42,9	41,5	39,7	39,1	37,5

303 Em sentido restrito, o *nível de fiscalidade* é apresentado com exclusão das contribuições para a segurança social.

304 Para uma análise detalhada da evolução dos indicadores de carga fiscal em Portugal no período 1990-1995, ver Miguel Serrão, *Evolução da carga fiscal e das*

Estados	1965	1990	1995	2000	2005	2007
Rep.Checa	-	-	37,5	35,3	37,8	37,4
Espanha	14,7	32,5	32,1	34,2	35,8	37,2
Luxemburgo	27,7	35,7	37,1	39,1	38,6	36,5
Portugal	**15,8**	**27,7**	**31,7**	**34,1**	**34,8**	**36,4**
Alemanha	31,6 (*)	34,8 (*)	37,2	37,2	34,8	36,2
Reino Unido	30,4	36,3	34,7	37,3	36,5	36,1
Polónia	-	-	36,2	31,6	34,3	34,9
Grécia	18,2	22,8	25,2	29,7	27,3	32,0
Irlanda	24,9	33,1	32,0	31,7	30,6	30,8
Rep. Eslovaca	-	-	-	32,9	31.6	29,4
Japão	18,3	29,1	26,8	27,0	27,4	28,3
EUA	24,7	27,3	27,9	29,9	27,3	28,3
Média OCDE	**25,8**	**33,9**	**34,9**	**36,2**	**36,2**	**35,8**
Média UE-19	**27,8**	**38,0**	**38,7**	**39,2**	**38,7**	**38,8**

Fonte: OCDE. Actualização para 2007, *Revenue Statistics 1965-2008,* Paris, 2009.
(*) Ex – Alemanha Federal

Do quadro anterior ressalto algumas conclusões:

1.ª – Os EUA (28,3) e o Japão (28,3) registam um nível de fiscalidade 1,1 p.p. inferior ao do Estado membro da U.E. com o nível mais baixo de fiscalidade – a República Eslovaca (29,4) – e um nível 10,5 p.p. inferior à média da U.E. – 19 membros (38,8). Perante estas diferenças, é inevitável pensar que elas são, em grande medida, uma consequência

taxas efectivas de tributação no período 1990-1995, Cadernos CTF n.º 188, Administração Geral Tributária, pp. 75-108.

das diferenças entre a matriz dos modelos sociais e de repartição da riqueza vigentes no universo europeu e os existentes naqueles dois países. Recorda-se que, para conclusões mais definitivas, o indicador de carga fiscal deve ser confrontado com a análise dos sistemas de transferência dos fundos públicos para as famílias, *maxime* para as mais pobres.

2.ª – Verifica-se que o nível de fiscalidade manteve, em regra, uma tendência crescente até ao ano 2000, para, a partir daí, em 13 dos 21 países analisados registar uma inversão na tendência[305]. Polónia (+3,3), Espanha (+3,0), Portugal (+2,3), Grécia (+2,3), República Checa (+2,1), Hungria (+1,5), Japão (+1,3), e Itália (+1,2), foram os países que registaram subidas entre 2000 e 2007. Para os países com *déficites orçamentais* e com baixo crescimento do PIB, como é o caso de Portugal, é previsível que o nível de fiscalidade suba nos anos que se seguem.

3.ª – Divergiu bastante o acréscimo do *nível de fiscalidade* em cada país durante o período 1965-2007. Tal rácio aumentou 20,6 p.p. em Portugal, tendo sido o segundo maior aumento registado no conjunto dos países analisados. Uma parte importante dessa subida parece estar em linha com o aumento dos gastos com as políticas sociais[306]. No mesmo período aquele indicador cresceu 22,5 p.p. na Espanha, mas apenas 3,6 p.p. nos EUA. A grande subida do indicador nos países ibéricos é uma consequência da aproximação aos

---

[305] Sem prejuízo de poderem ocorrer oscilações resultantes de alterações nas regras de contabilização. Embora raras, elas acontecem. Relativamente a Portugal, João Pedro Santos, em *"Comentário às estatísticas das receitas fiscais da OCDE"*, CTF n.º 413 (2004), p. 273, defende que a descida de 1,7 p.p. verificada entre 2001 e 2002 se deveu quase exclusivamente à alteração do método de contabilização das receitas da Segurança Social.

[306] Medina Carreira, em *"Portugal, a União Europeia e o Euro: Ensaio sobre a Tributação e a Despesa Pública"*, Fisco, 2001, p. 127, concluiu que entre 1987 e 2000, dos 13,2 p.p. de crescimento da despesa pública primária total, as despesas com as políticas sociais mais relevantes absorveram 8,7 p.p. desse aumento.

modelos de desenvolvimento social dos países mais desenvolvidos da Europa. O reduzido crescimento do *nível de fiscalidade* nos EUA desde 1965 (+3,6), que, aliás, subiu 1 p.p. no curto período 2005-2007, corresponde ao modelo económico e social vincadamente liberal aí vigente.

124. Idem: B) Estrutura Fiscal

O indicador *Estrutura Fiscal* traduz a repartição da receita fiscal total entre os principais impostos. Este rácio permite conhecer o modo como cada factor tributável (rendimento, património, consumo de bens e serviços, contribuições sociais...) contribui para o total das receitas tributárias.

Assim, países com idêntico nível de fiscalidade poderão, em resultado de diferentes opções de política fiscal, apresentar estruturas fiscais muito diferentes.

Em 2007, a estrutura fiscal em Portugal, na U.E a 19 Estados e no conjunto da OCDE era a seguinte:

Portugal, União Europeia-19 e OCDE – Receitas fiscais das principais rubricas em percentagem das receitas fiscais totais

2007

Impostos e Contrib. Seg. Social	Portugal	UE - 19	OCDE
Imposto sobre o rendimento	25,9	33,1	37,3
Impostos sobre o património	3,8	4,7	5,6
Impostos sobre o consumo	37,5	30,9	30,9
Contribuições para Seg. Social	32,1	30,2	25,2
Outros	0,4	0,7	0,7

Fonte: OCDE, *Revenue Statistics 1965-2008,* Paris, 2009.

Conclui-se do quadro anterior que:

a) A tributação indirecta (impostos sobre o consumo) continua a ser a tributação predominante em Portugal, o que, de acordo com os critérios tradicionais, seria um dos elementos para a sua classificação como sistema fiscal de país não desenvolvido[307]. Repare-se, contudo, que o mesmo acontece na U.E e na OCDE, o que diz da desadequação actual do critério. Já quanto aos restantes critérios dessa matriz – *pressão fiscal, eficiência e complexidade do sistema fiscal* – entendemos que o sistema fiscal português se insere no âmbito dos sistemas das economias desenvolvidas de mercado. Em termos de evolução da estrutura fiscal portuguesa, é ainda de referir que a tendência tem sido de aproximação à média europeia. Nos impostos sobre o consumo, a actual diferença de 6,6 p.p. era de 12,3 p.p. em 1990.

b) A tributação sobre o rendimento das pessoas singulares e sobre os lucros das pessoas colectivas representa em Portugal 25,9% das receitas fiscais totais, traduzindo-se em 7,2 p.p. abaixo da média da U.E-19. Em 1990, as mesmas receitas representavam 25,7% do total, cifrando-se, então, 8,5 p.p. abaixo da média europeia.

c) As contribuições para a Segurança Social em Portugal representam no total das receitas fiscais um valor ligeiramente superior ao da média da UE. A diferença é de 1,9 p.p..

d) O peso da tributação do património representa em Portugal, também, um valor próximo da média da UE. Subiu de 2,7% em 1990, para os actuais 3,8%, pensamos que por força da progressiva actualização dos valores patrimoniais tributários dos prédios. A média da tributação do património na UE é 0,9 p.p. superior à portuguesa.

---

[307] V., Sousa Franco, *Finanças Públicas e Direito Financeiro, II*, Almedina, 1995, p. 201; Pierre Beltrame, *Os Sistemas Fiscais*, Coimbra, 1976.

125. Idem: C) Taxa de Tributação Implícita

A *taxa de tributação implícita* é um indicador de utilização mais recente do que os anteriores. Em síntese, mostra qual a parcela de uma determinada base macro-económica que é "consumida" pela tributação. É o quociente entre a receita fiscal dos impostos incidentes sobre aquela base e o valor desta. A *taxa de tributação implícita* do consumo, por exemplo, obtém-se dividindo o total das receitas provenientes do conjunto dos impostos sobre o consumo, pelo valor do consumo evidenciado nas contas públicas.

À semelhança do *nível de fiscalidade*, a *taxa de tributação implícita* reporta-se igualmente aos aglomerados *macro* da contabilidade pública, com a diferença de que não o faz de forma absolutamente agregada – *receitas fiscais totais/PIB* – mas de forma sectorial – *consumo, trabalho, capital, energia...*

126. Eficácia fiscal

A medida de eficácia fiscal mais utilizada é a que compara a variação das receitas fiscais, líquidas de reembolsos e anulações, com a variação do PIB verificada no mesmo período. A este *rácio* chama-se frequentemente *eficiência fiscal*. Pensamos, todavia, ser preferível designá-lo por *eficácia fiscal*, pelas razões que vimos antes a propósito do *princípio da eficiência fiscal* (*supra* n.º 69).

Diferença em Pontos Percentuais
entre a Variação das Receitas Fiscais e a Variação do PIB

	2008	2009
Variação das receitas fiscais	– 2,9	– 13,3
Variação do PIB	0	– 2,7
Diferencial	– 2,9	– 10,6

Fonte: *Ministério das Finanças e da Administração Publica e DGO*

Do quadro anterior, que inclui também os impostos municipais, verifica-se que o decréscimo da receita fiscal de 2009 face à de 2008 foi significativamente maior (13,3 pp) do que o decréscimo do PIB face ao mesmo período (2,7). Em 2008, esse decréscimo fora de 2,9 pp relativamente a 2007, contra um PIB sem variação no mesmo período.

Pode argumentar-se que essa pior eficácia fiscal, por comparação com os bons resultados verificados no biénio 2006-2007, estará também ligada ao esgotamento dos efeitos da estratégia de recuperação de dívidas antigas. Esta estratégia teve inicialmente um suporte legal (Lei n.º 248-A/2002, de 14 de Novembro) mas foi continuada durante vários anos enquanto meritório objectivo de gestão.

Como referimos, porém, na edição anterior, o aumento de receita assente na recuperação de dívidas antigas não é sustentável por muito tempo, por ser evidente que o conjunto cobrável remanescente destas dívidas tenderá para zero. Chega-se a um ponto em que o que sobra são dívidas de sujeitos passivos insolventes ou inexistentes e o "julgamento em falhas" é inevitável.

CAPÍTULO VIII

ORGANIZAÇÃO DA ADMINISTRAÇÃO TRIBUTÁRIA

127. Enquadramento geral

Na área dos impostos de âmbito nacional intervêm três direcções gerais integradas no Ministério das Finanças e da Administração Pública[308]:

- A Direcção Geral dos Impostos (DGCI), cuja lei orgânica foi aprovada pelo D.L. n.º 81/2007, de 29 de Março e regulamentada pela Portaria n.º 348/2007, de 30 de Março;
- A Direcção Geral das Alfândegas e dos Impostos Especiais sobre o Consumo (DGAIEC), cuja lei orgânica foi aprovada pelo D.L. n.º 82/2007, de 29 de Março, e regulamentada pela Portaria n.º 349/2007, de 30 de Março;
- A Direcção Geral de Informática e de Apoio aos Serviços Tributários e Aduaneiros (DGITA), cuja lei orgânica foi aprovada pelo D.Reg. n.º 24/2007, de 29 de Março.

---

[308] Nas recentes orgânicas do Ministério das Finanças, a administração tributária tem ficado, sob a alçada da Secretaria de Estado dos Assuntos Fiscais. Até à criação desta Secretaria de Estado, em meados da década de 80, a administração dos impostos era, porém, geralmente, enquadrada na Secretaria de Estado do Orçamento.

Passemos agora a analisar as atribuições e as competências de cada uma das direcções gerais.

128. DGCI

À DGCI incumbe administrar os impostos sobre o rendimento, os impostos sobre o património e os impostos gerais sobre o consumo, de acordo com a política fiscal determinada pelo Governo.

São órgãos superiores de administração da DGCI:

a) O *director-geral*, a quem compete a direcção superior da DGCI;
b) O *conselho de administração fiscal (CAF)*, composto pelo director-geral, que preside, pelos oito subdirectores gerais, pelos directores de finanças de Lisboa e do Porto e pelo director do Centro de Estudos Fiscais. Tem competências decisórias em matéria de regulamentação interna, orçamental, organização, planificação e formação. Tem competências consultivas em matéria de criação e estrutura de serviços, de gestão do pessoal, das relações com os contribuintes e de qualquer outra matéria que o director geral entenda submeter-lhe.

A DGCI dispõe de *serviços centrais* e de *serviços desconcentrados*.

Os *serviços centrais* têm as *direcções de serviços* como unidades orgânicas nucleares.

Os serviços desconcentrados compreendem os *serviços desconcentrados de âmbito regional* e os *serviços desconcentrados de âmbito local*. Os primeiros, são designados por direcções de finanças, com jurisdição no território do respectivo distrito; os segundos, são designados por *serviços de finanças*[309] e correspondem às antigas

[309] Designação pouco feliz. É que *serviços de finanças* são todos os da administração tributária e, em sentido amplo, todos os do Ministério das Finanças.

repartições e tesourarias de finanças. No mínimo, existe um por cada município. Na área dos municípios mais populosos existem vários serviços de finanças.

Do ponto de vista da dependência hierárquica, o chefe do serviço de finanças está subordinado ao director de finanças do seu distrito e este ao director-geral. Os directores dos serviços centrais dependem hierarquicamente do director-geral.

129. DGAIEC

A DGAIEC é responsável pelo controlo da fronteira externa comunitária e do território aduaneiro nacional, para fins fiscais económicos e de protecção da sociedade, e pela administração dos impostos especiais sobre o consumo.

São órgãos superiores de administração da DGAIEC:

a) O *director-geral*, a quem compete a direcção superior da DGAIEC;
b) O *conselho administrativo-aduaneiro*, composto pelo director-geral, que preside, e pelos quatro subdirectores gerais. Tem competências decisórias em matéria de organização e gestão interna e competências consultivas, designadamente, em matéria de pessoal e em qualquer matéria que o Ministro de Estado e das Finanças ou o Director-geral entenda submeter-lhe;
c) O *conselho técnico-aduaneiro*, na dependência do director-geral, a quem cabe decidir sobre as contestações de carácter técnico suscitadas no acto de verificação das mercadorias ou posteriormente ao seu desalfandegamento, relacionadas com a classificação pautal, origem ou valor das mercadorias.

À semelhança do que vimos para a DGCI, a DGAIEC dispõe, no âmbito territorial, também, de *serviços centrais* e de *serviços desconcentrados*.

Os *serviços centrais* funcionam junto do director-geral e são compostos por *direcções de serviços*.

Os *serviços desconcentrados* da DGAIEC são as alfândegas, que constituem unidades de âmbito regional e local, visando assegurar a prossecução das atribuições desta Direcção-Geral na respectiva área de jurisdição.

As *alfândegas* podem integrar *delegações aduaneiras* e *postos aduaneiros*.

No que respeita à hierarquia, as *alfândegas* são dirigidas por directores de alfândegas, hierarquicamente dependentes do director-geral; as *delegações aduaneiras* são dirigidas por chefes de delegação, directamente dependentes dos directores de alfândega; e os *postos aduaneiros* podem ser dirigidos por coordenadores, directamente dependentes dos directores de alfândega ou dos chefes de delegação.

130. DGITA

A DGITA é o serviço ao qual incumbe apoiar a DGCI e a DGAIEC no domínio dos sistemas e tecnologias de informação.

São órgãos da DGITA:

a) O *director-geral*, a quem compete a direcção superior da DGITA;
b) O *conselho coordenador*, composto pelo director-geral, que preside, e pelos dois subdirectores-gerais.

Trata-se essencialmente de uma direcção-geral de apoio tecnológico no âmbito da informática e não estabelece relações directas com os sujeitos passivos de obrigações tributárias.

Da caracterização efectuada resulta o seguinte organograma global da administração tributária portuguesa:

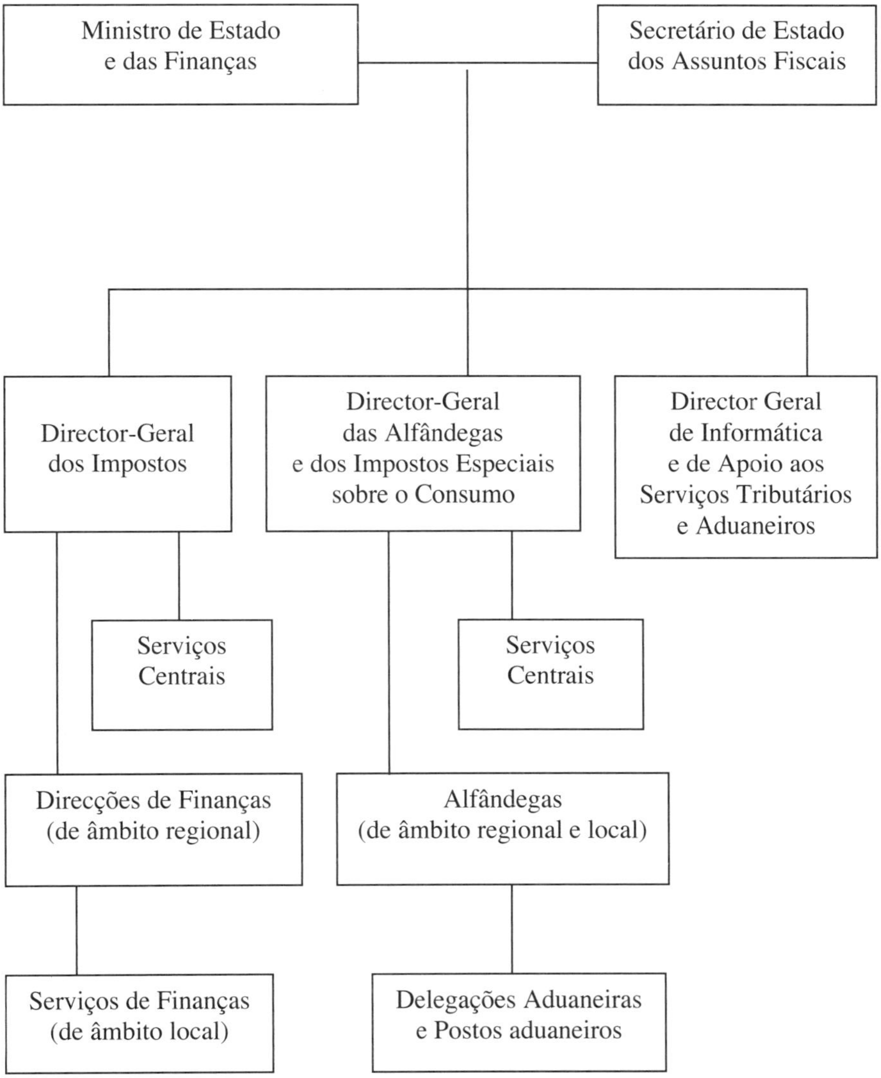

Note-se que não há hierárquica jurídica entre o Ministro das Finanças e o Secretário de Estado dos Assuntos Fiscais, sem prejuízo da dependência política deste último. Também não há relação hierárquica entre os serviços centrais e os serviços desconcentrados regionais ou locais da DGCI e da DGAIEC. Os serviços desconcentrados dependem hierarquicamente do respectivo Director-Geral.

BIBLIOGRAFIA CITADA

ABREU, Irene Antunes de, *Regime fiscal do imobilizado adquirido antes de 1/1/89*, Fisco n.º 34, 1991.

ALBUQUERQUE, Ruy e ALBUQUERQUE, Martim, *História do Direito Português*, 10.ª edição, 1999, p. 550.

ALEXANDRE, Mário, *O comércio electrónico na perspectiva da sua tributação em IVA*, Caderno CTF n.º 188, Administração Geral Tributária, 2000.

ANDRADE, Manuel, *Ensaio sobre a teoria da interpretação das leis*, Arménio Amado, Coimbra, 1978.

ANTUNES VARELA e PIRES DE LIMA, *Código Civil Anotado*, I, Coimbra, 1982.

ARAÚJO FALCÃO, Amílcar de, *Introdução ao direito tributário*, Rio, 1976.

ASSIS TAVARES, *Curso de Fiscalidade da Empresa*, Livraria Clássica Editora, Lisboa, 1982.

AUGUSTO FILHO, João, *Isenções e exclusões trbutárias*, Bushatsky, S. Paulo, 1979.

BACELAR GOUVEIA, Jorge, *A irretroactividade da norma fiscal na Constituição Portuguesa,* CTF n.º 387, DGCI, 1997.

BARROS CARVALHO, Paulo, *Curso de Direito Tributário*, Saraiva, São Paulo 1985.

BECKER, Alfredo Augusto., *Teoria Geral do Direito Tributário*, 3.ª edição, Saraiva, S. Paulo, 1998.

BELTRAME, Pierre, *Os Sistemas Fiscais*, Coimbra, 1976.

BENJAMIM RODRIGUES, *Problemas gerais do direito tributário – A prescrição no direito tributário*, Vislis, 1999.

BERLIRI, António, *Principi di Diritto Tributario*, Giuffré, Milano, 1952.

BLANCO DE MORAIS, Carlos, *Justiça constitucional I,* Coimbra, 2002.

BRANSON, William H.,*Macroeconomia-Teoria e Política*, FCGulbenkian, Lisboa, 2001, tradução de HELENA PATACÃO e EDUARDO FERREIRA.

BRÁS CARLOS, A., *A União Económica e a equidade fiscal,* Expresso, 13.6.92.

BRÁS CARLOS, A. e ABOOBACAR CHANGA, *Manual de Formação em IRPC*, Ministério do Plano e Finanças de Moçambique, Maputo, 2003.

BRÁS CARLOS, A., *A excessiva tributação dos prédios antigos*, Diário Económico, 29.04.2005.

BRÁS CARLOS, A., *Fiscalidade e Competitividade – A competitividade na perspectiva das administrações tributárias*, V Jornadas Fiscais da Universidade Lusíada, 2001.

BRÁS CARLOS, A., *Rendimentos reais "versus" rendimentos normais*, Jornal de Contabilidade n.º 276, 2000.

BRÁS CARLOS, A., *Infracções fiscais*, Fisco n.º 23, 1990.

BRÁS CARLOS, IRENE ABREU, JOÃO DURÃO, EMILIA PIMENTA, *Guia dos Impostos em Portugal – 2010,* Quid Juris.

BRÁS CARLOS, IRENE ABREU, JOÃO DURÃO, EMILIA PIMENTA, *Guia Fiscal 1992,* Fisco.

BRAZ TEIXEIRA, A., *Natureza Jurídica das Contribuições para a Segurança Socia*l, XX aniversário do Centro de Estudos Fiscais, Lisboa, 1983.

BRITO CORREIA, *Direito Comercial*, AAFDL, Lisboa, 1987.

CAIADO GUERREIRO, Tiago, *O Novo Regime Fiscal das SGPS*, Vida Económica, 2003.

CARDOSO DA COSTA, J. M , *Sobre as autorizações legislativas da lei do orçamento,* Coimbra, 1982.

CARDOSO DA COSTA, J. M., *Curso de Direito Fiscal,* Coimbra, 1972.

CARDOSO DA COSTA,. J. M., *O enquadramento constitucional do Direito dos Impostos em Portugal*, in *Perspectivas Constitucionais,* Coimbra, 1997.

CARVALHO, M. Graça, *Aplicação das convenções sobre a dupla tributação*, Rei dos Livros, 2000.

CASALTA NABAIS, J., *Direito Fiscal,* Almedina, 2003.

CASALTA NABAIS, J., *O dever fundamental de pagar impostos*, Almedina, 2004.

CASTANHEIRA NEVES, António, *Fontes de direito. Contributo para a revisão do seu problema*, em *Escritos acerca do Direito, do pensamento jurídico, da sua metodologia e outros*, volume 2.º, Coimbra, 1995.

CASTRO MENDES, João, *Introdução ao Estudo do Direito,* FDL, 1977.

CASTRO MENDES, João, *Recursos,* FDL, 1980.

CATARINO, João, *Para uma teoria política do tributo*, cadernos CTF n.º 184, DGCI, 1999.

CAVACO SILVA, A. e CÉSAR DAS NEVES, J., *Finanças públicas e política macroeconómica*, 2.ª edição, Universidade Nova de Lisboa, 1992.

CIAT, *Simplificacion Tributaria,* Instituto de Estudios Fiscales, Madrid, 1988.

CLARK, Colin, *Public Finance and Value Money*, Economic Journal, 1945.

COMISSÃO para o Desenvolvimento da Reforma Fiscal, *Relatório,* Cadernos Ciência e Técnica Fiscal, n.º 191, Administração Geral Tributária, 2002.

DOURADO, Ana Paula, *O princípio da legalidade fiscal na constituição portuguesa*, CTF n.º 379, DGCI, 1995.

ÉMILE JAMES, *História Sumária do Pensamento Económico*, II, Coimbra Editora, 1971.

ENGISCH, Karl, *Introdução ao Pensamento Jurídico*, tradução de BATISTA MACHADO, Fundação Calouste Gulbenkian, 5.ª edição.

ESPERANÇA, José Paulo e MATIAS, Fernanda, *Finanças Empresariais*, D. Quixote, 2005.

ESTEVES DE OLIVEIRA, Mário, *Direito Administrativo*, Almedina, 1980.

FAUSTINO, Manuel, *IRS – Teoria e Prática*, Fisco, 1993.

FAUSTINO, Manuel, *O dever de retenção na fonte*, Áreas Editora, 2003.

FAVEIRO, Vítor, *Noções fundamentais de Direito Fiscal Português*, Coimbra editora, 1984.

FERNANDES FERREIRA, Rogério, *A tributação do lucro real*, 2.ª edição, Lisboa, 1972.

FERNANDES FERREIRA, Rogério, *Fiscalidade e Contabilidade*, Notícias, Lisboa, 2003.

FERRARA, Francesco, *Interpretação e aplicação das leis*, edição Arménio Amado, Coimbra, 1978.

FREITAS DO AMARAL, Diogo, *Curso de Direito Administrativo*, vol. I e II, Almedina, 2001.

FREITAS PEREIRA, Manuel, *A periodização do lucro tributável*, Caderno CTF, n.º 152, DGCI, Lisboa, 1988.

FREITAS PEREIRA, Manuel, *Concorrência fiscal prejudicial – O Código de conduta da União Europeia*, CTF, n.º 390, DGCI, 1998.

FREITAS PEREIRA, Manuel, *Fiscalidade*, Almedina, Coimbra, 2005.

FUNDO MONETÁRIO INTERNACIONAL, *An analysis of underground economy and its macroeconomic consequences,* Washington, 2003.

GAGO, Alberto e PICOS, Fidel, *Modelo dual de IRPF y equidad: un Nuevo enfoque teorico y su aplicacion al caso espanhol,* Congresso de Economia Pública, Barcelona, 2004.

GALVÃO TELLES, Inocêncio, *Direito das Sucessões – Noções fundamentais,* 4.ª edição, Coimbra, 1980.

GIANNINI, A. D. *Istituzioni di diritto tributário*, Milano, 1965.

GARCIA, Nuno, *Anotação dos Acórdãos n.º 20/2003 e 515/2003 do Tribunal Constitucional,* CTF n.º 413, DGCI, Lisboa, 2004.

GOMES CANOTILHO e VITAL MOREIRA, *Constituição da República Portuguesa Anotada,* Coimbra, 1993.

GOMES CANOTILHO e VITAL MOREIRA, *Constituição da República Portuguesa Anotada,* Volume I, Coimbra, 2007.

GOMES CANOTILHO, J. J., *Direito Constitucional e Teoria da Constituição,* Almedina, 2003.

GOMES MOTA, NUNES, João e FERREIRA, Miguel, *Finanças Empresariais – Teoria e Prática*, Publisher Team, 2004.

GONÇALVES, Joaquim, *Problemas gerais do direito tributário – A caducidade face ao direito tributário*, Vislis, 1999.

GONZÁLEZ, Eusebio e LEJEUNE, Ernesto, *Derecho Tributario*, vol. I e II, Plaza Universitária, Salamanca, 2003.

GUERRA MARTINS, Ana, *Curso de Direito Constitucional da União Europeia,* Almedina, 2004.

GUIMARÃES, Vasco, *O conceito de estabelecimento estável e o comércio electrónico,* Caderno CTF n.º 188, Administração Geral Tributária, 2000.

HART, Herbert, "*O conceito de direito*", tradução de RIBEIRO MENDES, Fundação Calouste Gulbenkian, 1986.

LAFFER, Arthur, *The Laffer Curve: Past, Present and Future,* The Heritage Foundation, Policy Research & Analysis, 2004.

LARENZ, Karl, *Metodologia da Ciência do Direito*, 3.ª edição, tradução de JOSÉ LAMEGO, Fundação Calouste Gulbenkian, 1997.

LATORRACA, Nilton, *Direito Tributário*, Atlas, S. Paulo, 2000.

LEITE CAMPOS, Diogo e LEITE CAMPOS, Mônica, *Direito Tributário*, 2.ª edição, Almedina, 2000.

LEITE CAMPOS, SILVA RODRIGUES e LOPES DE SOUSA, *Lei Geral Tributária*, Vislis, 2000.

LIMA GUERREIRO, António, *Lei Geral Tributária,* Rei dos Livros, 2001.

MARTINS, António, *A complexidade do sistema tributário: uma inevitabilidade económica?*, Fisco n.º 119-121, Setembro 2005.

MEDINA CARREIRA, Henrique, *As políticas Sociais em Portugal,* Gradiva, 1996.

MEDINA CARREIRA, Henrique, *Portugal, a União Europeia e o Euro: Ensaio sobre a Tributação e a Despesa Pública",* Fisco, 2001.

MEDINA CARREIRA, Henrique, *Uma Reforma Fiscal Falhada?,* Inquérito, 1989.

MESQUITA, M. Margarida, *As convenções sobre dupla tributação* Cadernos CTF, n.º 179, DGCI, 1998.

MINC, Alain *O dinheiro louco,* Difel, 1990.

MIRANDA, Jorge, *Manual de Direito Constitucional,* 6.ª edição, Coimbra, 1997.

MIRANDA, Jorge e MEDEIROS, Rui, *Constituição Portuguesa Anotada*, I, Coimbra Editora, 2005.

MODIGLIANI, F. e MILLER, M. *Corporate income taxes and the cost of capital: a correction,* American Economic Review, vol. 53, n.º 3, 1963.

MORAIS, Rui, *Apontamentos sobre o IRC*, Almedina, 2007

MORGADO, Abílio, *Ensaio sobre o regime do artigo 24.º da Lei Geral Tributária*, CTF n.º 415, DGCI, 2005.

MORTATI, Constantino, *Istituzioni di diritto pubblico,* Padova, 1975.

MUSGRAVE, Richard e MUSGRAVE Peggy, *Public Finance in Theory and Practice*, 5.ª edição, McGraw-Hill, 1989.

OCDE, *Fiscalité et économie: Analyse comparative des pays de l'OCDE*, Paris, 2001.

OCDE, *Modelo de convenção fiscal sobre o rendimento e o património,* tradução de TERESA CURVELO e SALOMÉ REBELO, Cadernos de CTF, n.º 197, DGCI, Lisboa, 2005.

OCDE, *Revenue statistics, 1965-2006*, Paris, 2007.

OCDE, *Tax sparing: a reconsideration*, Paris, 1998.

OLIVEIRA ASCENSÃO, José, *O Direito: Introdução e Teoria Geral*, Almedina, 1999.

OLIVEIRA ASCENSÃO, José, *Direito Comercial*, Lisboa, 1986.

PALAO TABOADA, Carlos, *La propriedad privada como limite al poder tributario*, "in" *La Hacienda Pública en La Constitucion Española*, IEF, Madrid, 1979.

PALAO TABOADA, Carlos, *Reserva de ley y reglamentos em materia tributaria,* "in" *Funciones financieras de las Cortes Generales,* Publicaciones del congresso de los diputados, Madrid, 1985.

PALMA, Clotilde, *Código de conduta da fiscalidade das empresas, versus Relatório da OCDE sobre as práticas da concorrência fiscal prejudicial,* Revisores e Empresas, n.º 4, 1999.

PALMA, Fernanda, comentário ao *Acórdão* do Supremo Tribunal Administrativo de 24 de Abril de 1991, "in" Fisco n.º 34, Lisboa, 1991.

PAMPLONA CORTE-REAL, Carlos, *Curso de Direito Fiscal;* Centro de Estudos Fiscais, DGCI, 1981.

PAMPLONA CORTE-REAL, Carlos, *Curso de direito das sucessões*, Cadernos CTF n.º 136, DGCI, Lisboa, 1985.

PEREIRA, Paulo, AFONSO, António, ARCANJO Manuela e SANTOS, Gomes, *Economia e Finanças Públicas*, Escolar editora, 2005.

PIRES, Manuel, *A Constituição de 1976 e a fiscalidade,* in *Estudos sobre a Constituição, Lisboa, 1978.*

PIRES, Manuel, *Da dupla tributação jurídica internacional sobre o rendimento*, Centro de Estudos Fiscais, Lisboa, 1984.

PITTA E CUNHA, Paulo, *A Fiscalidade dos anos 90*, Almedina, 1996.

PITTA E CUNHA, Paulo, *A reforma fiscal*, Dom Quixote, Lisboa, 1989.

PRAZERES LOUSA, Maria *Preços de transferência e acordos de dupla tributação*, Cadernos CTF, n.º 187, DGCI, 2000.

RAFFAELLO LUPI, *Lezione di Diritto Tributário – Parte Generale*, Giuffré. Milano, 1992.

REBELO DE SOUSA, Marcelo e GALVÃO, Sofia, *Introdução ao Estudo do Direito,* Lex, 2000.

REBELO DE SOUSA, Marcelo, *O valor jurídico do acto inconstitucional*, Gráfica Portuguesa, 1998.

RIBEIRO, João Sérgio, *Tributação presuntiva do rendimento*, Almedina, 2010.

RODRIGO URIA, *Derecho Mercantil,* 30.ª edição, Marcial Pons, Madrid, 1996.

RUBIO, Juan, *Los princípios básicos de la fiscalidad internacional y la doble imposición internacional*, "in" *Manual de fiscalidad internacional*, Instituto de Estudios Fiscales, Madrid, 2004.

SÁ GOMES, Nuno, *Manual de Direito Fiscval,* vol. I e II, Rei dos Livros, 2003.

SAINZ DE BUJANDA, *Teoria jurídica de la exención tributaria,* Hacienda y Derecho, vol. III.

SALDANHA SANCHES, J.L., *A quantificação da obrigação tributária,* Cadernos de CTF n.º 173, Lisboa, 1995.

SAMUELSON, Paul e NORDHAUS, William, *Economia*, 17.ª edição, McGraw-Hill, 2004.

SANDFORD, Cedric *Administrative and compliance costs of taxation*, Cahiers de droit fiscal internacional, volume LXXIVb, 1989.

SANTOS, J. Albano, *Teoria Fiscal*, ISCSP, Lisboa, 2003.

SANTOS, João Pedro, *Comentário às estatísticas das receitas fiscais da OCDE,* CTF n.º 413, 2004.

SERRÃO, Miguel, *Evolução da carga fiscal e das taxas efectivas de tributação no período 1990-1995*, Cadernos CTF n.º 188, Administração Geral Tributária, 2000.

SILVA LOPES, José, *A economia portuguesa desde 1960*, Gradiva, 1996.

SLEMROAD, Joel e BAKIJA, Jon, *Taxing Ourselves: a citizen's guide to the debate over taxes*, The MIT Press, 2004.

SOARES MARTINEZ, Pedro, *Manual de Direito Fiscal,* Almedina, 1993.

SOUSA FRANCO, A. L., *Finanças Públicas e Direito Financeiro,* vol. I e II, Almedina, 1995.

SOUTO BORGES, *Isenções Tributárias*, 2.ª edição, S. Paulo, 1980.

STIGLITZ, Joseph, *Economics of the Public Sector*, 2.ª edição, Norton, 1988.

TANZI, Vito e ZEE, Howell, *Tax policy for developing countries*, Fundo Monetário Internacional, Economic Issues n.º 27, january 2002.

TEIXEIRA RIBEIRO, J. J., *As opções fiscais da Constituição,* Boletim de Ciências Económicas, XXVIII, 1985.

TEIXEIRA RIBEIRO, J. J., *Lições de Finanças Públicas*, 5.ª edição, Coimbra Editora, 1995.

TROTABAS, L. e COTTERET J. M., *Droit Fiscal*, 3.ª edição, Précis Dalloz, 1977.

VANONI, Ezio, *Opera Giuridiche – Natura e interpretazione delle leggi tributarie, Giuffré, Milano, 1962.*

VASQUES, Sérgio, *O princípio da equivalência como critério de igualdade tributária,* Almedina, 2008.

VILHENA DE FREITAS, *A autoliquidação: para uma análise da sua natureza jurídica*, CTF n.º 405, DGCI, 2002.

VOGEL, Klaus, *Double taxation conventions*, Kluwer, Dewenter, 1997.

XAVIER, Alberto, *Direito Tributário Internacional*, Almedina, Coimbra, 2007.

XAVIER, Alberto, *Manual de Direito Fiscal,* FDL, 1981.

XAVIER, Alberto, *Conceito e natureza do acto tributário*, Almedina, 1972.

ÍNDICE ALFABÉTICO POR ASSUNTO

(por referência ao número da página)

Acréscimo patrimonial – 57, 170.
Actos legislativos – 211.
Adicionais – 64.
Administradores e gerentes (responsabilidade) – 73, 252.
Agregado familiar – 168, 178.
Ajustamento correlativo – 243.
Amortização (do imposto) – 265.
Analogia – 136, 227.
Aplicação da lei fiscal no espaço – 231.
Aplicação da lei fiscal no tempo – 228.
Arresto – 97.
Arrolamento – 97.
Artistas (rendimento) – 252.
Autoliquidação – 88.
Autotributação – 103.
Benefícios fiscais – 106, 128, 172.
Caducidade – 90, 125.
Capacidade contributiva – 140.
Carga fiscal (indicadores) – 269.
Circulares – 215.
Cláusulas gerais – 132.
Cobrança – 89.
Código de Conduta (UE) – 210.
Compensação – 89.
Complexidade (do imposto e do sistema fiscal) – 165.
Conceitos indeterminados – 132.
Conselho fiscal (responsabilidade) – 75, 252.
Constituição da República de Moçambique – 147.
Constituição Federal do Brasil – 147.
Constituição fiscal – 102.
Contribuição para o áudio – visual – 49, 60.
Contribuições de melhoria – 51.
Contribuições especiais – 41, 48, 50, 116.
Contribuições para a segurança social – 47.
Contribuições por maior desgaste de bens públicos – 51.
Contribuinte de direito – 72, 264.
Contribuinte de facto – 72, 264.
Convenção modelo da OCDE (dupla tributação) – 240 –254.
Convenções de dupla tributação celebradas por Portugal – 246 -250.
Convenções de dupla tributação internacional – 210.
Crédito de imposto – 237, 257.
Crédito fictício (método do) – 259.
Crédito presumido (método do) – 259.
Custos de cumprimento – 164.

Dação em cumprimento – 89.
Deduções à colecta – 177, 181.
Delimitações negativas da incidência – 81, 171.
Derramas – 53, 64.
Desportistas – 252.
Determinação da matéria colectável – 108.
DGAIEC – 279.
DGCI – 278.
DGITA – 280.
Difusão (do imposto) – 266.
Directivas comunitárias – 206, 209.
Direito comunitário – 206.
Direito da União Europeia – 206.
Direito de resistência – 142.
Direito de retenção – 97.
Direitos aduaneiros – 40.
Dividendos – 243.
Dupla tributação económica internacional – 261.
Dupla tributação internacional – 235.
Economia informal – 158.
Efeito – rendimento – 36, 265.
Efeito – substituição – 36, 265.
Efeito *ex-tunc* – 204.
Efeitos microeconómicos dos impostos – 263.
Eficácia fiscal – 275.
EIRL – 185.
Empresa (conceito de) – 184.
Empresas associadas – 243.
Empréstimos públicos – 43.
Endividamento das empresas – 267.
Englobamento – 177.
Equidade – 166.
Estabelecimento comercial – 184.
Estabilização macro-económica – 33.
Estado da fonte – 211, 233, 240-261.
Estado da residência – 211, 233, 240-261.
Estagiários – 253.
Estrutura fiscal – 273.
Estudantes – 253.
Exclusões tributárias – 81, 171.
Execução fiscal (reversão, oposição) – 73.
Extinção de impostos – 117.
Facto tributário (ou facto gerador) – 80, 127.
Finalidade fiscal ou financeira dos impostos – 27.
Finalidades extrafiscais dos impostos – 30-40.
Financial distress costs – 267.
Fiscalização da constitucionalidade – 201.
Flat rate – 60.
Fontes de direito fiscal – 101.
Garantia da obrigação tributária – 97.
Garantias dos contribuintes – 96, 105, 111, 128.
Harmonização fiscal – 208.
IEC – 53-64, 198.
IMI – 53-64, 110, 133, 197.
Imposto (conceito) – 41-52.
Impostos "ad valorem" – 61, 63, 110.
Impostos cedulares ou analíticos – 57, 181.
Impostos de prestação fixa e de prestação variável – 60.
Impostos de taxa específica – 61, 63, 110.
Impostos directos e indirectos – 53.
Impostos estaduais e não estaduais – 52.
Impostos principais e impostos acessórios – 64.
Impostos progressivos – 32, 61, 138.
Impostos proporcionais – 32, 61, 138.
Impostos reais e pessoais – 59.
Impostos regressivos – 63.
Impostos sobre o consumo ou despesa – 58, 198, 274 (v. tb. IVA, IEC e ISV).
Impostos sobre o património – 58, 138, 196, 254, 273. (v. tb. IMI e IMT).

Impostos sobre o rendimento – 57, 273 (v. tb. IRC e IRS).
Imposto Único de Circulação – 52, 53.
Impostos únicos ou sintéticos – 57, 181.
Imputação (método de) – 257.
Imputação integral – 257.
Imputação normal –.258.
IMT – 52-64.
IMV – 52-64.
Incidência (ou sujeição) – 81, 108, 128, 264.
Inconstitucionalidade – 181, 199.
Indemnizações – 82, 86, 171.
Ineficácia jurídica – 204.
Inexistência – 204.
Influência (dos impostos) na afectação de recursos – 38.
Infracções tributárias (crimes e contraordenações) – 96, 112.
Integração da lei fiscal – 226.
Interpretação da lei fiscal – 221.
Interpretação das normas sancionatórias – 223.
IRC – 31, 52-64, 183.
IRPC (Moçambique) – 187.
Irregularidade – 204.
IRS – 31, 52-64, 138, 157, 167.
Isenção com progressividade – 237, 256.
Isenção integral – 237, 256.
Isenções – 86.
ISV – 53-64, 198.
IUC – 51, 53-64.
IVA – 52-64, 198.
Jurisprudência – 214.
Juros – 244-250, 173.
Juros compensatórios – 88.
Juros de mora – 95.
Laffer (curva de) – 159.
Lei de autorização legislativa – 120.
Lei Geral Tributária (sua natureza e valor) – 124, 149.
Leis interpretativas – 225.
Limites à tributação – 155.
Liquidação – 87, 113, 125, 129.
Lucro real – 183, 186.
Lucro tributável – 130, 186.
Lump sum taxes – 31, 60.
Mais-valias – 171, 175, 250.
Matching credit – 259.
Método declarativo – 188.
Métodos indirectos – 190.
Minímo de existência – 157.
Ministério das Finanças – 277.
Não incidência – 81.
Necessidades colectivas – 25.
Neutralidade fiscal – 186, 266.
Nível de fiscalidade – 269 -273.
Normas programáticas – 154.
Nulidade – 204.
Obrigação de imposto (momentos) – 80.
Obrigações acessórias (escrituração, declarativas, informação) – 95, 98.
Ofícios-circulados – 217.
Ónus da prova – 75, 191.
Orçamento de Estado – 28.
Orientações da administração fiscal – 215.
Pagamento em prestações – 89.
Pagamento especial por conta – 193.
Pagamentos por conta – 89.
Penhor – 97.
Pensões – 253.
Perdões fiscais – 119.
Ponto óptimo de tributação – 159-162.
Preços de transferência – 243.
Prémios – 82, 84.
Prescrição – 90, 119.
Presunções – 190.
Prevalência da substância sobre a forma – 224.
Princípio da confiança – 136, 141, 155, 201, 219.
Princípio da eficácia – 151-162.

Princípio da eficiência – 162-167.
Princípio da equivalência – 140.
Princípio da igualdade – 30, 137, 197.
Princípio da legalidade – 102-136.
Princípio da proporcionalidade – 142, 150, 155.
Princípio da segurança – 135, 141.
Princípio da tipicidade – 83, 126-136.
Princípio do benefício – 140.
Privilégios creditórios – 97.
Profissões independentes (rendimentos de) – 251.
Progressividade – 30, 61, 138, 161.
Progressividade global – 62.
Progressividade por escalões – 63.
Proibição do excesso – 150.
Proporcionalidade – 30, 61, 138.
Protecção da família – 154.
Providências cautelares – 97.
Receitas fiscais – 27, 29, 41.
Receitas públicas – 27-29.
Redistribuição de riqueza – 30, 49.
Regime simplificado (IRS-IRC) – 192.
Regulamentos administrativos – 212.
Remoção (do imposto) – 265.
Rendimento–produto – 57, 181.
Rendimento (real) presumido – 186, 190.
Rendimento real – 183, 186.
Repercussão – 264.
Reserva (absoluta e relativa) de lei – 128.
Reserva de lei parlamentar – 104.
Responsabilidade tributária (solidária e subsidiária) – 73, 125.
Resultado Líquido do período – 131, 186.
Retenção na fonte – 72, 89.
Retroactividade – 142, 157.
Revisores oficiais de contas (responsabilidade) – 75.
Royalties – 245-250.
Salário mínimo nacional – 158.
Separação de facto – 179.
Simplicidade (do imposto e do sistema fiscal) – 165.
Sistema dual de tributação pessoal – 181.
Sociedades unipessoais – 185.
Subrogação fiscal – 89.
Subsídios (desemprego, doença) – 171.
Substituição tributária – 72, 125.
Sucessores Tributários – 77.
Sujeito activo – 68.
Sujeito passivo – 69.
Tax sparing credit – 259.
Taxa (do imposto) – 107, 110, 128, 133, 134.
Taxa (receita pública) – 44, 105.
Taxa de tributação implícita – 275.
Taxas (de imposto) especiais – 175, 178.
Taxas liberatórias – 169-174.
Técnicos oficiais de contas (responsabilidade) – 75.
Territorialidade (do imposto) – 231.
Trabalho dependente – 252.
Tributação conjunta (IRS) – 179.
Tributação separada (IRS) – 179.
Tributos – 41.
União de facto – 179.
Utilidade marginal dos bens – 138.
Variações patrimoniais – 186.